ドールソーイングBOOK

オビツ11の型紙の教科書

— 11cmサイズの男の子服 —

荒木さわ子 著

ch.17
帽子／野球帽
ch.8
パーカー
ch.10
基本のパンツ／ジーンズ
ch.16
シューズ／スリッポン

「7. ジャージ」「9. かんたんパンツ」は、サイドにリボンなどでラインを入れるだけでジャージっぽさがぐんと増します。全身同じ色だとイモジャージ、襟や裾を別色にするとオシャレジャージに。
スリムなスポーツウエアを作りたいときは、「12. スキンスーツ（ジャンプスーツ）」に自作のアイロンプリントを貼付けてセパレートっぽくしてみましょう。丈を変えればサイクルウェアや競技用水着っぽく改造出来ます。

ch.12
スキンスーツ／ジャンプスーツ
丈アレンジ

ch.1
かんたんＴシャツ／半袖

ch.7
ジャージ

ch.9
かんたんパンツ／ロング

ch.16
シューズ／スニーカー

「3. ワイシャツ」と「9. かんたんパンツ」を縦のシマシマ柄の布で作るとパジャマに！ チェック柄などパジャマっぽい布を探してみましょう。
「8. パーカー」は市販のソックスで作っています。バイカラーにすると可愛さ倍増。ポケットに手が入れられるように、サイドは身頃に縫い付けずステッチはフェイクになっています。

ch.8
パーカー

ch.9
かんたんパンツ／ハーフ

ch.3
ワイシャツ

ch.9
かんたんパンツ／ロング

「13. ダッフルコート」を、2 色のフェルトで作りました。手縫いで刺繍をしたり、フードにファーを付けたり色々とアレンジしてください。小さいダッフルボタンが手に入らない時は、アクセサリー用のオーブン粘土で自作してもいいです。「16. シューズ（スニーカー）」はコートとお揃いの色に塗りました。少し汚れた感じにしてビンテージ感を出しています。

ch.13
ダッフルコート
ch.2
うしろあきＴャツ／長袖
ch.10
基本のパンツ／カーゴパンツ
ch.16
シューズ／スリッポン
ch.13
ダッフルコート
ch.2
うしろあきＴャツ／長袖
ch.9
かんたんパンツ／ロング
ch.16
シューズ／スニーカー

「4. 詰襟・学ラン」「5. テーラードジャケット」は、下に「3. ワイシャツ」と「10. 基本のパンツ」を着せた時に、出来るだけ着ぶくれしないギリギリのサイズで型紙を作っています。ホットフィットをボタン代わりにして、胸元のエンブレムは小さいボタンの足をペンチで切り取って貼り付けました。中に着せるシャツはローン地など、できるだけ薄い布を使用するのがポイント。前端の面ファスナーの長さを短くして開襟シャツにしてもいいです。

ch.17
帽子／学帽
ch.4
詰襟・学ラン
ch.10
基本のパンツ／スラックス
ch.16
シューズ／スニーカー
ch.3
ワイシャツ
ch.5
テーラードジャケット
ch.10
基本のパンツ／スラックス
ch.16
ソックス

テーラード襟製作が苦手な方向けに、「6. セーラートップス」の応用で“なんちゃってテーラード襟”の型紙を作りました。右の作品はプリント布を使用しています。最適な柄が見つからない時は、スキャンした型紙に自分で好きな柄を描き、プリント布に出力してみましょう。「17. 帽子（学帽）」は、トップクラウンの型紙だけを使えばベレー帽にアレンジできます。「16. シューズ（ブーツ）」の上部はカットしてパンツ丈に合わせています。さらに短くしてショートブーツにしても可愛いかも。

ch.17
帽子／学帽：つば無しアレンジ

ch.6
セーラートップス
セーラーカラー

ch.11
かぼちゃパンツ

ch.16
シューズ／ブーツ
丈アレンジ

ch.17
帽子／学帽

ch.6
セーラートップス
テーラード風カラー

ch.9
かんたんパンツ／ハーフ

ch.16
シューズ／スリッポン

「14. マント」は裏表まったく違う素材で作っても可愛いです。フード部分にはダッフルコートのようにファーを付けてもかまいません。ワイヤー入りなのでなびかせる事が出来ます。ボトムスは、「9. かんたんパンツ（ハーフ丈）」をアレンジしてかぼちゃパンツ風にしています。「16. シューズ（ブーツ）」はバックスキンのような合皮で製作しました。1枚仕立てで縫う部分が少なく、工作感覚で作れるので挑戦してみてくださいね。

ch.14
マント／フードケープ
ch.1
かんたんTシャツ／長袖
ch.6
セーラートップス／襟無しアレンジ
ch.9
かんたんパンツ／ハーフ
かぼちゃパンツ風アレンジ
ch.16
シューズ／ブーツ・ソックス

「15. ゆかた」は、あまり厚くない生地を使用するのがお勧めです。メンズハンカチを使用してもかまいません。帯はチロリアンテープやリボンを使用しています。もし気に入った物が見つからなかったら、1cm 幅前後の白い平紐を用意して、布ペンなどで着色したり好きな柄を描きましょう。

ch.15
ゆかた

ch.15
ゆかた

「12. スキンスーツ」のダンスコスチュームは、前あき後ろあきの2種類です。ピッタリしたラインですが、ジャンプスーツとは違いウエスト部分にはぎ目があります。上下で色を変えたり違う素材を使いたい時に活用してください。気に入ったニット地が見つからない時は、80デニール前後のタイツや薄手のソックスを切って使いましょう。

「14. マント」はワイヤーを入れれば留め具無しでも安定しますが、ボタンにチェーンを引っ掛けて留め具代わりにしても素敵です。

ch.14
マント／立襟マント

ch.12
スキンスーツ
ダンスコスチューム

ch.12
スキンスーツ
ダンスコスチューム

ch.16
シューズ／ブーツ

CONTENTS

"フリルちゃん"
人形服作り初心者のうさぎさん

"パフちゃん"
洋裁マスターのねこ先生

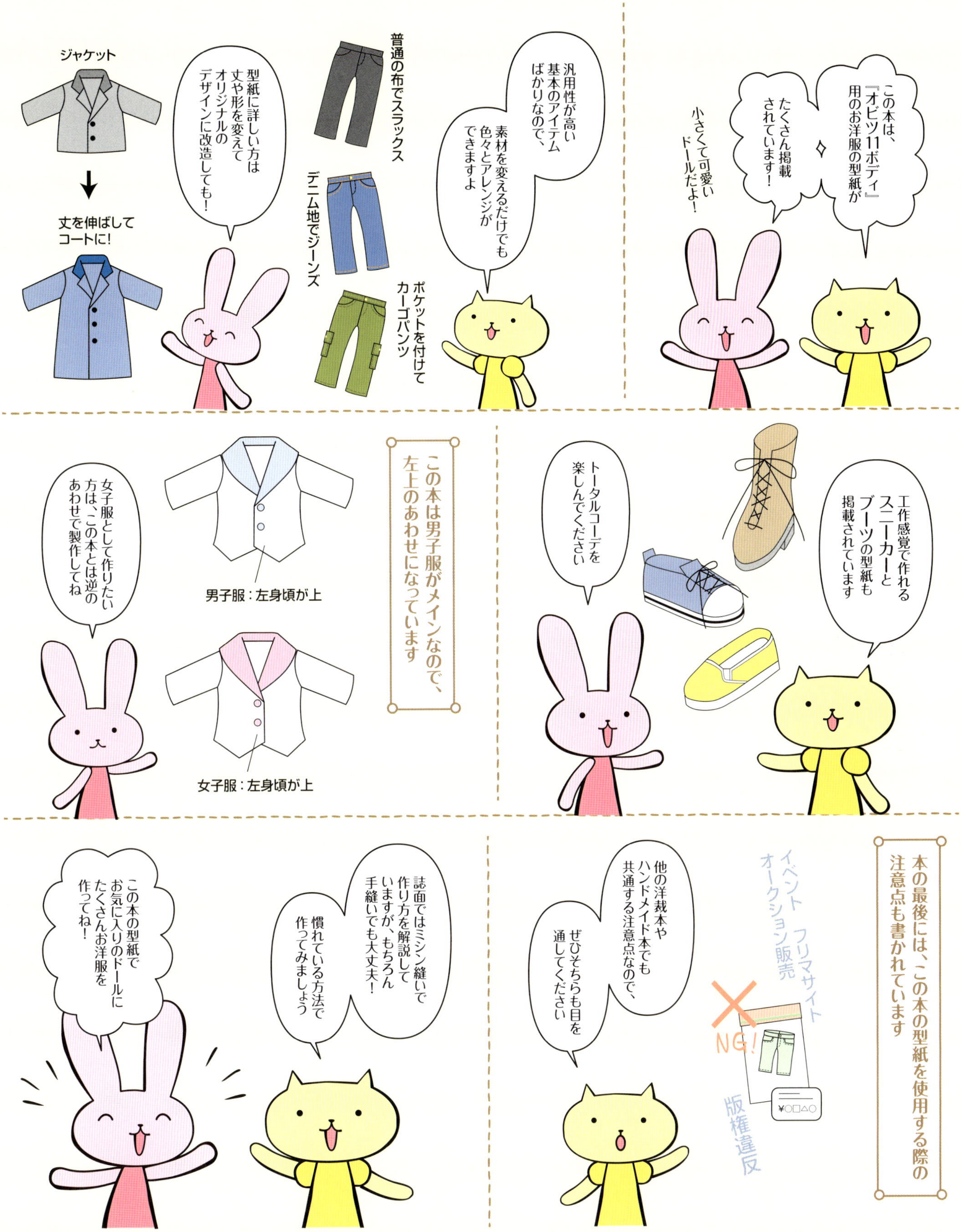
この本は、『オビツ11ボディ』用のお洋服の型紙が
たくさん掲載されています！
小さくて可愛いドールだよ！
汎用性が高い基本のアイテムばかりなので、
素材を変えるだけでも色々とアレンジができますよ
普通の布でスラックス
デニム地でジーンズ
ポケットを付けてカーゴパンツ
型紙に詳しい方は丈や形を変えてオリジナルのデザインに改造しても！
ジャケット
丈を伸ばしてコートに！
工作感覚で作れるスニーカーとブーツの型紙も掲載されています
トータルコーデを楽しんでください
この本は男子服がメインなので、左上のあわせになっています
男子服：左身頃が上
女子服：左身頃が上
女子服として作りたい方は、この本とは逆のあわせで製作してね
本の最後には、この本の型紙を使用する際の注意点も書かれています
イベント
オークション販売
フリマサイト
NG!
¥○□△○
版権違反
他の洋裁本やハンドメイド本でも共通する注意点なので、
ぜひそちらも目を通してください
誌面ではミシン縫いで作り方を解説していますが、もちろん手縫いでも大丈夫！
慣れている方法で作ってみましょう
この本の型紙でお気に入りのドールにたくさんお洋服を作ってね！

型紙の解説

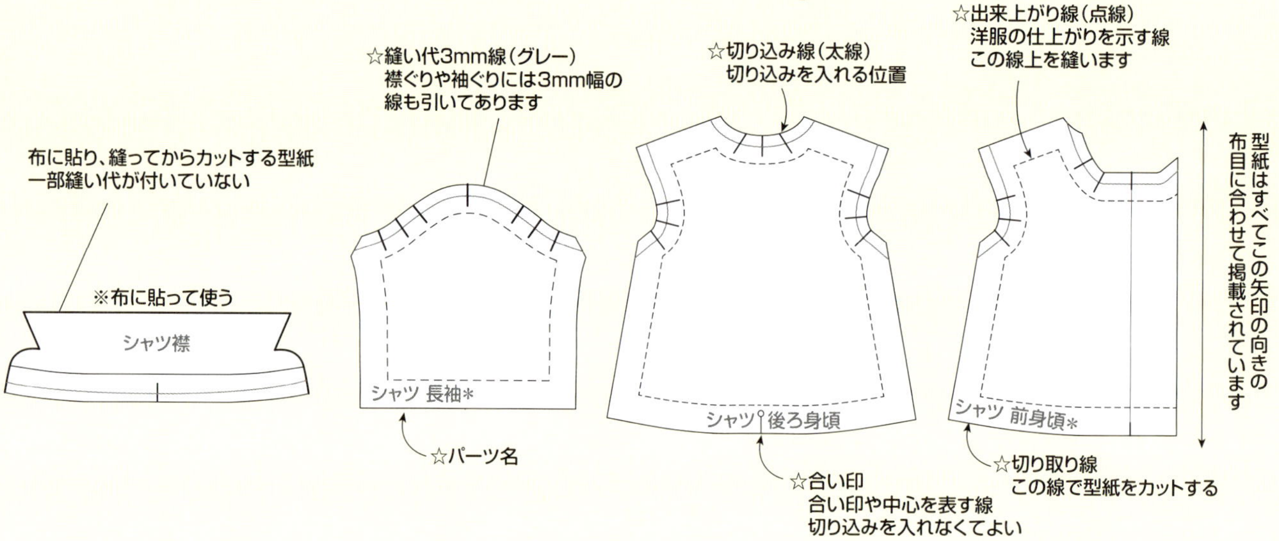

☆縫い代3mm線（グレー）
襟ぐりや袖ぐりには3mm幅の
線も引いてあります
☆切り込み線（太線）
切り込みを入れる位置
☆出来上がり線（点線）
洋服の仕上がりを示す線
この線上を縫います
布に貼り、縫ってからカットする型紙
一部縫い代が付いていない
※布に貼って使う
シャツ襟
シャツ 長袖*
シャツ 後ろ身頃
シャツ 前身頃*
型紙はすべてこの矢印の向きの布目に合わせて掲載されています
☆パーツ名
☆合い印
合い印や中心を表す線
切り込みを入れなくてよい
☆切り取り線
この線で型紙をカットする

半身ではなく全身パターンになっています

型紙を中心で折る
または半分だけ切り抜く

慣れている方は一般の型紙のように輪で裁断してもかまいません

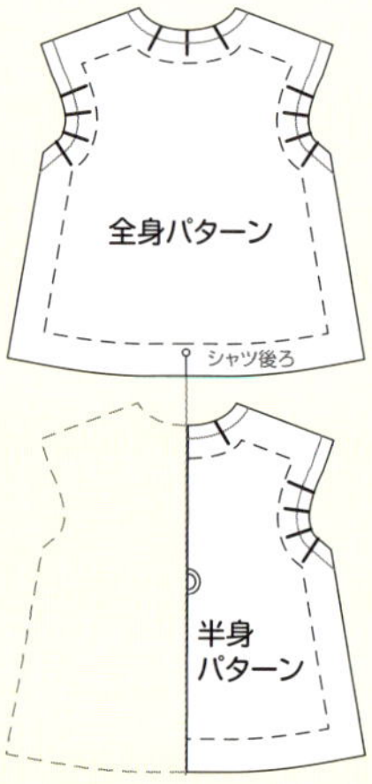

全身パターン
シャツ後ろ
半身
パターン

この本では、型紙が左右両方とも付いています

切るのが少し大変ですが、パーツの切り忘れや右だけ2枚カットしてしまったなどのミスをしやすい方は、
布に型紙を全部並べてからカットするのがお勧め
一般の本では、右か左片方だけが多いです

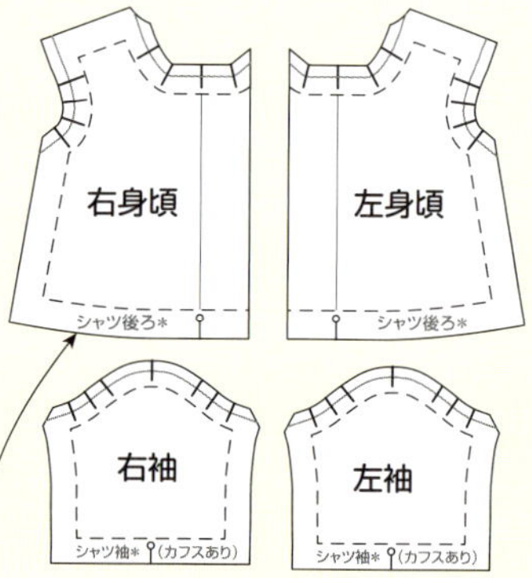

右身頃
左身頃
シャツ後ろ*
シャツ後ろ*
右袖
左袖
シャツ袖*（カフスあり）
シャツ袖*（カフスあり）

左右同じもの、または左右反転しているだけの型紙は*が付いています。

パーツ同士を合わせやすいように、縫い代部分をできるだけそろえています

ヨークや袖ぐりの端などもぴったり合うように調整しています

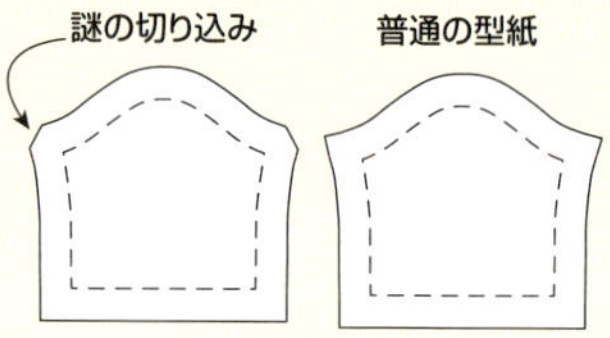

謎の切り込み
普通の型紙

縫い代に一手間をかけたら「作りやすい」と喜ばれたので、この本でも頑張ってみました！

一部の襟ぐり・袖ぐりは2種類の縫い代が描かれています

細い方が縫いやすいですが、ほつれやすい布は5ミリでカットして切り込みをしっかり入れましょう

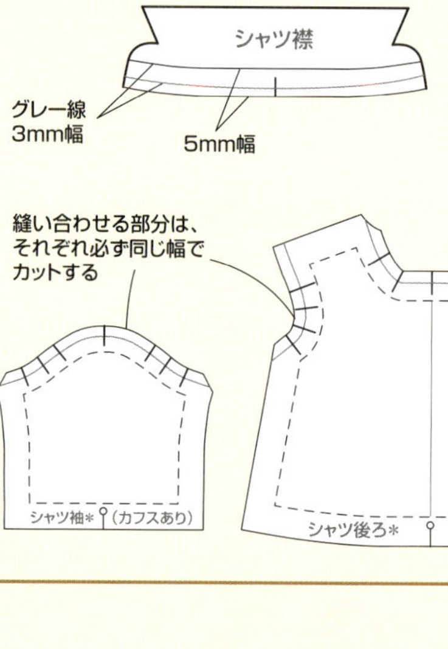

シャツ襟
グレー線
3mm幅
5mm幅
縫い合わせる部分は、
それぞれ必ず同じ幅で
カットする
シャツ袖*（カフスあり）
シャツ後ろ*

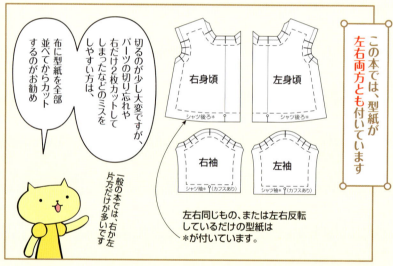

ソックスや襟などは正確に縫えるように布に直接貼って使用します

※布に貼って使う

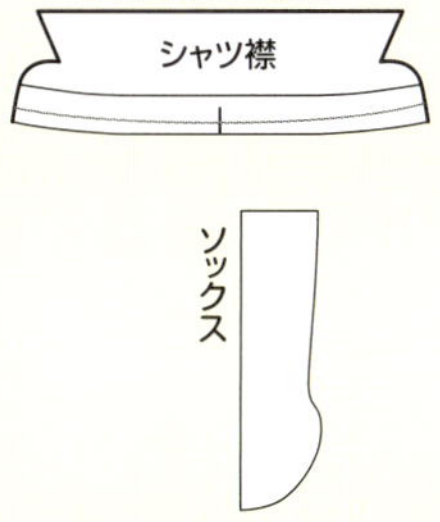
シャツ襟
ソックス

↑
このように縫い代が全部付いていない特殊な型紙があります

型紙の裏に両面テープを貼る
両面テープは何度か布にペタペタ貼って繊維を付け、多少粘着力を弱めておくと良い

※粘着力が強いと、はがす時に布が伸びたりほつれる心配があるので注意

型紙をガイドにして縫ってから余分な部分をカットする

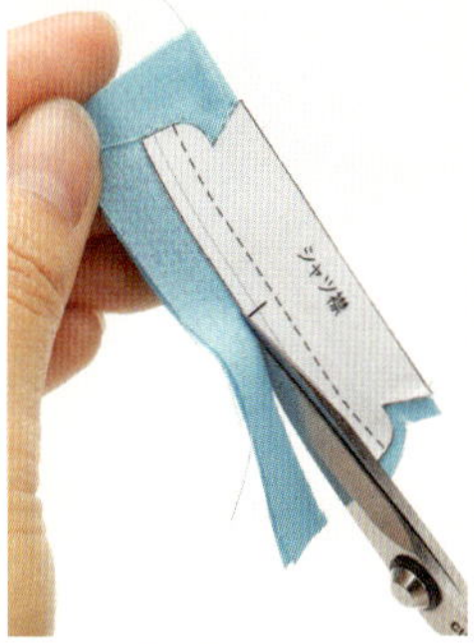

これなら正確に縫えるね
縫う箇所はそれぞれの作り方ページを参考にしてください

印付けに便利なペン

シャープペンシルタイプ

細い線が描ける（ニット地はちょっと苦手）
布などでこすると薄くなるが、完全に消せない事がある

Sewline
Sewline

水で消えるタイプ

ほつれ止め液を塗ると消えてしまうので注意
素材によってはにじむこともある

水性チャコペン
水で消える

時間が経つと自然に消えるタイプ

素材によってはにじむこともある

濃い色に描けるペン

描くと時間差で白い線がジワ～と浮かび上がってくる

KAWAGUCHI
アイロンマーカーホワイト
詰替用付き
熱で消える
水で消える
濃色生地に見やすい白インクの印つけマーカー
アイロンの熱や水で消える！

▲黒や紺など、濃い色の生地におすすめ。アイロンの熱や水で消える

裁断にお勧めの道具

小さいはさみ

普通の裁断ばさみの他に、切れ味の良い小ばさみがあると小さい型紙も切りやすい
※切れ味が落ちるので、紙は切らないように！

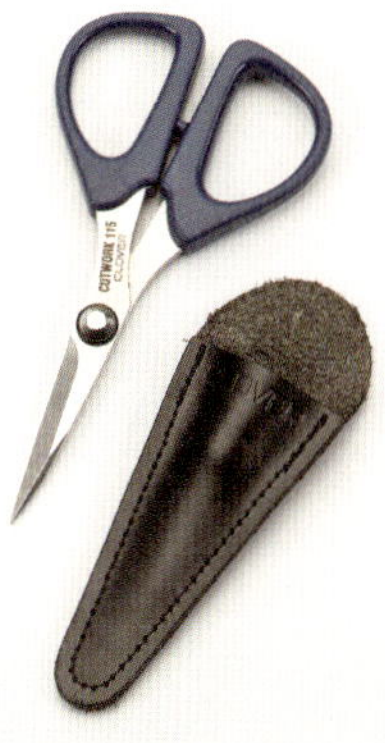

ロータリーカッター

一般的な洋裁用のものよりも、刃が小さい方が、細かいカーブ部分を切りやすい

18mm ROTARY CUTTER

カッティングマット

ロータリーカッター使用の際は、必ずカッティングマットを敷きましょう

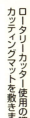

小さなドールに適した布

代表的な
生地を
紹介します

綿ローン

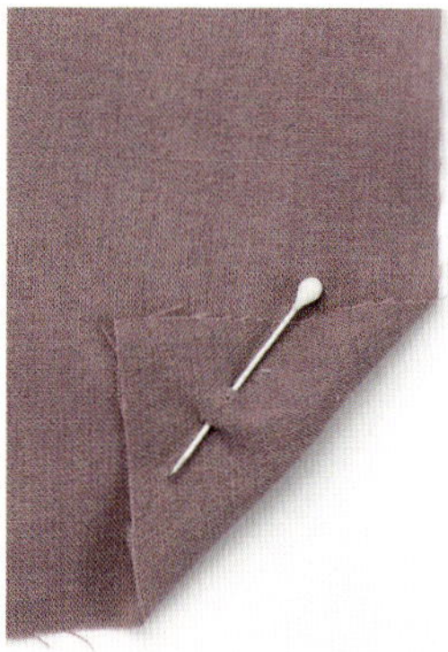

薄いのでシャツなどに適している。また、セーラーカラーなどの裏襟に使うと良い。
ほつれ止めはしっかり塗っておくこと。

綿ブロード

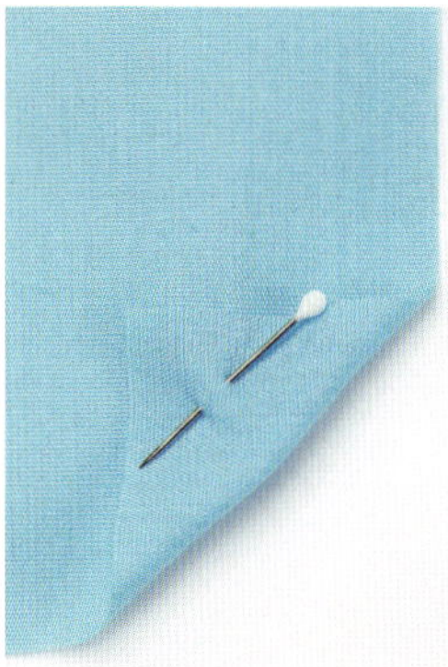

綿×化繊のものは、薄手だがパリっとしている。
透けない色なら
ジャケットやパンツにも向いている。

綿シーチング

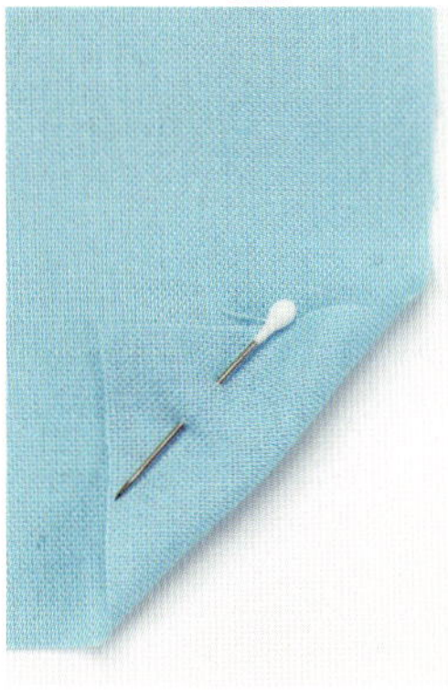

パンツやジャケットに向いていて、
柔らかいので縫いやすい。
どちらかというと素朴な感じ。
ほつれ止めはしっかり塗っておくこと。

ツイル・ギャバジン（厚くないもの）

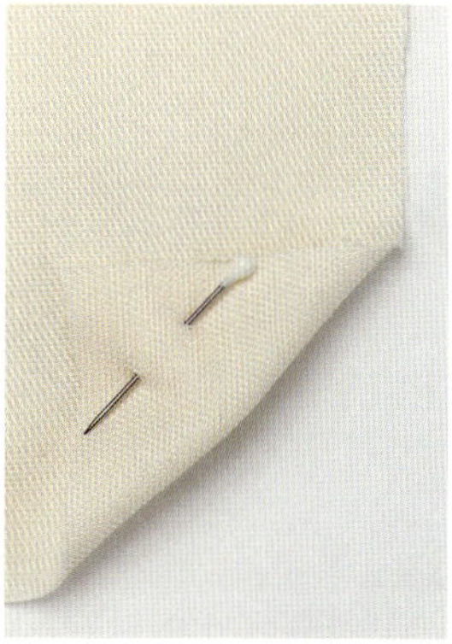

かなり厚手のものもあるので注意。
出来るだけ薄い物を選ぶと良い。
綾織りのパリっとした布なので、
制服やスーツなどのフォーマルな
デザインに使うと良い。

6〜7オンスデニム

普通の人間服用のものだと厚くて
縫いづらいので6〜7オンスくらいのものがお勧め。
小さな店舗では取り扱っていない事があるので、
その場合通販で探すと良い。
どうしても見つからない時は、
風合いが似ているタンガリー生地を使う。

比較的手に入りやすい
メジャーな布を
紹介しましたが、
これ以外でも適した布は
たくさんあります
ほつれにくく、
できるだけ
薄手のものを
選びましょう

代表的なニット地

天竺

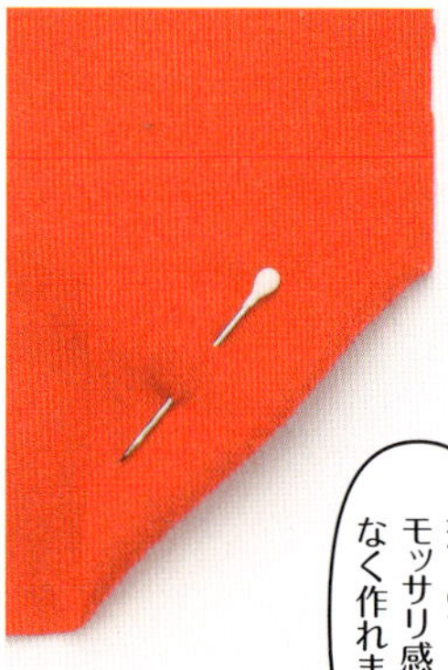

表裏がある。ドール服に適した薄いものが多いが、
カット端が丸まりやすい。Tシャツ、パーカー、
ソックスなどの製作にお勧め。

薄いので
モッサリ感が
なく作れます

スムース

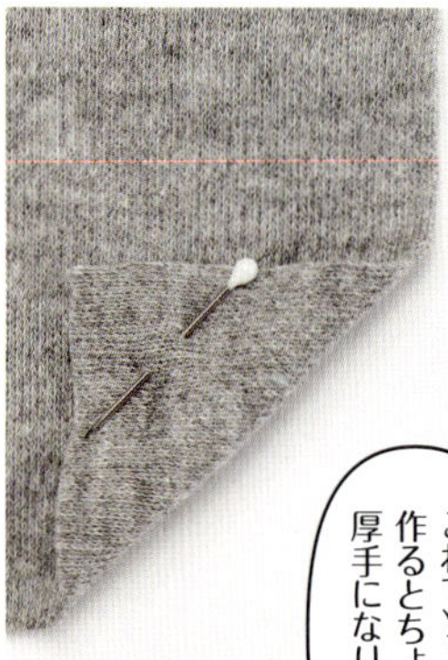

天竺よりも少しだけ厚め。カット端が丸まらない。
裏表の見た目がほぼ同じ。Tシャツ、
パーカーなどの製作にお勧め。

これでソックスを
作るとちょっと
厚手になります

リブニット・テレコニット

表編み、裏編みの繰り返しで縦のラインが出る。
ちょっと厚い。

パーカーの裾や
袖口のアクセントに
使ってもよし!

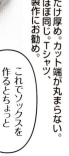

布に型紙を描き写すのが面倒な場合

型紙の裏にマスキングテープを貼ってロータリーカッターで切ると早いよ

型紙の裏にマスキングテープを丸めて貼り、布に付ける

型紙を布目の方向に折り、実際に布の織を見て合わせる

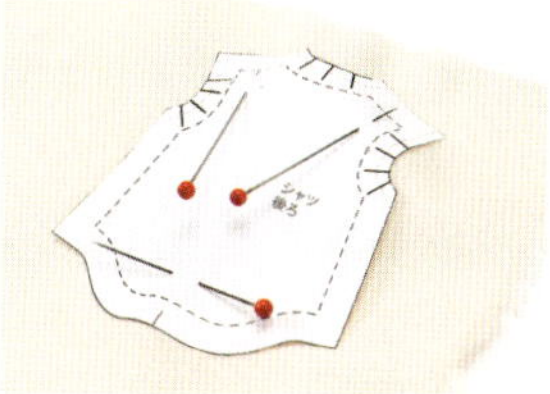

待ち針ではボコボコしてしまう

テープだと針よりも安全だね

そのままカットすれば描き写す手間が省ける

細かい部分は切りすぎないようにはさみを使おう！

出来上がり線を正確に描き写す方法

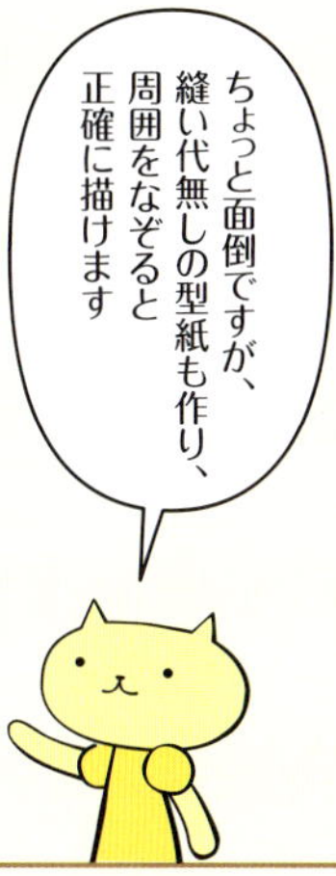
ちょっと面倒ですが、縫い代無しの型紙も作り、周囲をなぞると正確に描けます

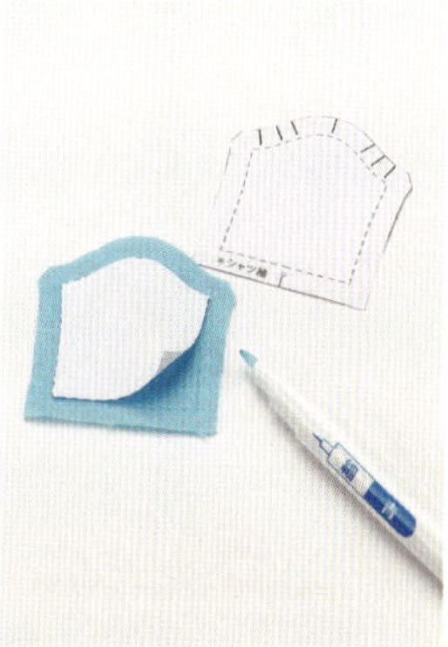

マスキングテープで貼る

または型紙の一部をカッターで切ってめくれるようにする

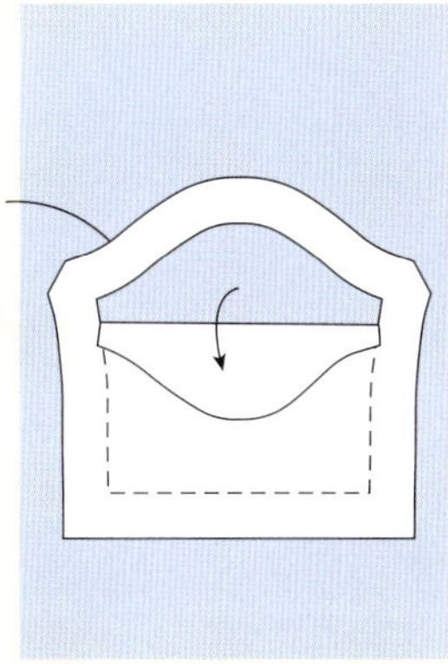

厚めの紙にコピーするか、裏をメンディングテープなどで補強しておくと良い

合い印も忘れずに描いておく

ほつれ止めの塗り方と注意点

ペットシーツの上にパーツを載せてほつれ止めを塗るとそのまま乾かせる

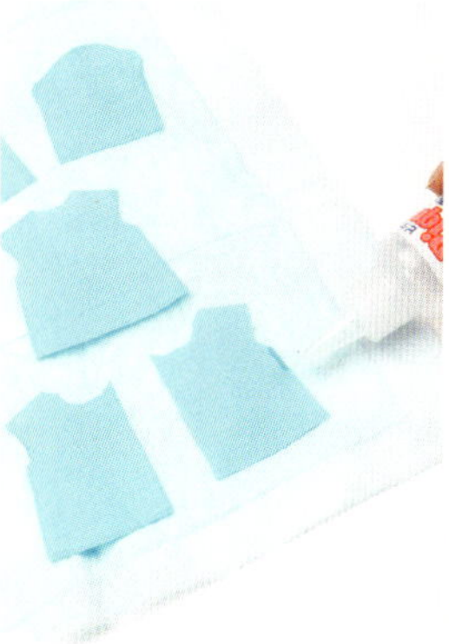

ほつれどめ液が目立つ素材は塗りすぎに注意する

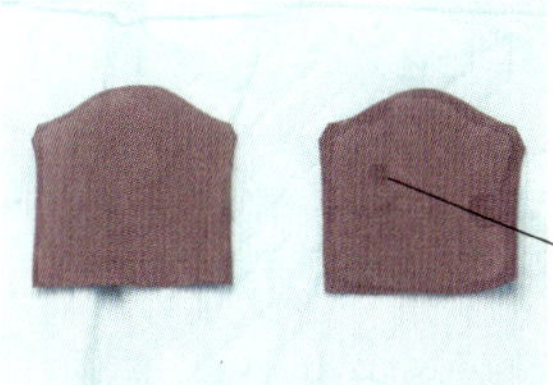

手で持ってパーツの端を塗りやすいペンタイプのほつれ止めもあります

塗ってから裁断してもよい

水で消えるペンは消えちゃうので使わないように！

接着芯

・不織布
・平織り
・ニット用
などがあります

アイロンで貼るものを選びましょう

片面アイロン接着タイプで、100円ショップで売っているくらいの薄手のものがおすすめです。

水で軽くぬらすとしっかり付くんだって

色々な色がありますが、普通の布店ではあまり見かけないので、ひとまず手に入れやすい白と黒を用意しましょう

色の濃い素材は白よりも黒の方が目立たない

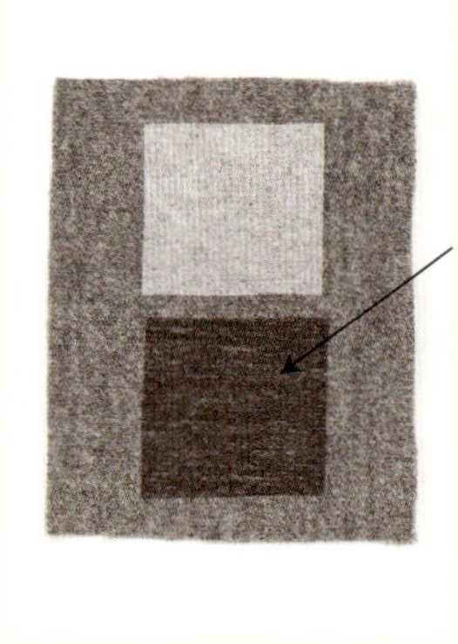

接着芯は貼った方がよい？

伸びる布は面倒でも貼っておいた方がいいです

貼らないとミシンの押さえの圧力で伸びやすい

縫い代に接着芯を貼っておくと、端が綺麗にまっすぐ折れる

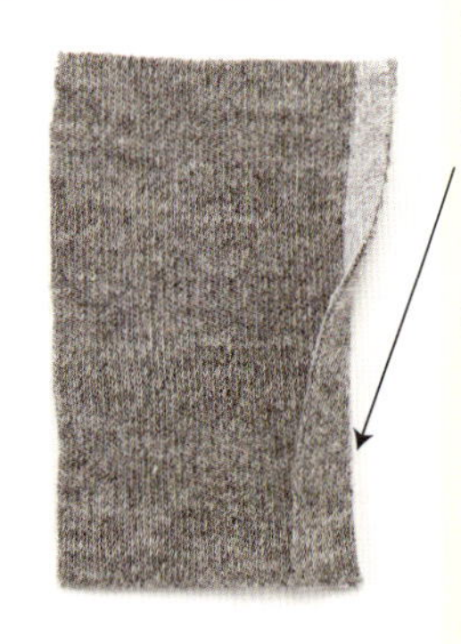

伸び止め防止だけではなく、綺麗に作るためにも役立つんだね

※アイロンを汚したくない人は当て布か当て紙をしよう！

面ファスナー

小さな服にお勧めの商品

ベルクロ

Pb・factoryオリジナルの特に薄いタイプ。白、黒がある

ソフトシート

同じCraft Cafeでも、10㎝×30㎝の「面ファスナー」は厚手タイプなのでご注意ください

メカニカルファスナー

一番薄いですが、他に比べると少しはがれやすいです

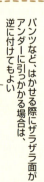

ファスナーのオス・メスはどちらを上にするの？

一般的には、上にかぶさる方にザラザラ面が付きますが、上の3商品はドールの髪が触れても絡まりにくいので、逆に付けてもかまいません

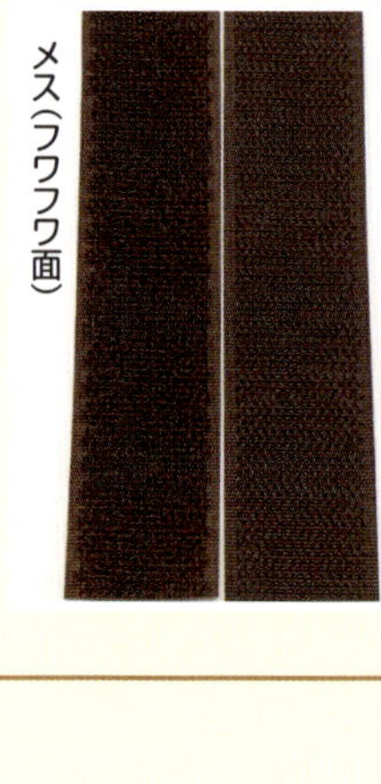

パンツなど、はかせる際にザラザラ面がアンダーに引っかかる場合は、逆に付けてもよい

ちなみに大手メーカーさんのドール服はオス・メスが一般とは逆についていました

時代によって素材も変化しているので、自分が付けやすい方でいいみたいです

ミシン糸

オビツサイズはこちらの細いミシン糸がお勧めです。

90番（薄地用）
ミシン針#7〜9

小物や人間服で使われる事が多い太さ。細い糸を買い足すのが大変な場合は、この番手で縫っても大丈夫。

60番（普通地用）
ミシン針#9

限定販売ですが、ドール用の細くて丈夫な糸もあります
縫いやすく、お洋服の仕上がりも綺麗でかなりお勧めです！

TicTic DEUXIEME
TicTic PREMIER

普通地用の「TicTic PREMIER」と、
ニット用の「Tic Tic DEUXIEME」がある

ニット用ミシン糸

ニットなど、伸びる素材に使う糸。ソックスを作ったり、タイツのようによく伸びる素材で服を作る時はこの糸を使うと良い

50番 ニット用糸
ミシン針#9

手縫い糸

右利きの方が手縫いするとき糸がよれにくい。糸に張りをもたせて、からまりにくく加工した物もある。ミシン糸に比べて少し太め。

手縫い糸
針#7〜8

パッチワーク糸
針#7〜8

60センチ以下に切った糸で縫うと良いです
長いとからまりやすくなるよ！

布用ボンド

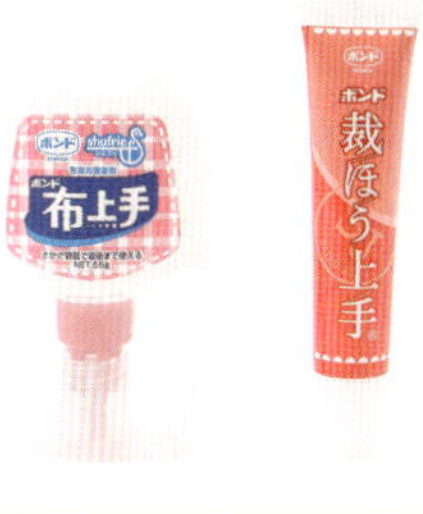
布上手
裁ほう上手

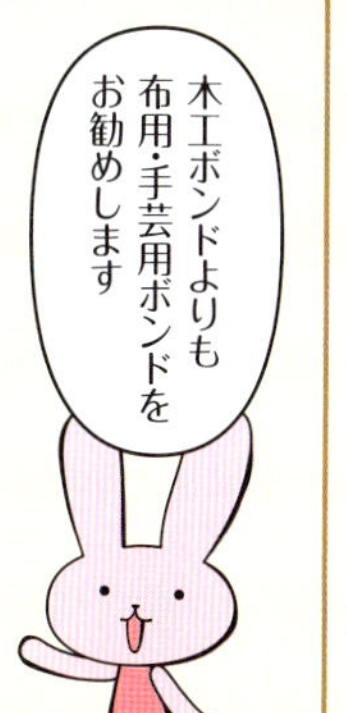
木工ボンドよりも布用・手芸用ボンドをお勧めします

袖口や裾などにステッチをかけたくない時にも使えるよ
着せる時に袖口に手が引っかかりにくくなるメリットも！

つまようじを使うと薄くぬれる

塗りすぎると表にしみでるので注意してね

ボンドは間違えて貼ってしまうと、とれなくなったり跡が残ったりするので、飾りなどを仮止めにしたい時はアイロンでくっつく糸がお勧めです

ソーイングかんたん！
MELTER
Heat Adhesive Thread
メルター
熱接着糸
フジックス

ボンドよりも接着力が低いですが、間違えてもはがしやすいの

手縫いでのポイント

ハシゴまつり（コの字縫い）

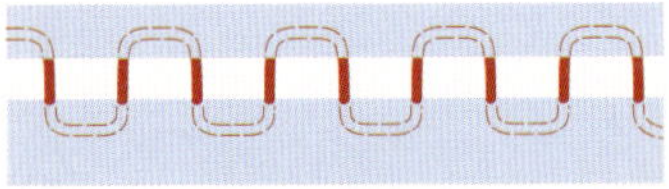

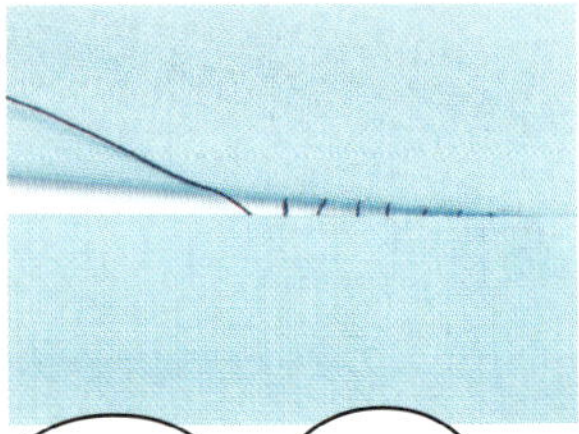

開きをとじたり縫い目が表から見えないように
パーツ同士をつないぎたい時にお勧めの縫い方

返し縫い

ソックスのはき口など、伸びる部分は、
返し縫いをすると良い

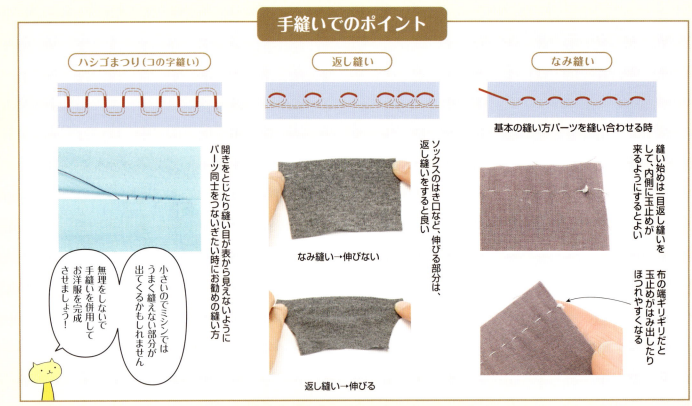

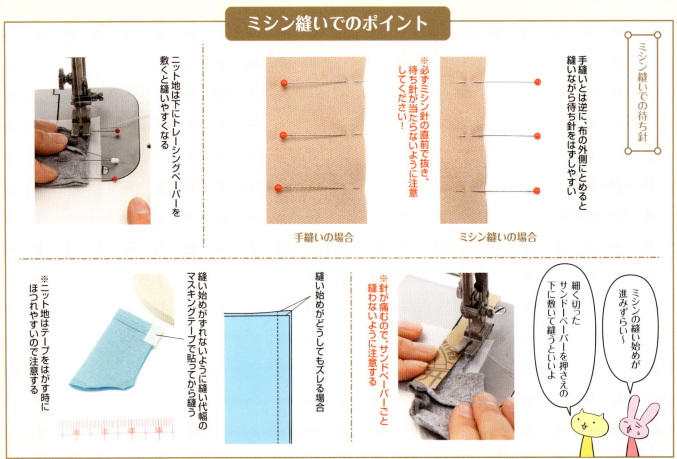

なみ縫い→伸びない

返し縫い→伸びる

なみ縫い

基本の縫い方パーツを縫い合わせる時

縫い始めは一目返し縫いを
して、内側に玉止めが
来るようにするとよい

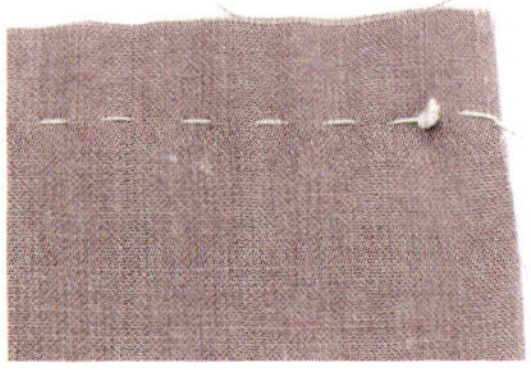

布の端ギリギリだと
玉止めがはみ出したり
ほつれやすくなる

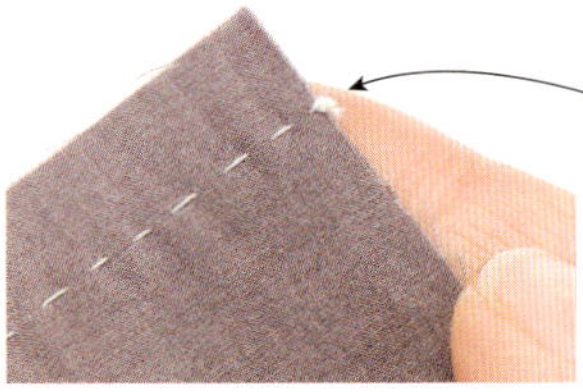

ミシン縫いでのポイント

ミシン縫いでの待ち針

手縫いとは逆に、布の外側にとめると
縫いながら待ち針をはずしやすい

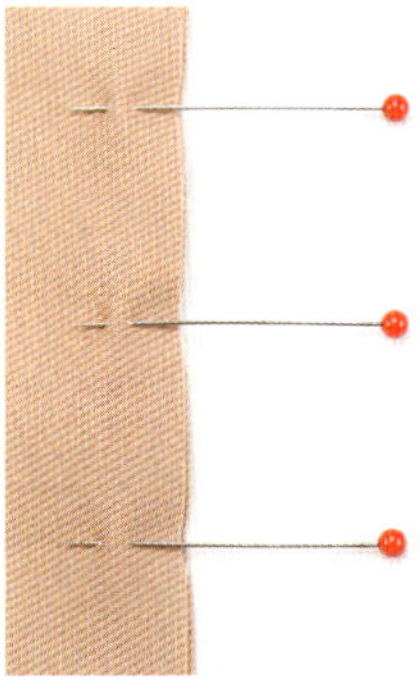

ミシン縫いの場合

※必ずミシン針の直前で抜き、
待ち針が当たらないように注意
してください！

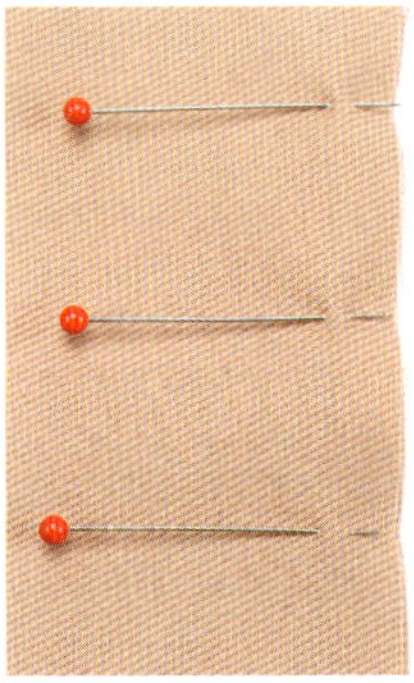

手縫いの場合

ニット地は下にトレーシングペーパーを
敷くと縫いやすくなる

※針が痛むので、サンドペーパーごと
縫わないように注意する

縫い始めがどうしてもズレる場合

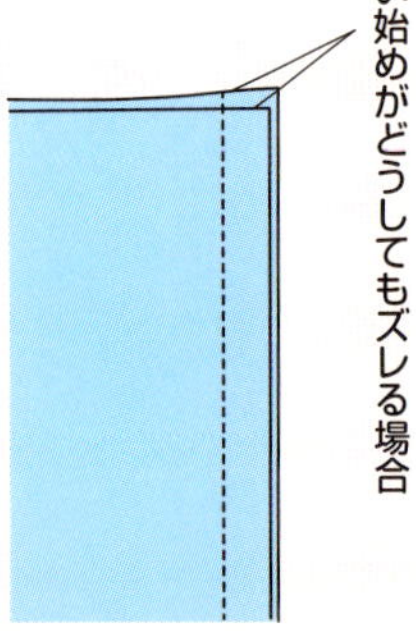

縫い始めがずれないように縫い代幅の
マスキングテープで貼ってから縫う

※ニット地はテープをはがす時に
ほつれやすいので注意する

布プリントを使用する

プリンターで印刷出来る便利な布を使ってみよう！

必要な型紙をコピーして、少し余白を残して切り取る

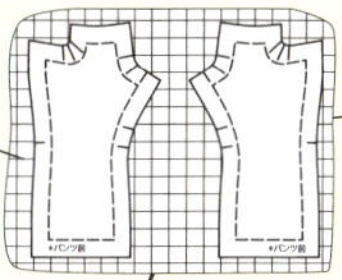

型紙と用紙の方眼の向きを合わせて貼ってください

A4サイズの方眼用紙に貼り付ける。または直接白い紙に型紙を写しても良い

型紙をスキャンして、イラストソフトや画像編集ソフトで好きな色を塗ったり柄を描く

デジタル作業に慣れている方は、スキャンした型紙をこのようにパソコン上で配置しても良い

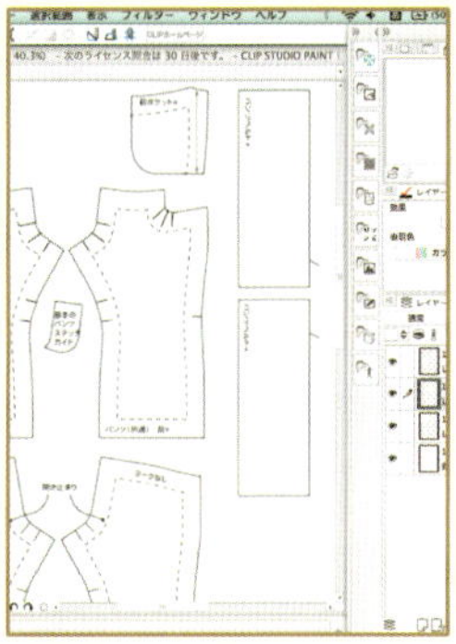

何も塗らずプリントアウトしてもいいよ！

色を塗る時は、スキャンした画像の上に新しくレイヤーを作り、モードを「通常」→「乗算」に変える

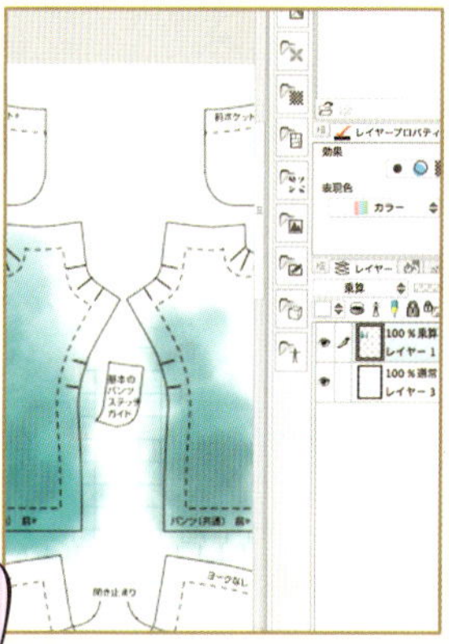

こうすると型紙の線が消えないよ！

詳しくはそれぞれのソフトの操作方法を参照してくださいね

注意!!

まずは一度紙にプリントアウトして、チェックしてから布プリントを使いましょう。

☆色や柄のバランスや塗り残しチェック
☆型紙がちゃんと原寸通りにプリントされているか
※プリント布は紙よりも色が少しくすむ事があります

間違えてプリント布を無駄にしないように気をつけてね！

大きさが違った……

一度水洗通しをして乾かしてから縫いましょう

のりを落とすのと、霧吹きをかけた時に一部だけ色がにじむのを防止するためです

プリンターで思い通りの色がでない場合

プリンターで思い通りの色がでない時は、

色を塗らずにプリントして好みの色に近い布用のペンで着色しましょう

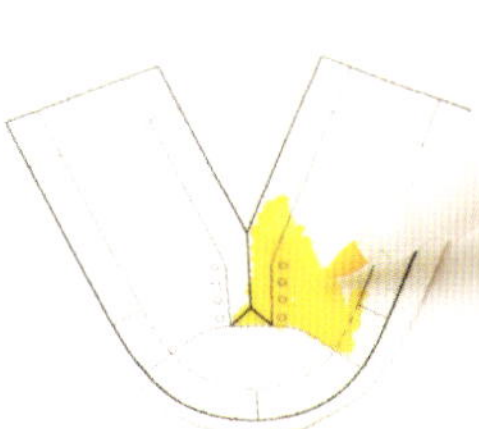

布用ペン

蛍光色などもあり、カラーは豊富です

好みの色のリボンや紐がない時も布ペンで染めるとよい

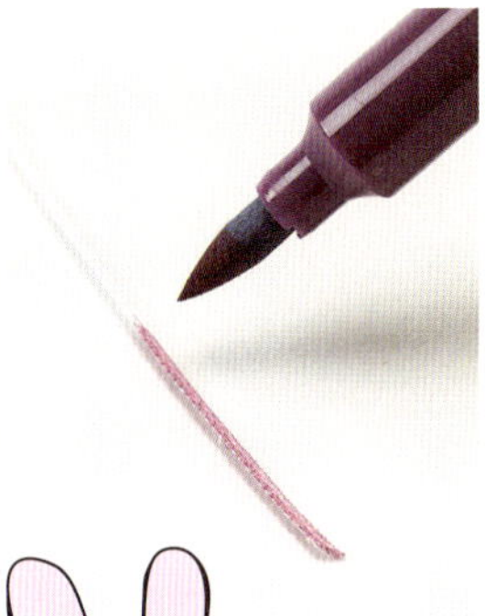

色移りが心配な場合は顔まわりへの使用はやめておこう

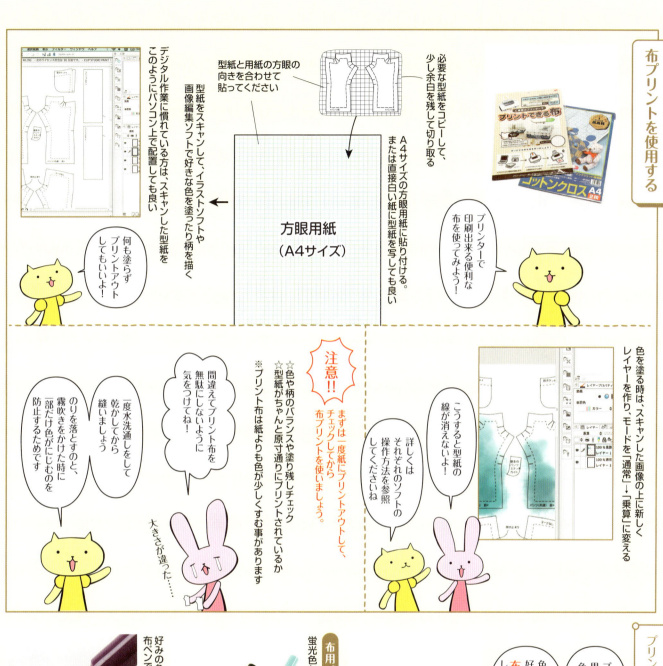

Chapter *1.*

※

かんたんTシャツ

— T-SHIRTS I —

原寸大

※左右同じもの、または左右反転しているだけの型紙は＊が付いています。

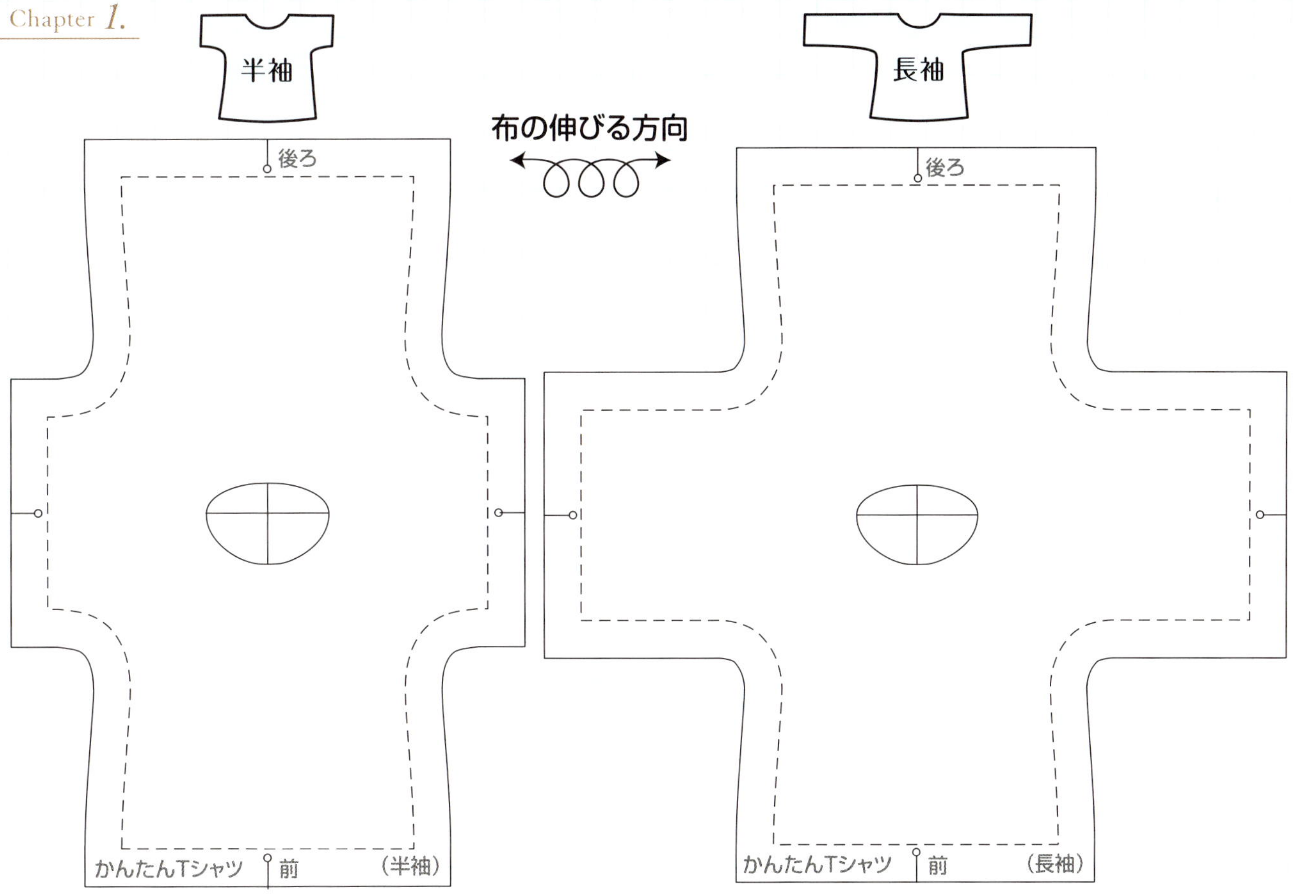
半袖
長袖
布の伸びる方向
後ろ
かんたんTシャツ
前
（半袖）
後ろ
かんたんTシャツ
前
（長袖）

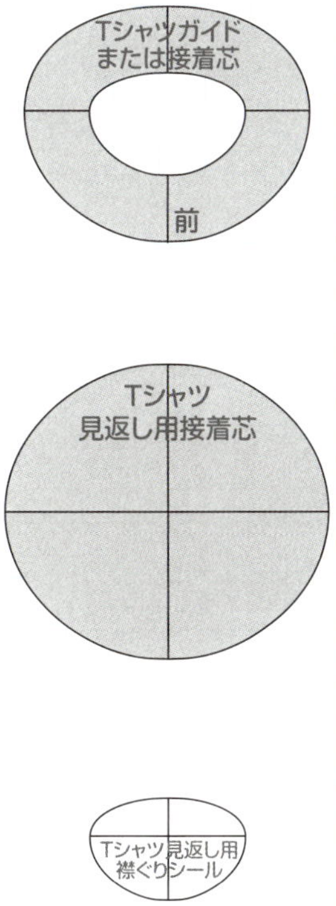
Tシャツガイド
または接着芯
前
Tシャツ
見返し用接着芯
Tシャツ見返し用
襟ぐりシール

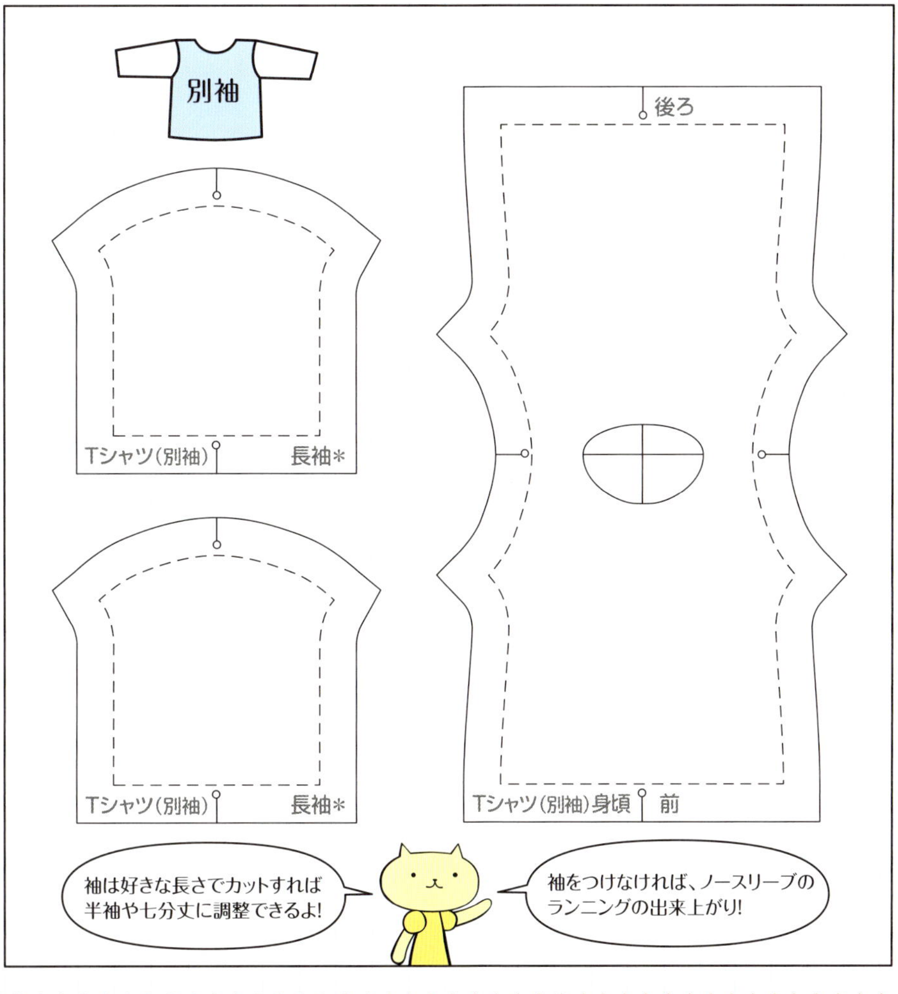
別袖
後ろ
Tシャツ（別袖）
長袖＊
Tシャツ（別袖）
長袖＊
Tシャツ（別袖）身頃
前
袖は好きな長さでカットすれば
半袖や七分丈に調整できるよ！
袖をつけなければ、ノースリーブの
ランニングの出来上がり！

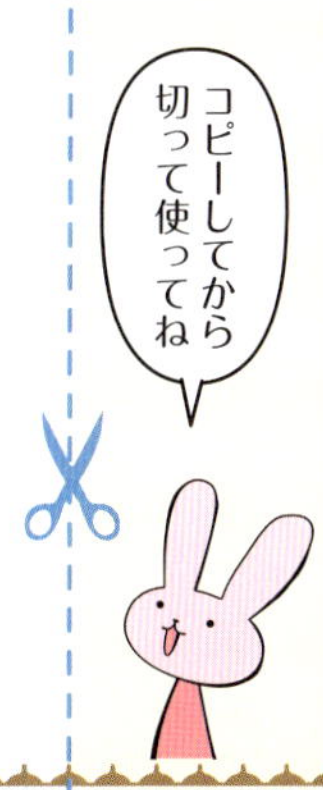
コピーしてから切って使ってね

かんたんTシャツ型紙
→作り方 P.22-23

かんたんTシャツ

二カ所縫うだけ!

ボンドを使って
初心者でも簡単!
袖付きの場合は
四カ所縫うよ

→型紙 P.21

1

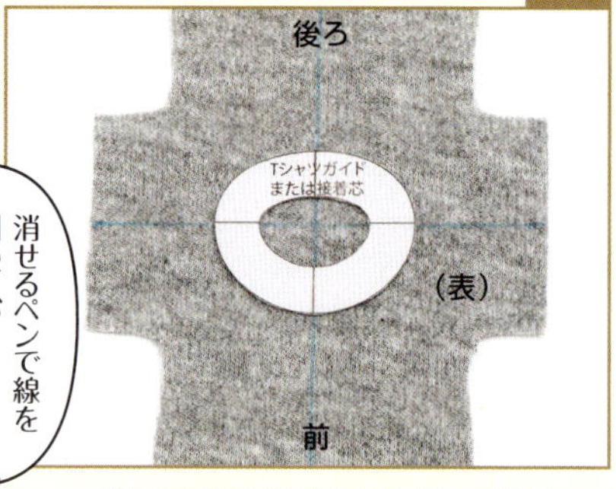
後ろ
Tシャツガイド
または接着芯
(表)
前

襟ぐり用型紙の裏に両面テープを貼ってシール状にして、パーツの中心に型紙のガイド線をあわせて貼る。

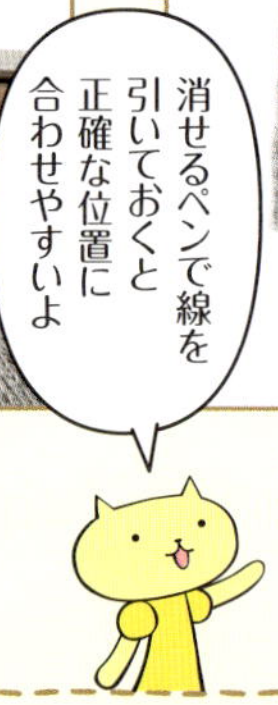
消せるペンで線を引いておくと正確な位置に合わせやすいよ

2

Tシャツガイド
または接着芯

襟ぐりの縫い代部分に切り込みを入れる。

型紙をガイドにすると襟ぐりの楕円がいびつになりにくいよ

3

(裏)

型紙の円をガイドにして折ってボンドで貼る。

4

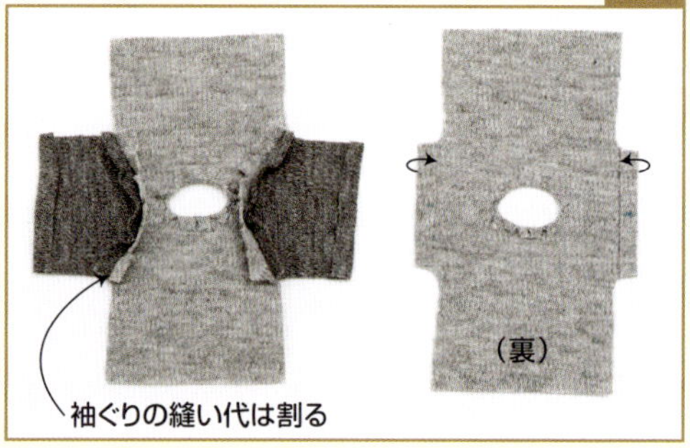
(裏)
袖ぐりの縫い代は割る

別袖タイプのデザインは袖を付け、袖ぐりを折って、ボンドで貼る。

ミシンに慣れている方はこの段階で襟ぐりと袖ぐりにステッチをかけても良い

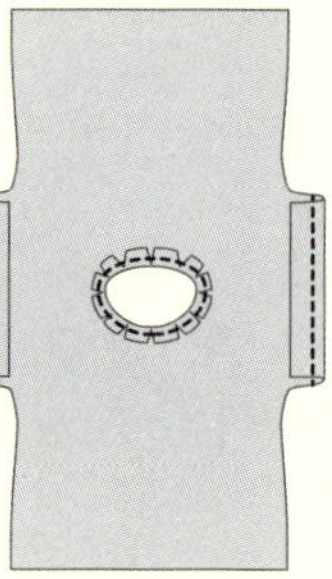

5

(裏)
角をカットする

縫うのはこの二カ所だけ!

中表に折って袖下を縫い、脇に切り込みを入れて表に返す。

6

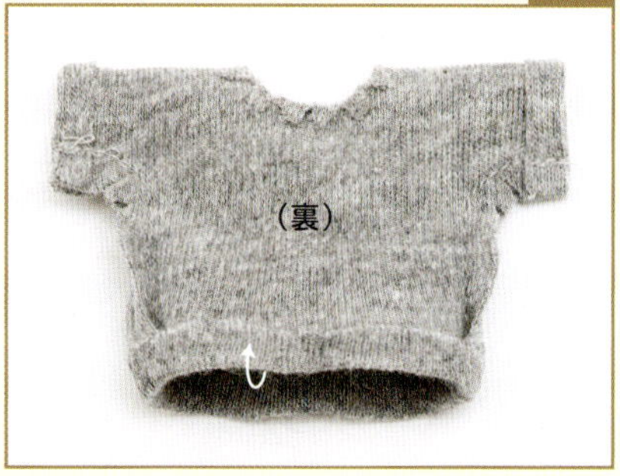
(裏)

脇の縫い代を割り、裾を折ってボンドで貼る。またはミシンで縫う。

ミシンで裾が縫いづらい場合

1. 片方の袖下のみ縫った後に裾を縫う。

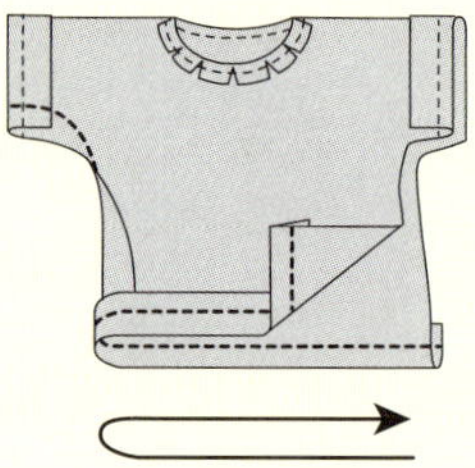

2. 最期にもう片方の脇を縫う。

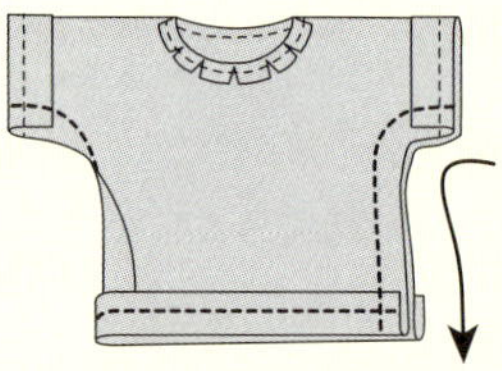

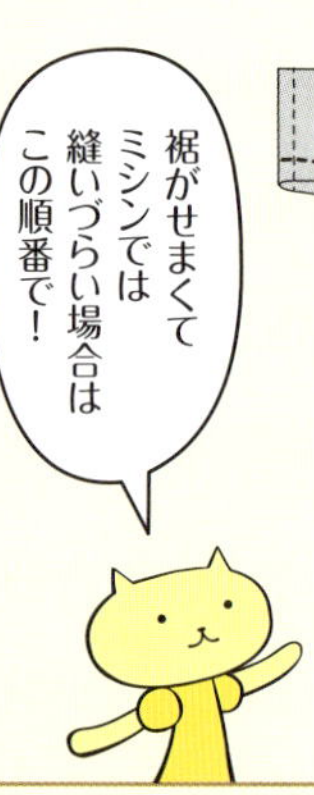
裾がせまくてミシンでは縫いづらい場合はこの順番で!

かんたんTシャツ

接着芯を使った襟ぐりの処理法

アイロンを使うけど、きれいに作れるよ!

接着芯で仕上がりがワンランクアップ!

接着芯をガイドにする方法

1

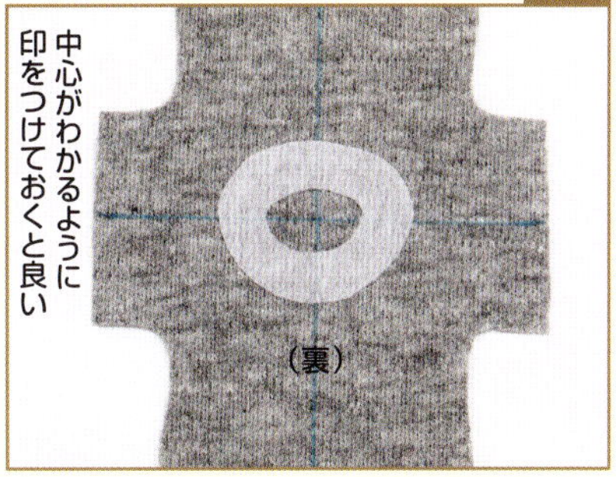
中心がわかるように印をつけておくと良い
（裏）

型紙通りに切り抜いた接着芯を裏面に貼る。

2

襟ぐりの縫い代部分をカットして切り込みを入れ、接着芯をガイドにして縫い代を折る。

前のページの方法できれいなカーブに折れなかった時はこの方法で!

接着芯で布が固くなるので折りやすくなった

接着芯を見返しにする方法

1

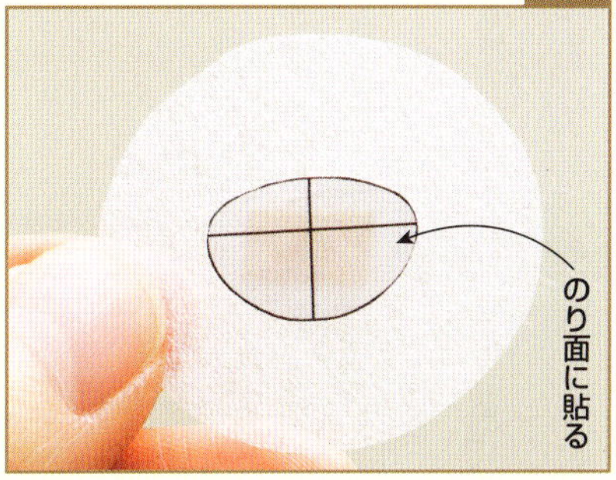
のり面に貼る

襟ぐりのガイド型紙の裏に両面テープを貼ってシール状にして、型紙通りにカットした接着芯の中心に貼る。

2

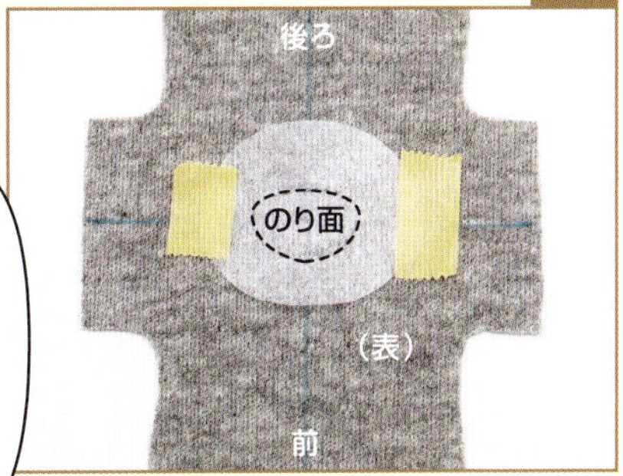
後ろ
のり面
（表）
前

のり面を上にした接着芯をパーツの中心（表側）に置き、紙のはしをガイドにしてぐるっと縫う。中心がわかりやすいように消えるペンでガイドを描いておくとよい。

ずれやすいので、マステでとめておこう

3

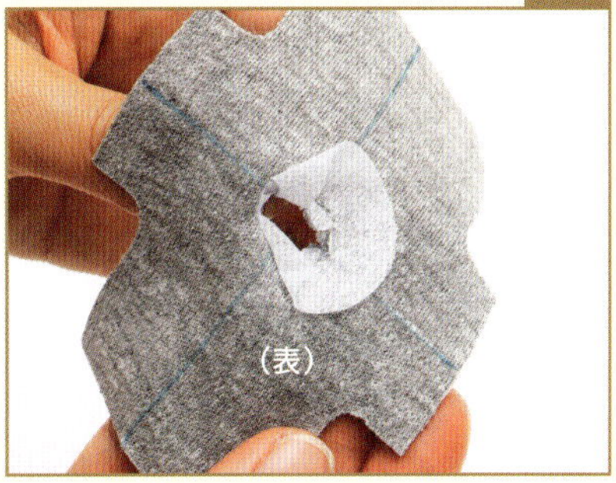
（表）

縫い代が 0.3cm くらいになるようにカットして切り込みを入れ、接着芯を裏側に返す。

4

（裏）

表から接着芯が見えないように、少しだけ表布を引き出すように整えてアイロンで接着する。

濃い色の布は黒い接着芯を使のがお勧め!

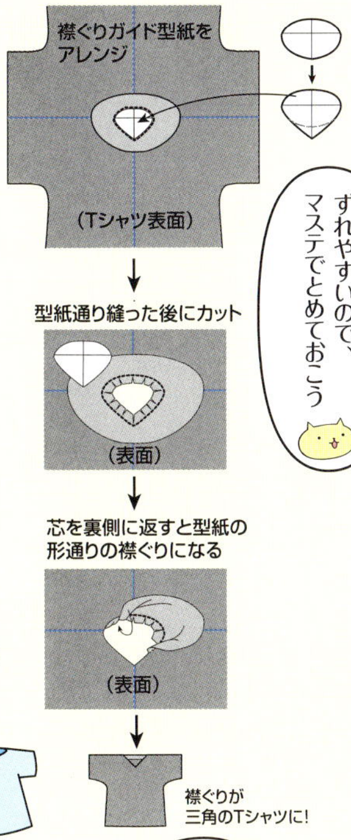
襟ぐりガイド型紙をアレンジ
（Tシャツ表面）
型紙通り縫った後にカット
（表面）
芯を裏側に返すと型紙の形通りの襟ぐりになる
（表面）
襟ぐりが三角のTシャツに!

たとえばこんな襟ぐり

縫う手間がかかるけど、仕上がりも綺麗でアレンジしやすい方法かも!

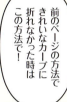

Chapter 2.

うしろあきTシャツ

—T-SHIRTS II—

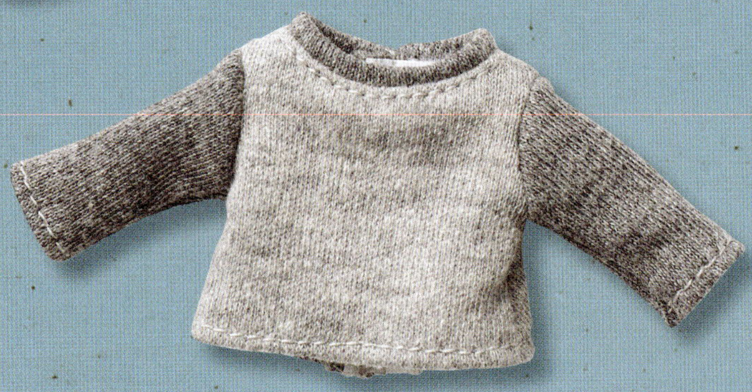

原寸大

うしろあきTシャツ

フレンチスリーブ

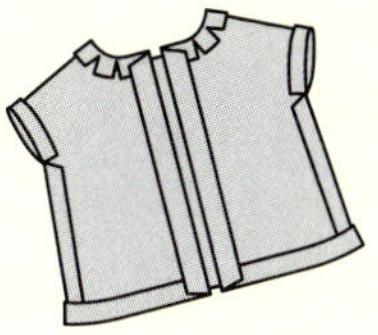

うしろあきのTシャツだよ

脇以外の部分はボンドで貼っても作れます

自分に合った方法で作ろう！

→型紙 P.26

1

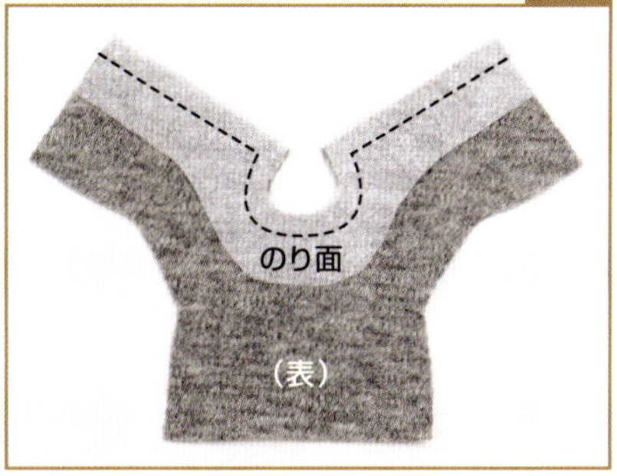

のり面
（表）

のり面を上にした接着芯を表面にのせ、襟ぐりと後ろ端を縫う。

2

襟ぐりと後ろ端の縫い代を0.3cmくらいに細くカットする。

3

（裏）

接着芯を表に返してアイロンで貼り付ける。

接着芯が見返しと伸び止めになるよ
ミシンで製作する方は、面倒でも接着芯を貼ろう！

4

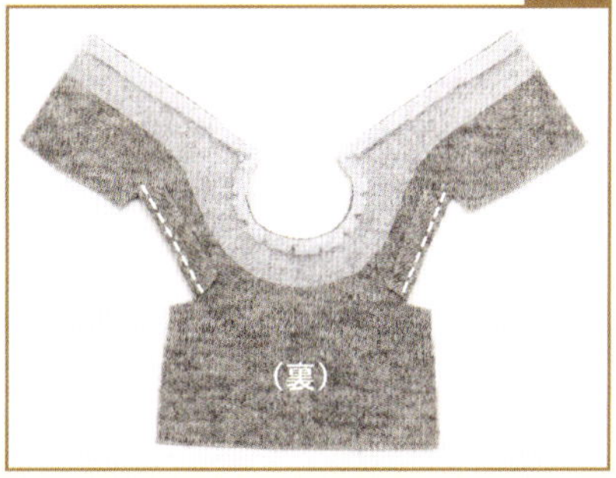

（裏）

袖ぐりを折ってボンドで止める。またはミシンで縫う。

5

中表に折り、脇を縫う。角はななめにカットする。

6

（裏）

脇の縫い代を割り、裾をボンドで止める。またはミシンで縫う。

7

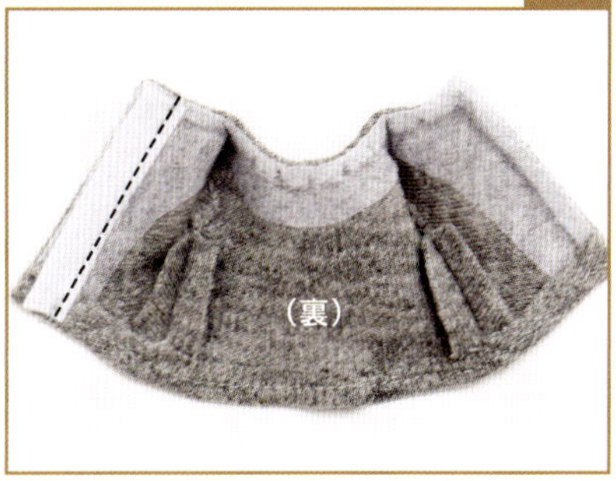

（裏）

左身頃の裏面の端に0.7cm幅に切った面ファスナーを置き、端から0.4cmくらいを縫う。

8

右身頃に0.8cm〜1cm幅に切った面ファスナーを表に0.5cm出して合わせ、後ろ端〜襟ぐり〜裾をぐるっと縫う。

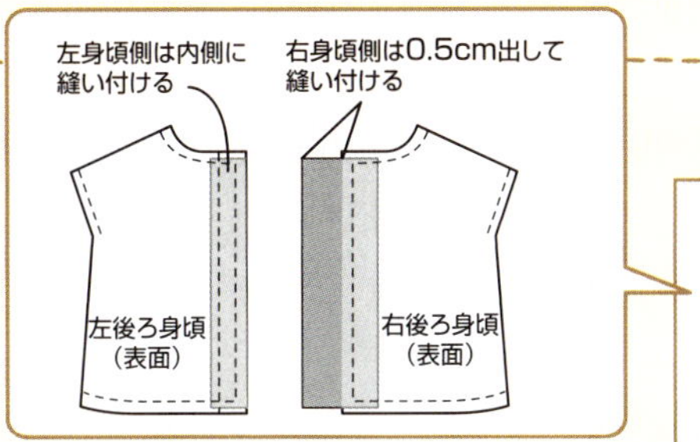

左身頃側は内側に縫い付ける
右身頃側は0.5cm出して縫い付ける
左後ろ身頃（表面）
右後ろ身頃（表面）

ミシンが苦手な方は、面ファスナーをボンドや手縫いで付けてもいいです
また手縫いの場合は伸びにくいので、接着芯なしで縫い代をボンドで貼るだけでもかまいません

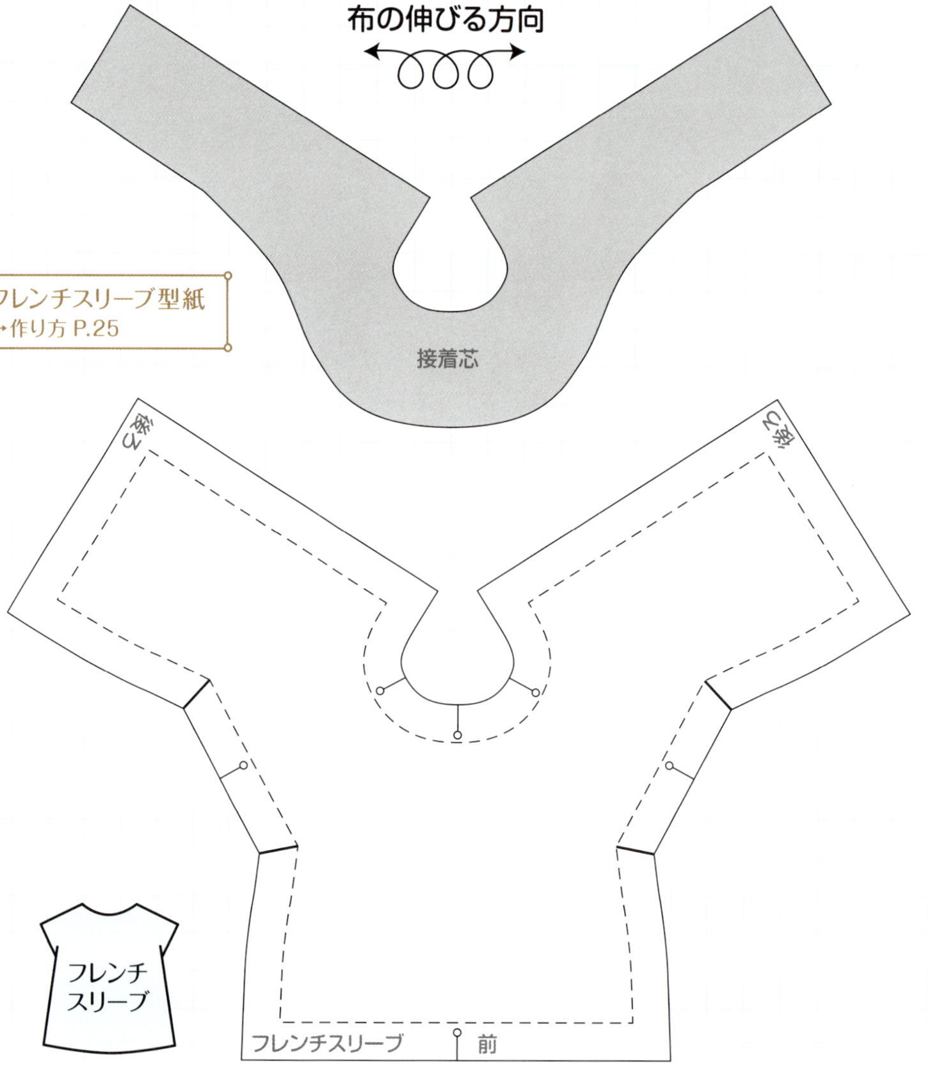

布の伸びる方向
接着芯
後ろ
後ろ
フレンチスリーブ
前
フレンチスリーブ

フレンチスリーブ型紙
→作り方 P.25

コピーしてから切って使ってね

布目を合わせて型紙を正確に置く方法

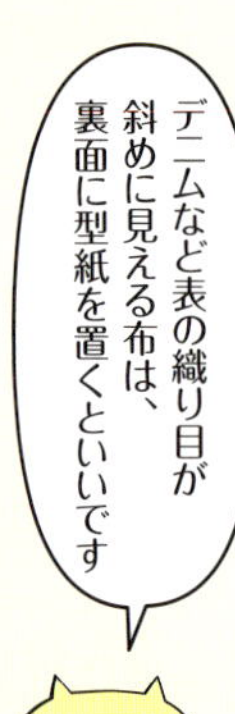

デニムなど表の織り目が斜めに見える布は、裏面に型紙を置くといいです

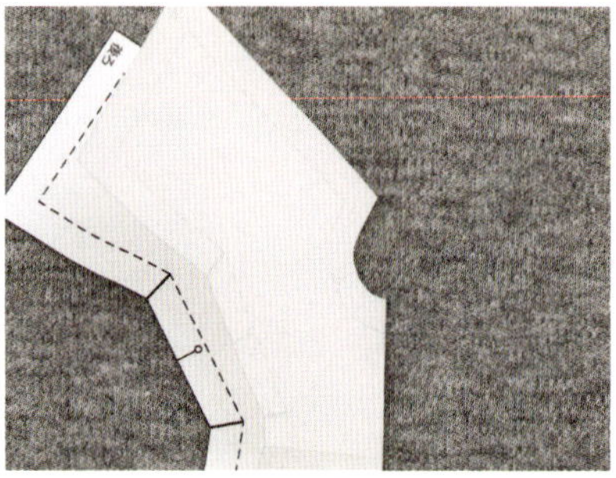

よく見ると織り目や編み目が見えるので、それに合わせて型紙を置く。

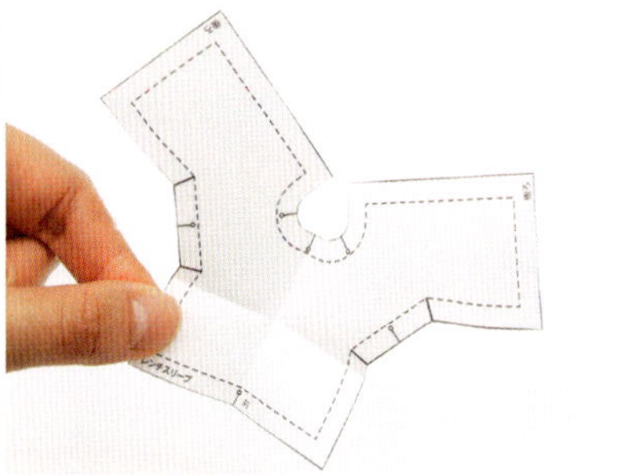

前中心の合い印などをガイドにして型紙を縦または横にも折る。

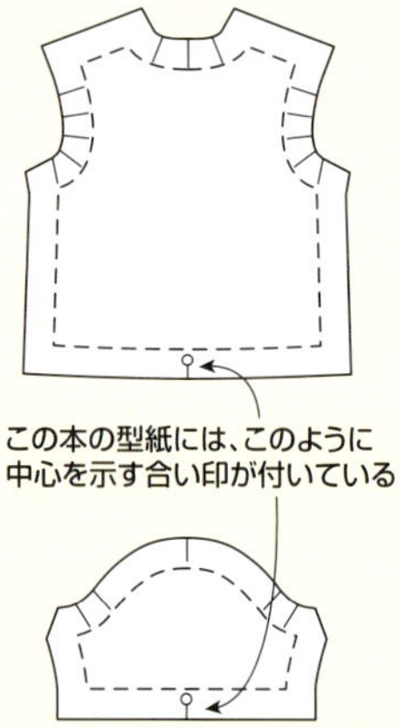

この本の型紙には、このように中心を示す合い印が付いている

うしろあきTシャツ

リブ襟

襟ぐりをふちどるとよりTシャツっぽくなるね

→型紙 P.29

1

(裏)

後ろはしに0.5cm幅に切った伸び止め用の接着芯を貼り、アイロンで折り目を付けておく。

のり面を下にして布につけるよ。

2

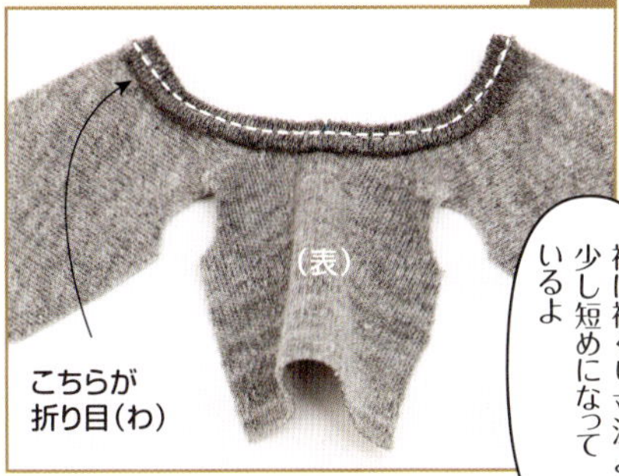
(表)
こちらが折り目(わ)

二つ折りにした襟を伸ばしながら襟ぐりにまち針でとめ、縫い付ける。

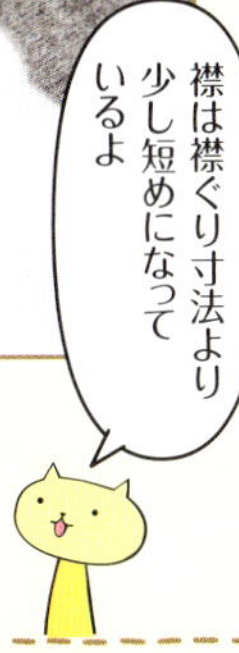
襟は襟ぐり寸法より少し短めになっているよ

3

(表)

縫い代を身頃側に倒して表から襟ぐりにステッチ。または縫い代が表に飛び出ないようにボンドで貼る。

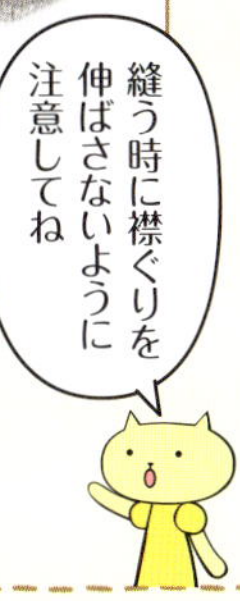
縫う時に襟ぐりを伸ばさないように注意してね

4

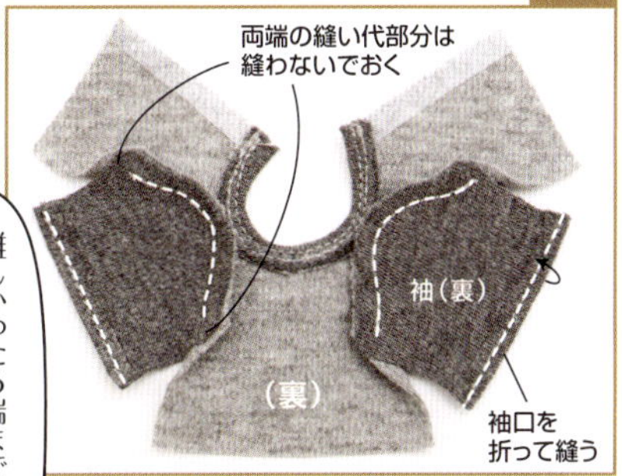
両端の縫い代部分は縫わないでおく
袖(裏)
(裏)
袖口を折って縫う

袖口を折って縫っておく。身頃と袖を中表に縫い合わせる。両端の縫い代部分は縫わない。

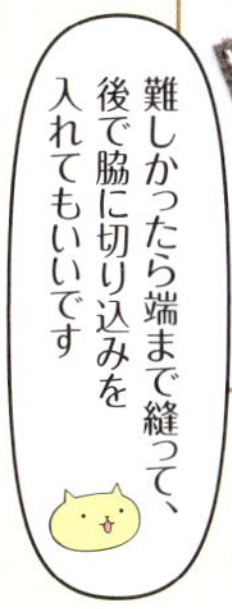
難しかったら端まで縫って、後で脇に切り込みを入れてもいいです

5

袖下の縫い代を割り、袖下〜脇を縫う。裾部分の縫い代の角を斜めにカットする。

身頃と袖が一体になっている型紙は、袖〜脇を続けて縫う

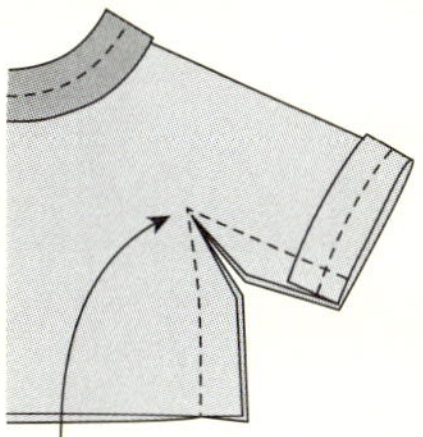

縫った後にステッチギリギリまで切り込みを入れる

縫わなかった部分が切り込みの代わりになってつれにくくなるよ

6

(裏)

裾を折って縫う。またはボンドで貼る。

7

裏面
(表)

左身頃の端を折り、面ファスナーを付ける。右身頃は面ファスナーを裏返して置き、端から0.5cmを縫う。

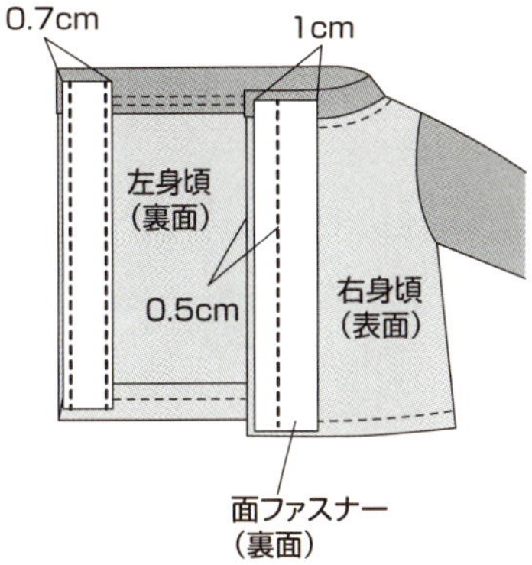
0.7cm
1cm
左身頃
(裏面)
0.5cm
右身頃
(表面)
面ファスナー
(裏面)

そういえば
オビツサイズの服は、
あきにスナップを
使わないの？
もちろん使っても
いいんだけど、
厚みが気になるという
人が多いみたい
面ファスナーの方が、
縫い付けが楽という
意見もあるので
お好みで使い分けてね

8

表面
（表）

右端を内側に折り、きわにステッチ、またはボンドで縫い代を固定する。

靴下でつくるTシャツ

靴下の柄を活かして
こんなTシャツも
作ってみたよ！
アイデア次第で
いろんな服が
作れるね！

ボーダーの布を使う場合

肩の縫い目がない型紙は、ボーダーのニット地を使用すると後ろの柄がVの地になってしまいます。

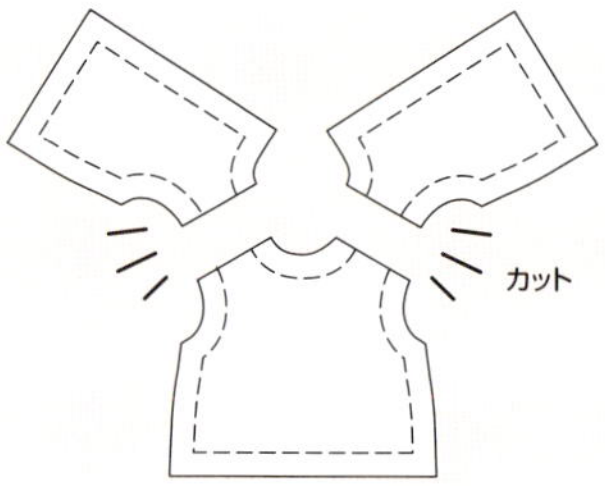
カット

気になる場合は、このように肩線でカットして縫い代を付け、前身頃と後ろ身頃に分割してください。

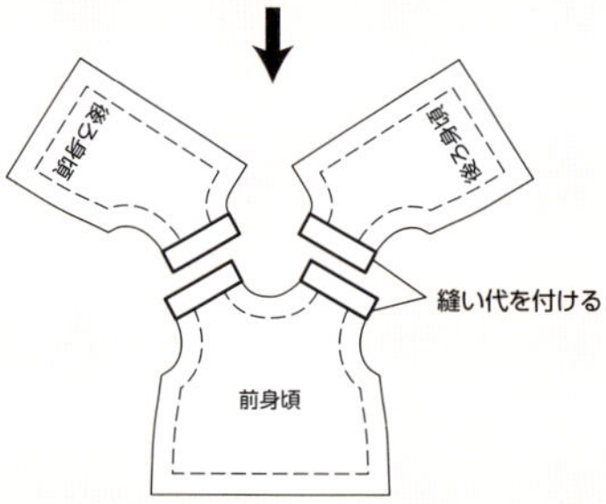
後ろ身頃
後ろ身頃
縫い代を付ける
前身頃

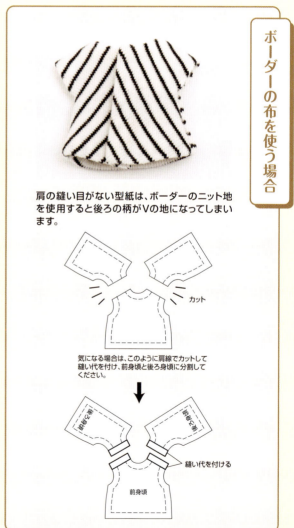

布の伸びる方向

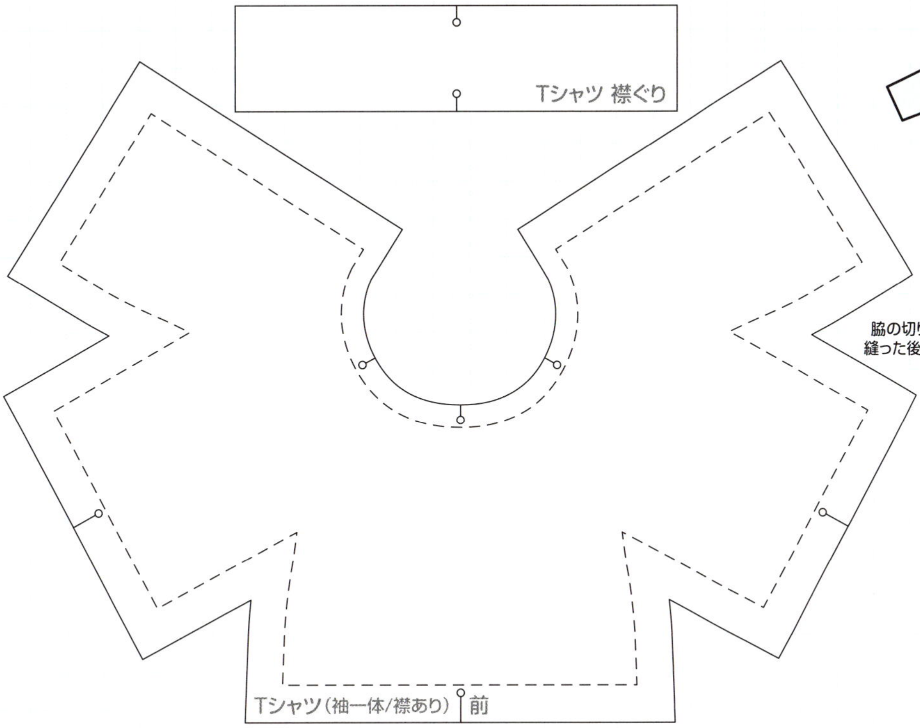

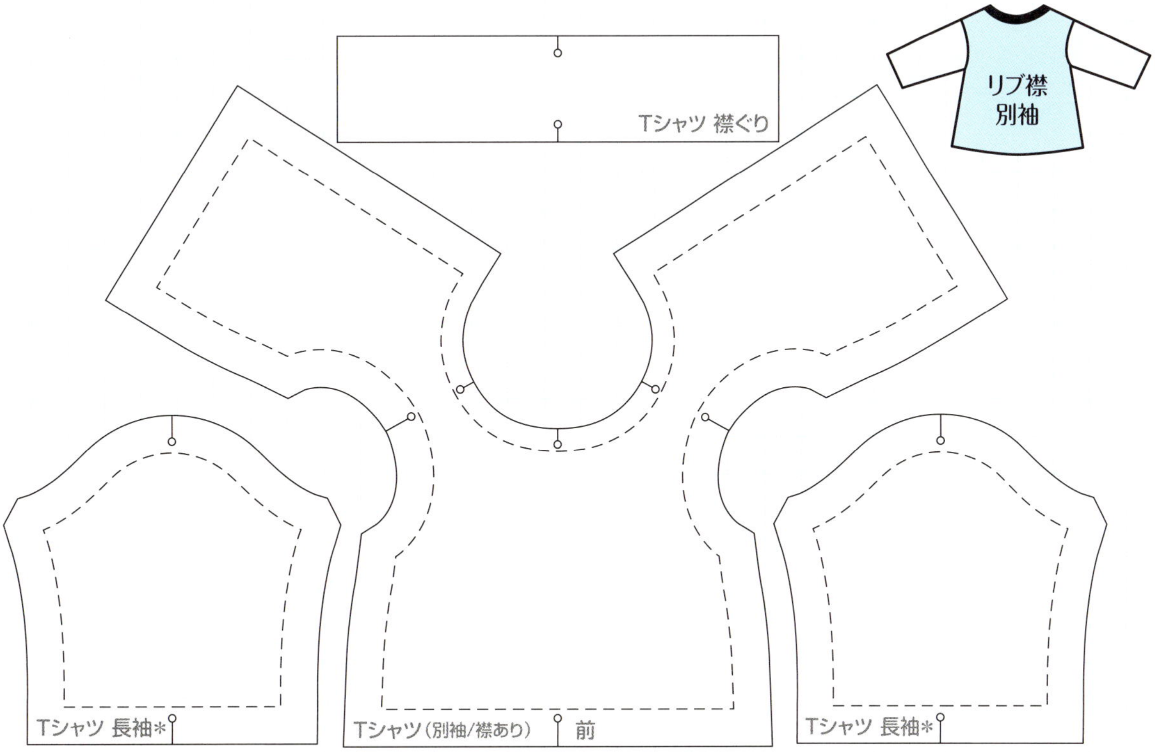

※左右同じもの、または左右反転しているだけの型紙は＊が付いています。

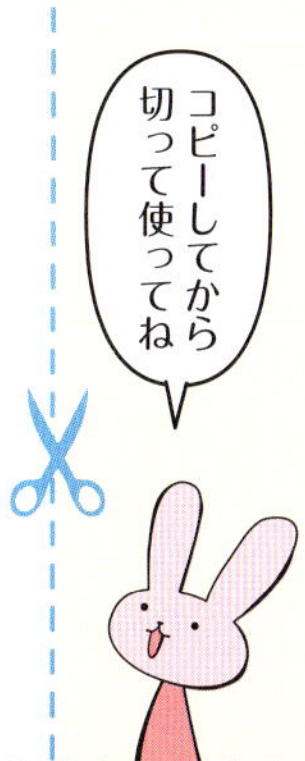

リブ襟Tシャツ型紙
→作り方 P.27-28

襟なしTシャツ型紙
→作り方 P.25、27参照

※左右同じもの、または左右反転しているだけの型紙は＊が付いています。

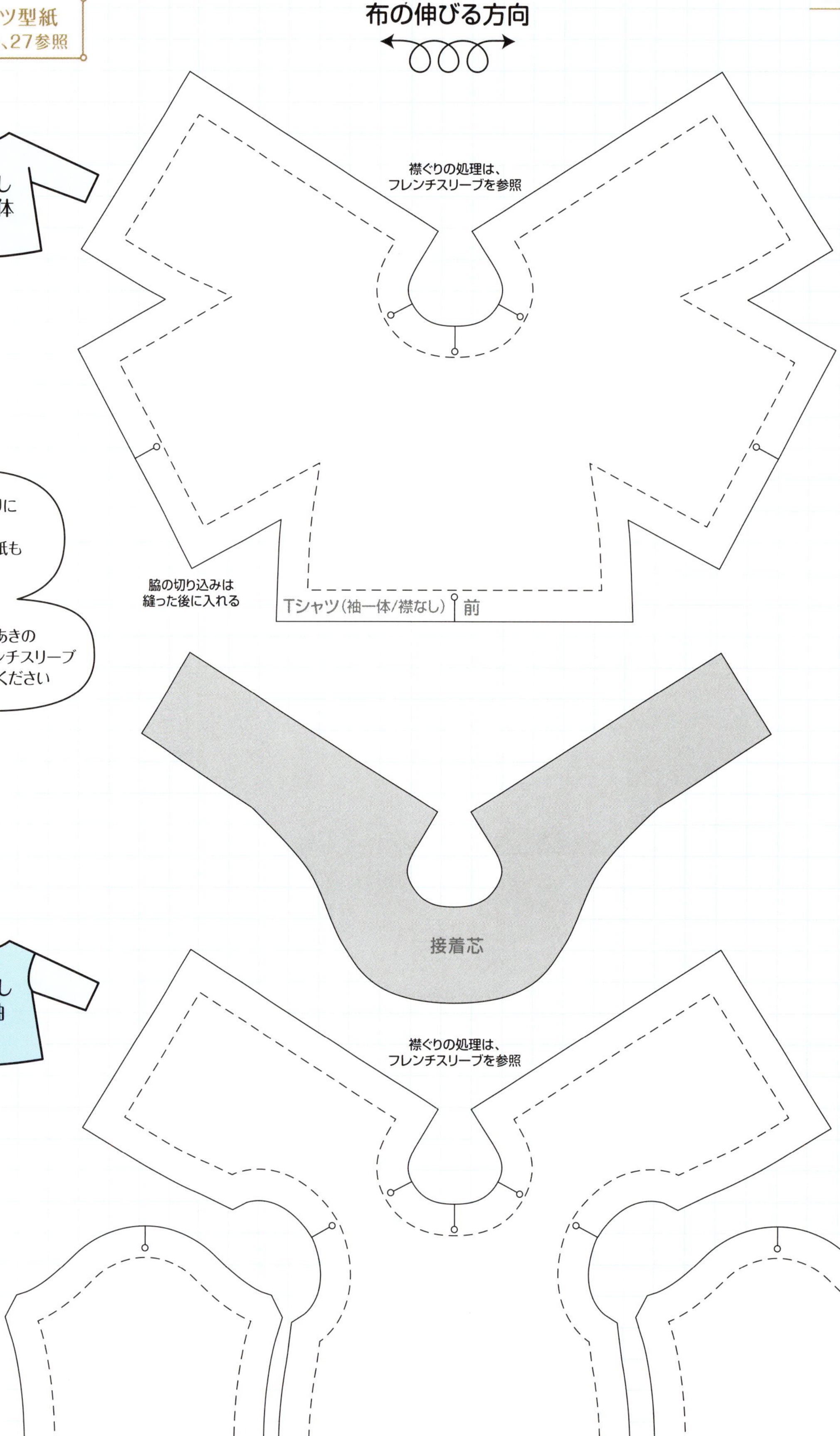

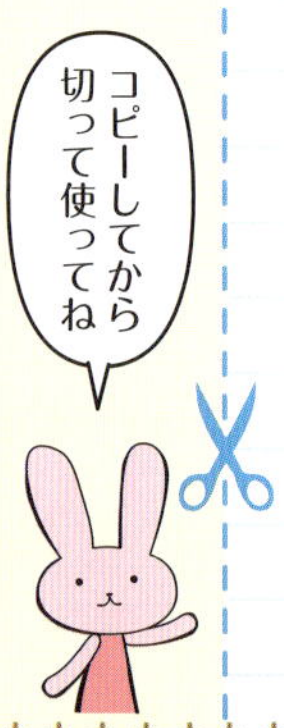

Chapter 3.

ワイシャツ

— SHIRTS —

原寸大

ワイシャツ

※このページでは、襟ぐりと袖ぐりの縫い代は
すべて0.3cm幅で解説をしています

台襟有りと無しの
2種類です

→型紙 P.34

1

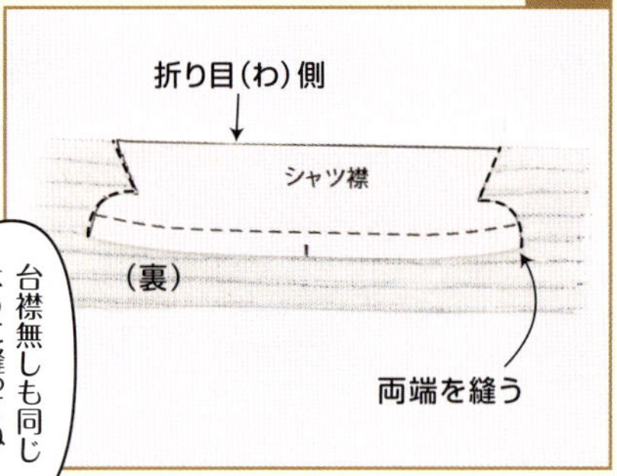
折り目(わ)側
シャツ襟
(裏)
両端を縫う

襟の型紙よりふた周り大きい布を用意し、横半分に折っておく。型紙の裏に両面テープを貼って布に貼り付け、それをガイドにして両端を縫う。

台襟無しも同じ
ように縫ってね

2

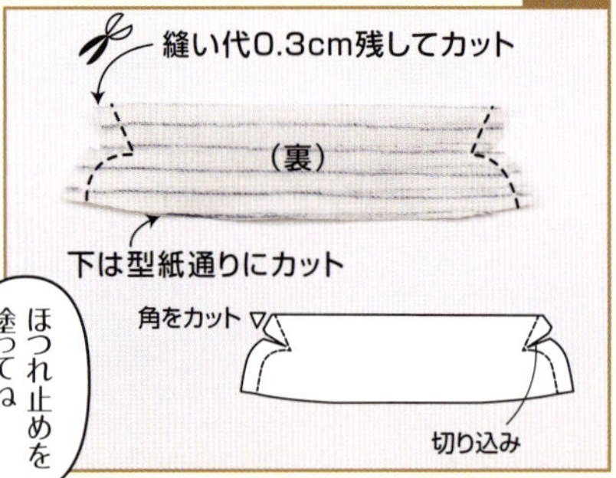
縫い代0.3cm残してカット
(裏)
下は型紙通りにカット
角をカット
切り込み

襟ぐりは型紙通りに、両端の縫い代は0.3cmくらい残してカットして表に返す。

ほつれ止めを
塗ってね

3

(表)

襟を表に返し、アイロンで形を整える。

こまめにアイロンを
かけると仕上がりが
きれいに!

4

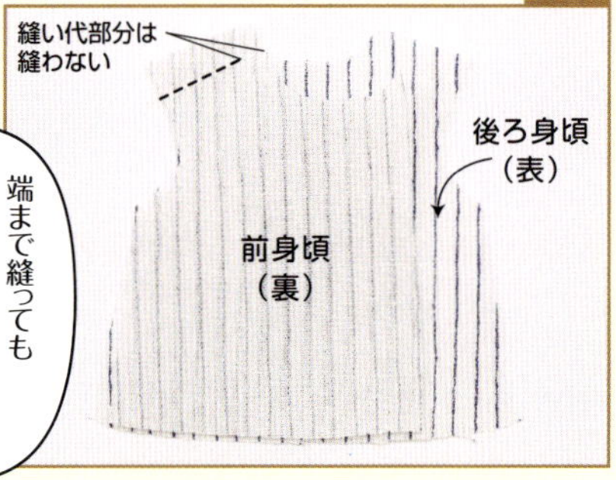
縫い代部分は
縫わない
後ろ身頃
(表)
前身頃
(裏)

身頃の肩を縫い合わせる。襟ぐり側の縫い代は縫わない。

5

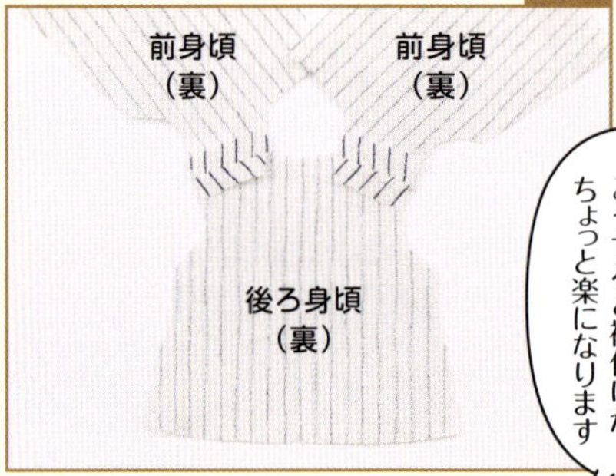
前身頃
(裏)
前身頃
(裏)
後ろ身頃
(裏)

肩の縫い代を割る。

端まで縫っても
いいですが、
こうすると襟付けが
ちょっと楽になります

6

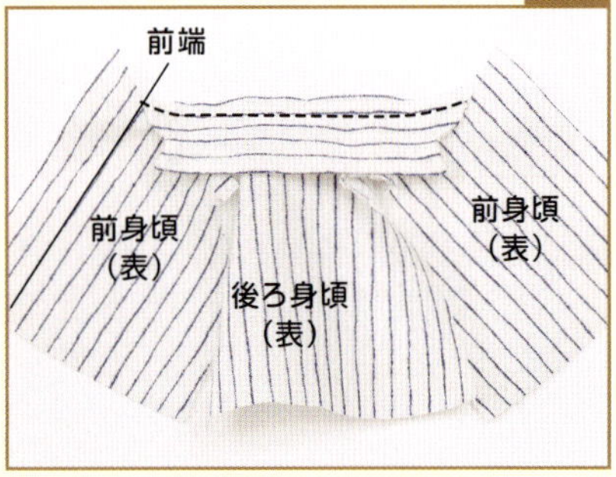
前端
前身頃
(表)
前身頃
(表)
後ろ身頃
(表)

台襟付きは、襟の端と身頃の前端を合わせて縫う。台襟無しは、身頃の端から0.3cm内側に合わせて縫う。(左のページの図解参照)

7

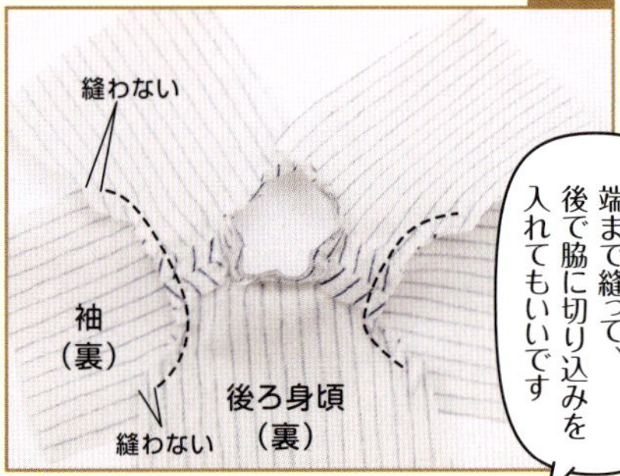
縫わない
袖
(裏)
縫わない
後ろ身頃
(裏)

身頃に袖を付ける。両端の縫い代部分は縫わない。

難しかったら
端まで縫って、
後で脇に切り込みを
入れてもいいです

8

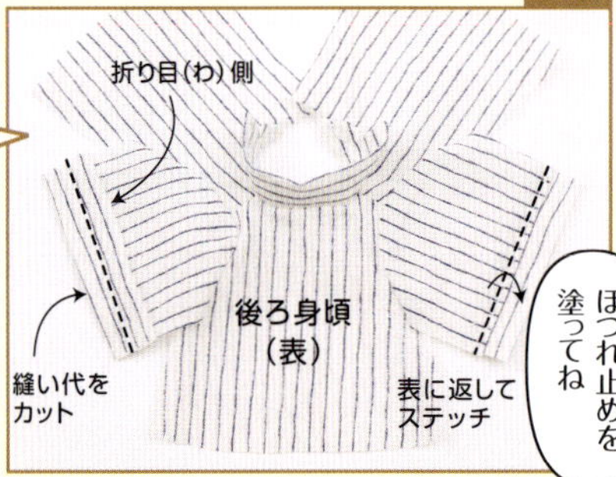
折り目(わ)側
縫い代を
カット
後ろ身頃
(表)
表に返して
ステッチ

二つ折りにしたカフスを袖口にのせて縫い、縫い代を0.3cmにカット。カフスを表に返し、きわにステッチ。(ボンドで貼ってもよい)。

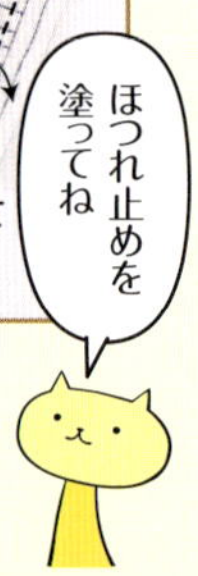
ほつれ止めを
塗ってね

カフスの処理

袖(表面)
カフス
縫い代は0.3cmにカット
袖(表面)
カフス
きわにステッチ

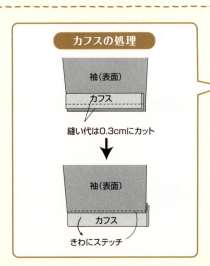

（裏）

脇の縫い代を割り、袖下～脇を縫う。

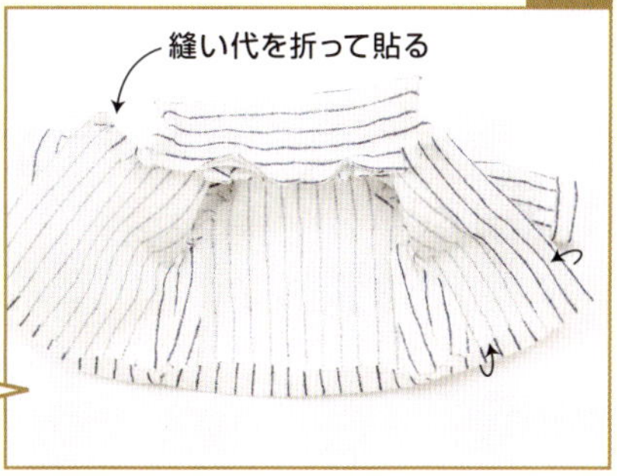
縫い代を折って貼る

前端と裾をアイロンでしっかり折る。
見返しの上下はボンドで貼っておく。

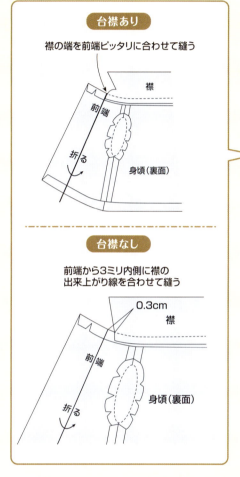

台襟あり

襟の端を前端ピッタリに合わせて縫う

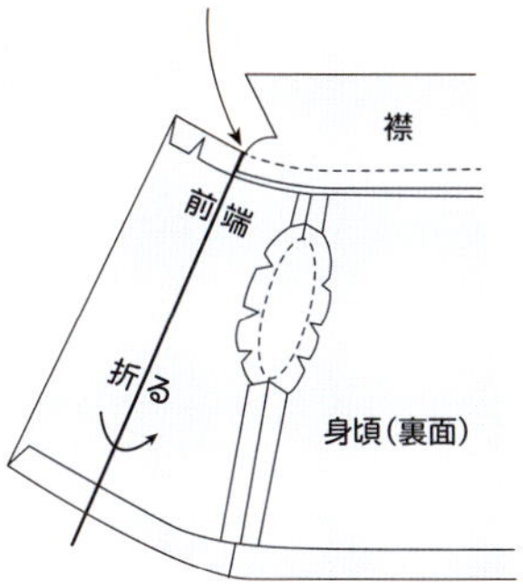
襟
前端
折る
身頃（裏面）

台襟なし

前端から3ミリ内側に襟の
出来上がり線を合わせて縫う

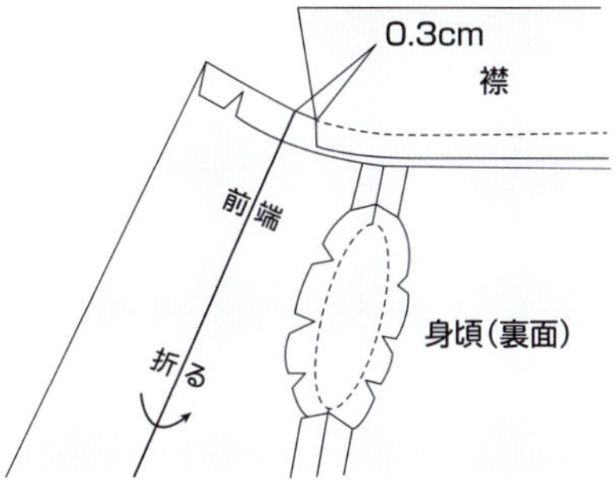
0.3cm
襟
前端
折る
身頃（裏面）

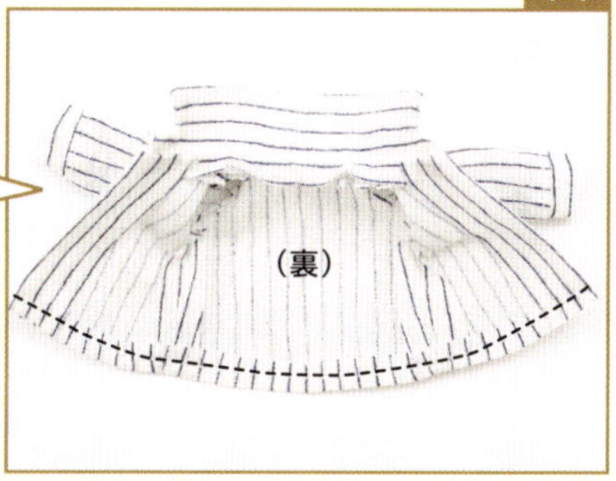
（裏）

裾を折って縫う。

カーブの裾も同じように折って縫う。

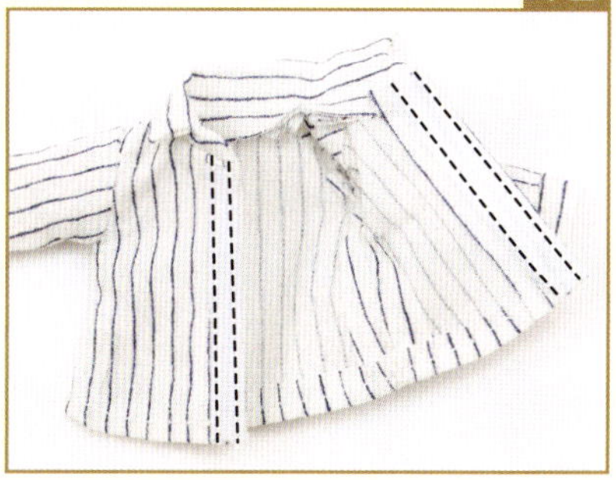

前端に面ファスナーを付ける。

4mmボタンを左身頃側に付ける。

半袖の型紙も用意しました。
半袖は袖口を出来上がりに折って
縫うだけでOK。カフスなしの長袖も
同様に仕上げます。

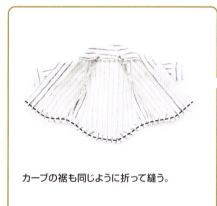

※左右同じもの、または左右反転しているだけの型紙は＊が付いています。

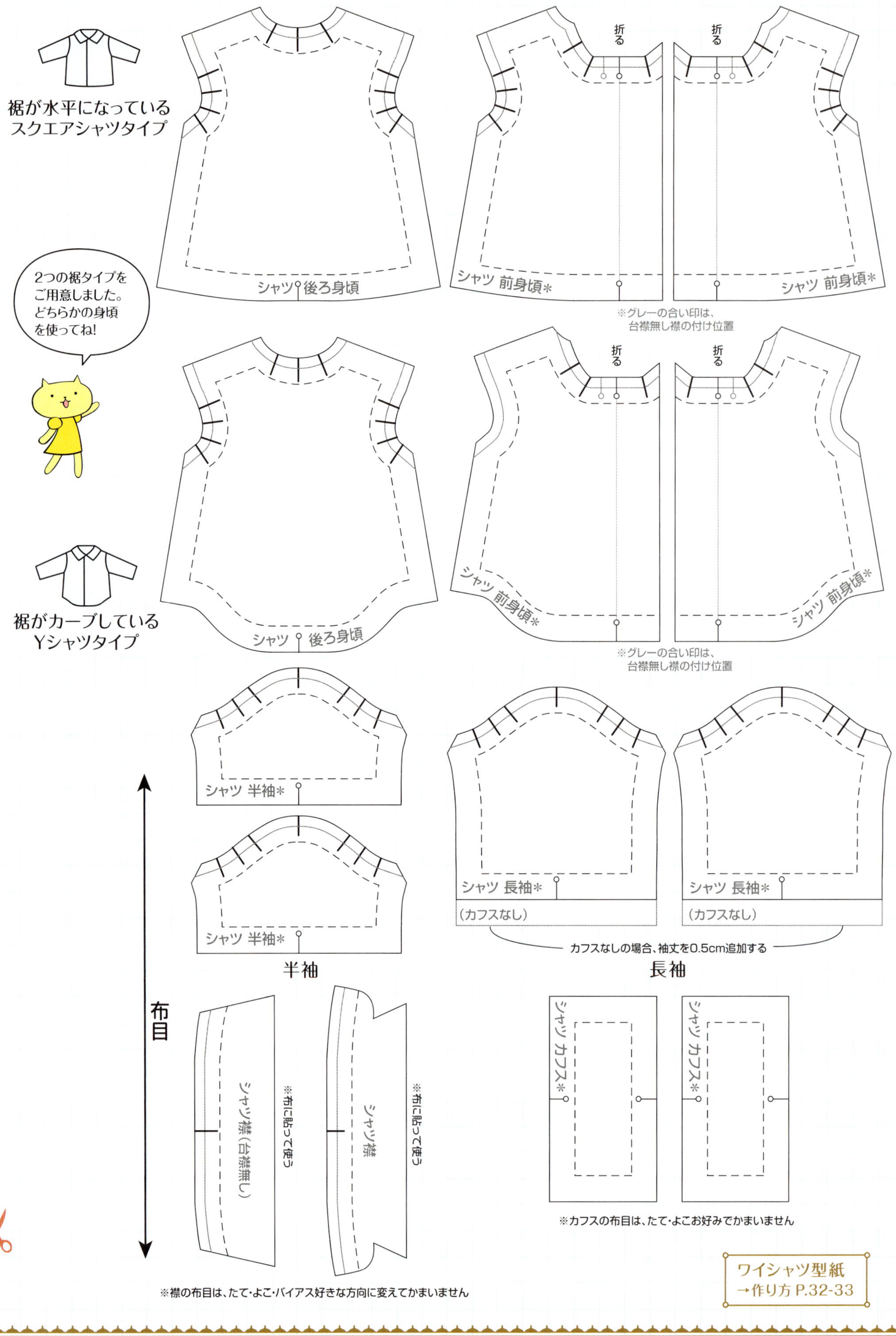

コピーしてから切って使ってね

ワイシャツ型紙
→作り方 P.32-33

Chapter 4.

詰襟・学ラン

— STAND-UP COLLAR —

＊原寸大＊

詰襟・学ラン

学ランや
軍服を作ろう!

※このページでは、襟ぐりと袖ぐりの縫い代は
すべて0.3cm幅で解説をしています

→型紙 P.38

1

ガクラン襟

表襟・裏襟が同じ布の場合は
一枚の布をわ（輪）にして縫う

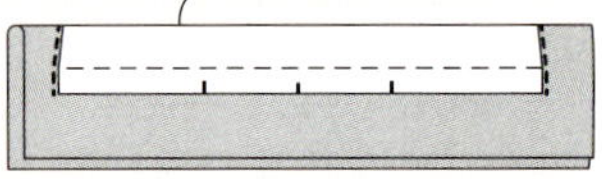
折り目（わ）側

※布が厚い場合は、右のように裏襟に別の
薄い布を使った方が綺麗に仕上がります

内側にカラーが付いて
いるように見せるため
白いローン地を使用
しています

表襟、裏襟用の布を中表に重ねる。裏に両面テープを貼った型紙を貼付け、それをガイドにして周囲を縫う。

2

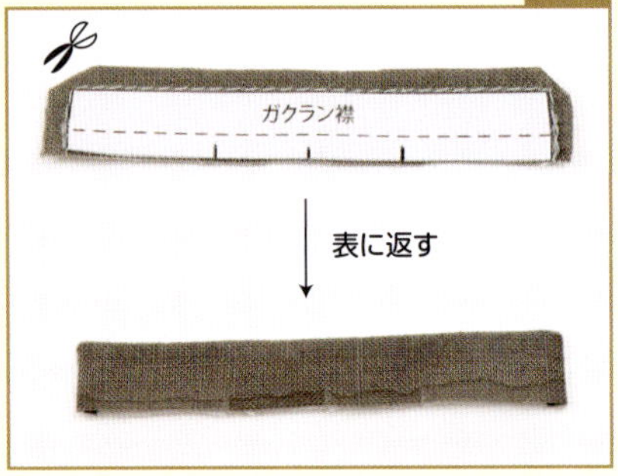
ガクラン襟
表に返す

襟ぐりは型紙通りにカット、周囲の縫い代は0.3cmくらい残してカットして表に返す。

3

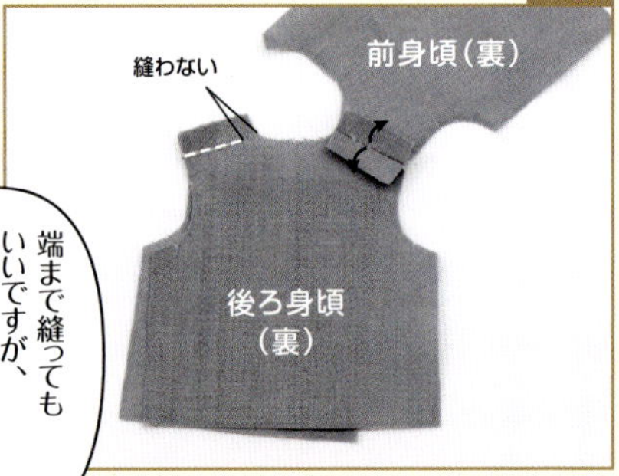
縫わない
前身頃（裏）
後ろ身頃
（裏）

身頃の肩を縫い合わせる。襟側の縫い代は縫わない。肩の縫い代は割っておく。

端まで縫っても
いいですが、
こうすると襟付けが
ちょっと楽になります

4

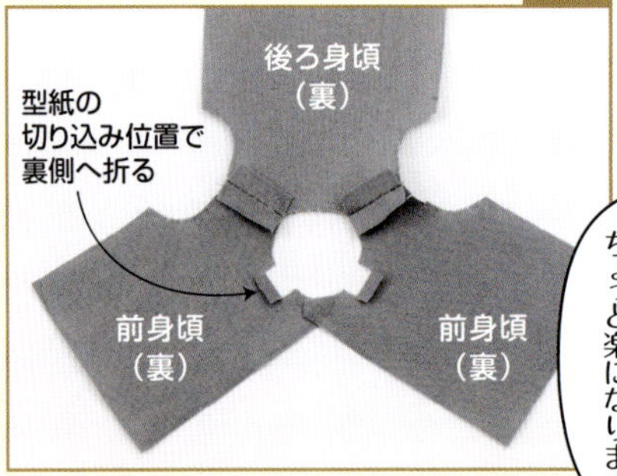
後ろ身頃
（裏）
型紙の
切り込み位置で
裏側へ折る
前身頃
（裏）
前身頃
（裏）

前端上部を折ってボンドで貼る。

5

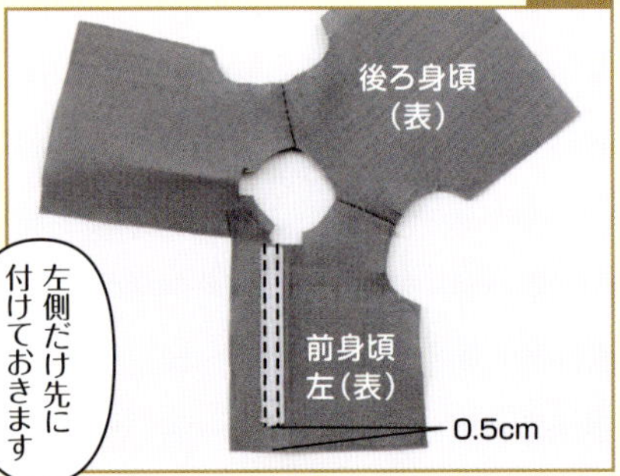
後ろ身頃
（表）
前身頃
左（表）
0.5cm

左側だけ先に
付けておきます

左身頃の見返し部分に面ファスナーを縫い付ける。

6

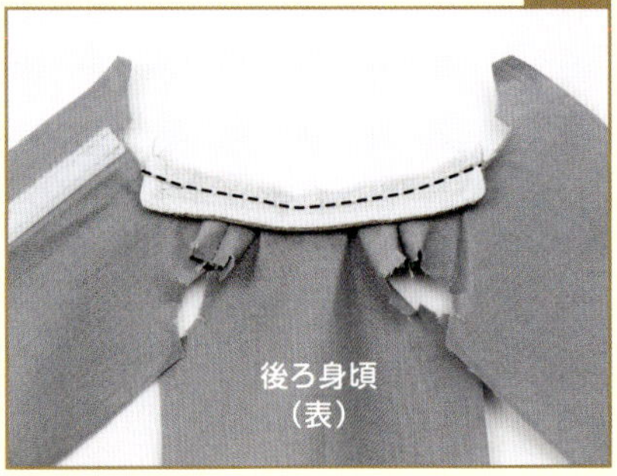
後ろ身頃
（表）

襟を縫い付ける。

7

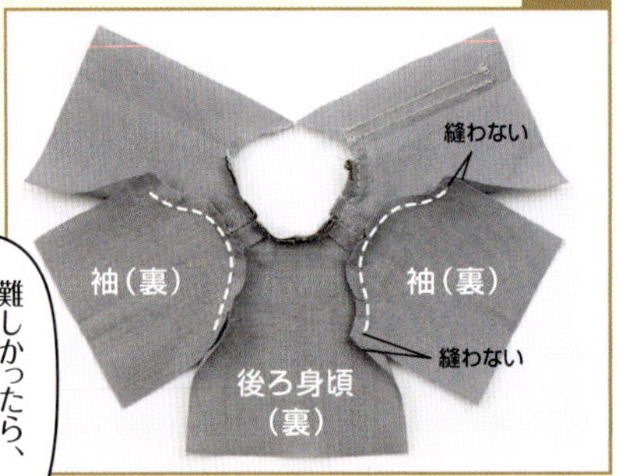
縫わない
袖（裏）
袖（裏）
後ろ身頃
（裏）
縫わない

身頃に袖を付ける。両端の縫い代部分は縫わない。

8

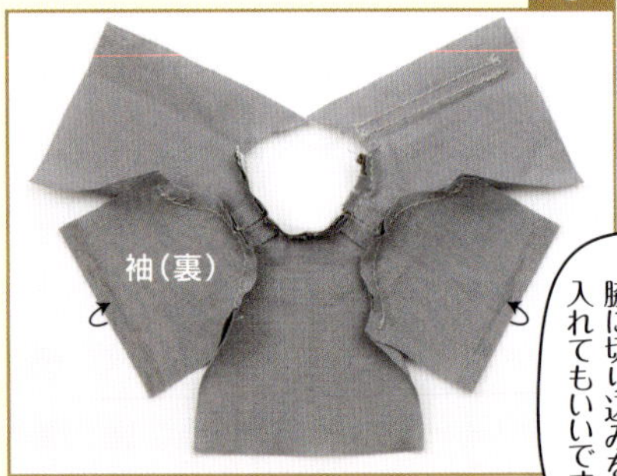
袖（裏）

難しかったら、
端まで縫って、後で
脇に切り込みを
入れてもいいです

袖口を折ってボンドで貼る。
またはステッチをかける。

9

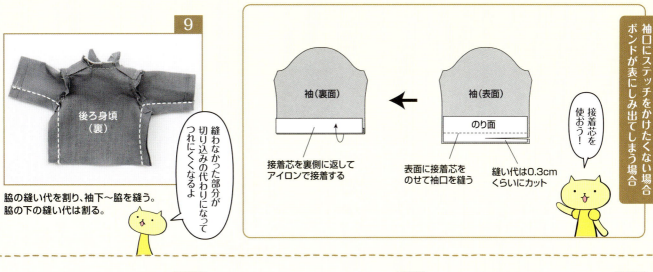

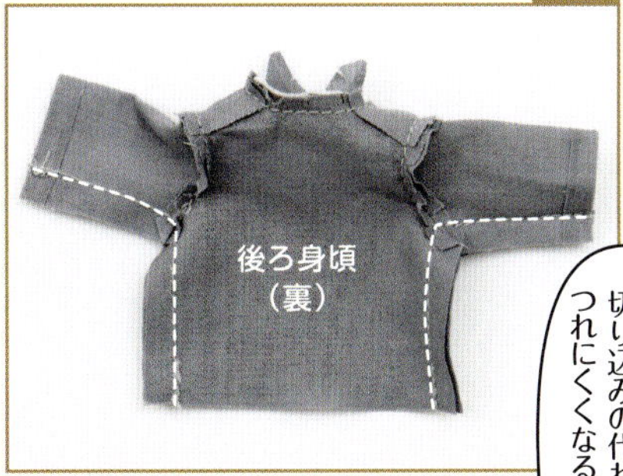
後ろ身頃
（裏）

脇の縫い代を割り、袖下〜脇を縫う。
脇の下の縫い代は割る。

縫わなかった部分が
切り込みの代わりになって
つれにくくなるよ

袖口にステッチをかけたくない場合
ボンドが表にしみ出してしまう場合

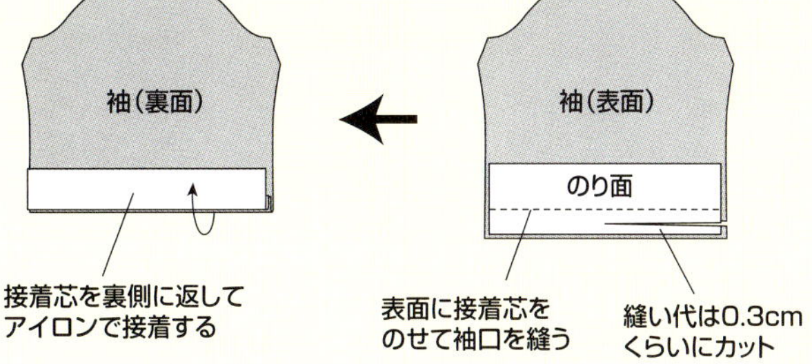
袖（表面）
のり面
表面に接着芯を
のせて袖口を縫う
縫い代は0.3cm
くらいにカット
袖（裏面）
接着芯を裏側に返して
アイロンで接着する

接着芯を
使おう！

10

身頃（表）
のり面

前端を折り、見返しを中表に合わせる。のり面を上にした接着芯を裾にのせて縫い、縫い代を0.3cmにカットする。

ステッチなしの
デザインにしたい
時はこの方法で！

11

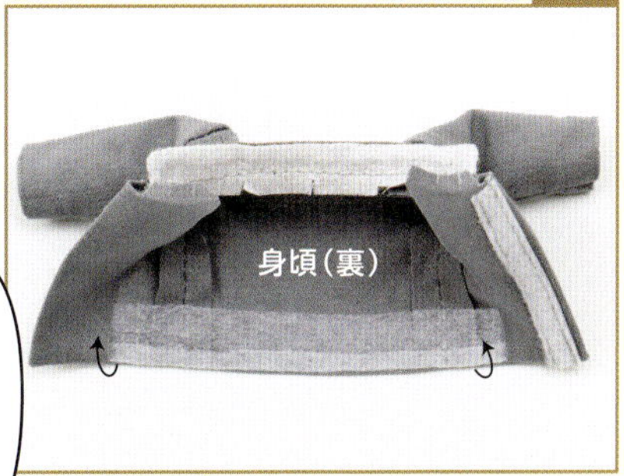
身頃（裏）

裾（接着芯）と見返しを表に返してアイロンで接着する。接着芯が表に見えないように少し内側にずらすとよい。

12

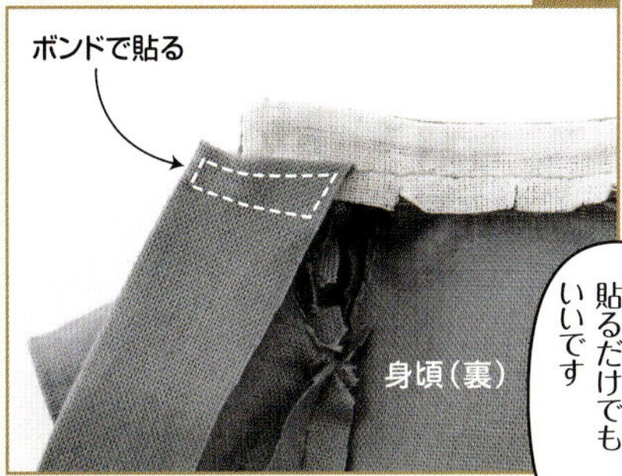
ボンドで貼る
身頃（裏）

見返しの上の縫い代を折り、ボンドで貼る。またはまつる。

裾は折ってボンドで
貼るだけでも
いいです

13

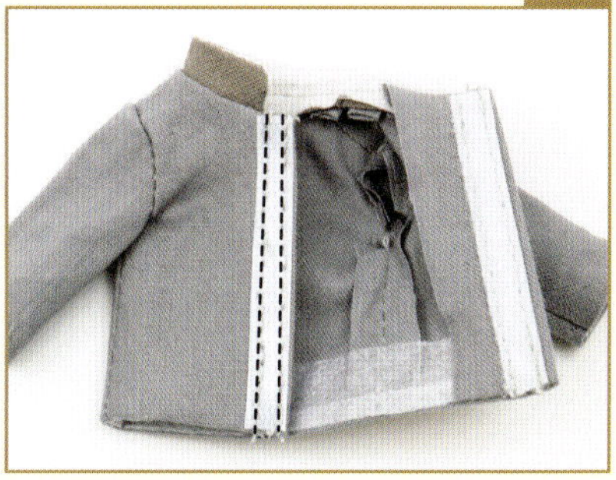

右身頃の端に面ファスナーを付ける。

14

Sea Horse Brand

左身頃と袖にボタンやホットフィットを付ける。

15

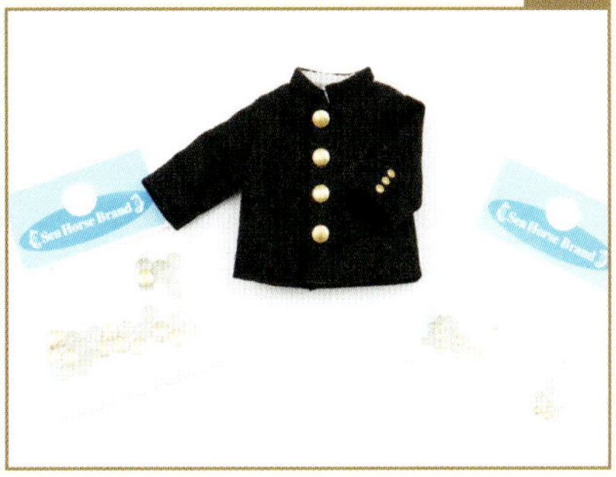
Sea Horse Brand
Sea Horse Brand

撮影作品では、前ボタンに4mmサイズ、袖ボタンに2mmサイズのホットフィットを使用しています。

※左右同じもの、または左右反転しているだけの型紙は＊が付いています。

プリント布で印刷する用に縫い代ありの襟の型紙もご用意しました。

詰襟・学ラン型紙
→作り方 P.36-37

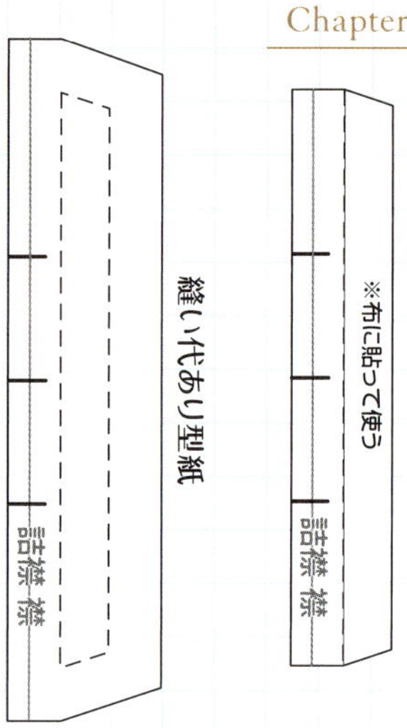

縫い代あり型紙
詰襟 襟
※布に貼って使う
詰襟 襟

※襟の布目は、たて・よこ・バイアス好きな方向に変えてかまいません

裾用接着芯

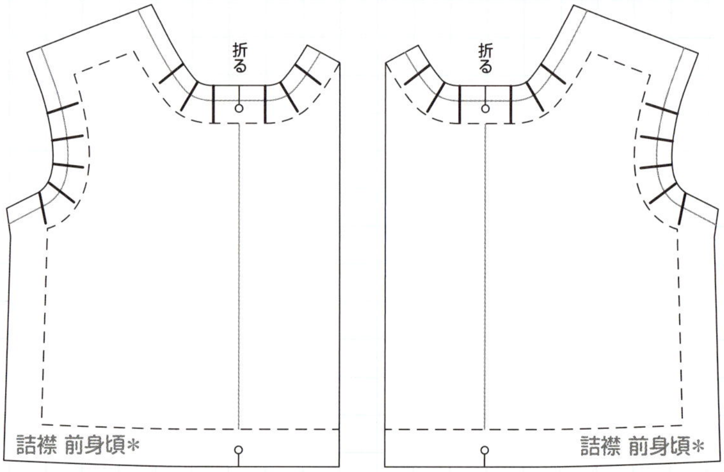

折る
詰襟 前身頃＊
折る
詰襟 前身頃＊

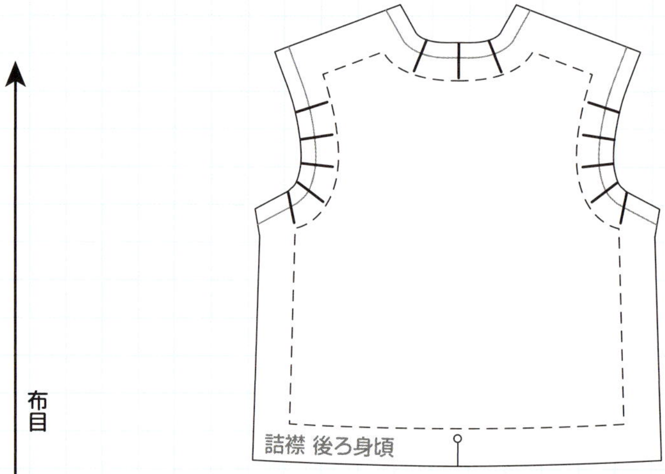

布目
詰襟 後ろ身頃

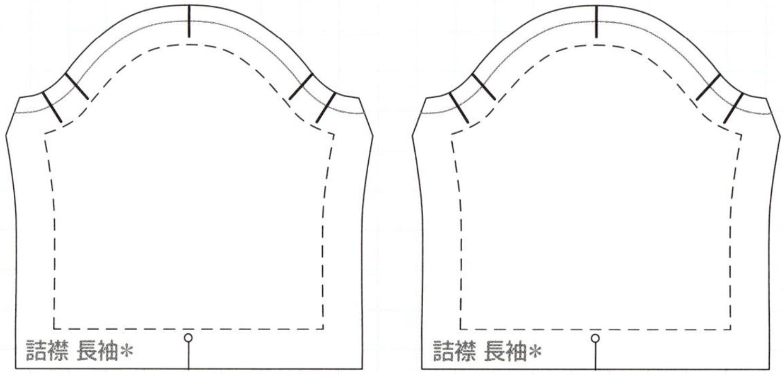

詰襟 長袖＊
詰襟 長袖＊

コピーしてから切って使ってね

Chapter 5.

テーラードジャケット

— TAILORED JACKET —

＊原寸大＊

テーラードジャケット

※このページでは、襟ぐりと袖ぐりの縫い代はすべて0.3cm幅で解説をしています

初心者さん向けに、
一般とは違った手順で
作っています

→型紙 P.42 1

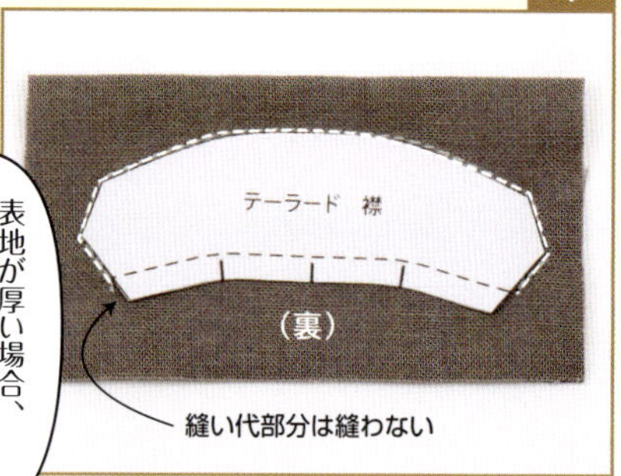
テーラード 襟
(裏)
縫い代部分は縫わない

襟用の布を中表に2枚重ねる。型紙の裏に両面テープを貼って布に貼り付け、それをガイドにして縫う。

2

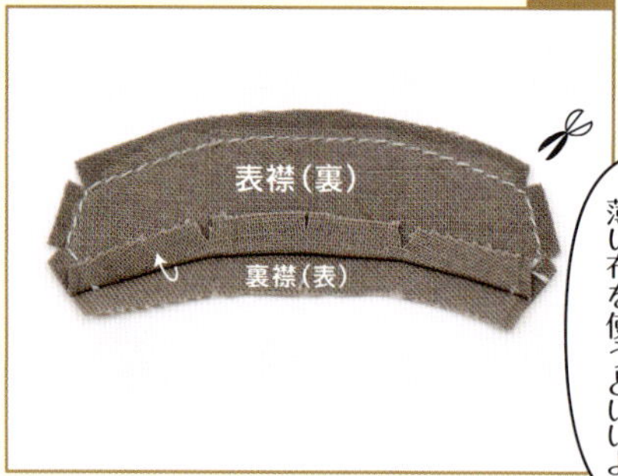
表襟(裏)
裏襟(表)

表地が厚い場合、裏襟にローンなどの薄い布を使うといいよ

襟ぐりは型紙通りに、周囲の縫い代は0.3cmくらい残してカットする。表襟側の縫い代は内側に折る。

3

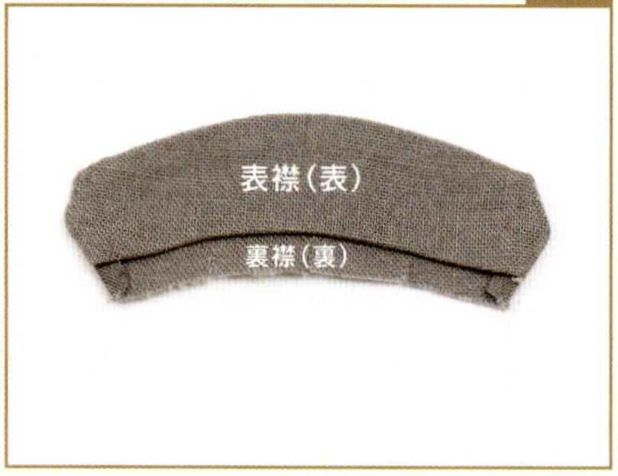
表襟(表)
裏襟(裏)

表に返してアイロンで形を整える。

4

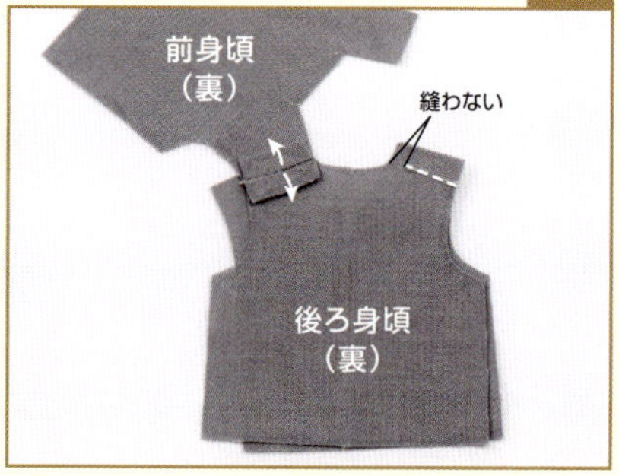
前身頃
(裏)
縫わない
後ろ身頃
(裏)

身頃の肩を縫い合わせ、縫い代を割る。襟側の縫い代部分は縫わない。

5

前身頃左
(表)

左身頃の見返し部分に面ファスナーを縫い付ける。

左側だけ先に付けておきます

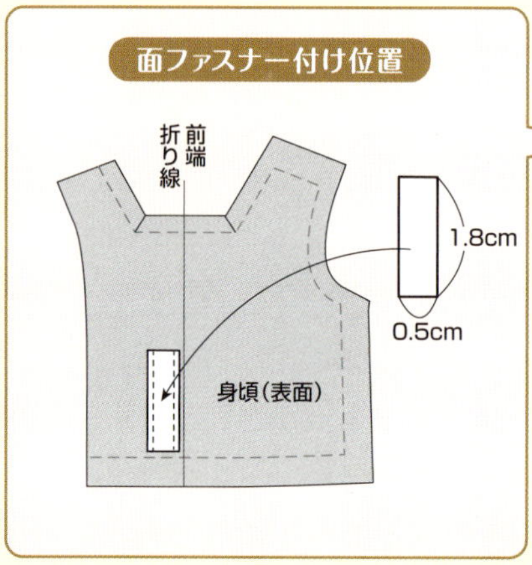
面ファスナー付け位置
前端折り線
1.8cm
0.5cm
身頃(表面)

6

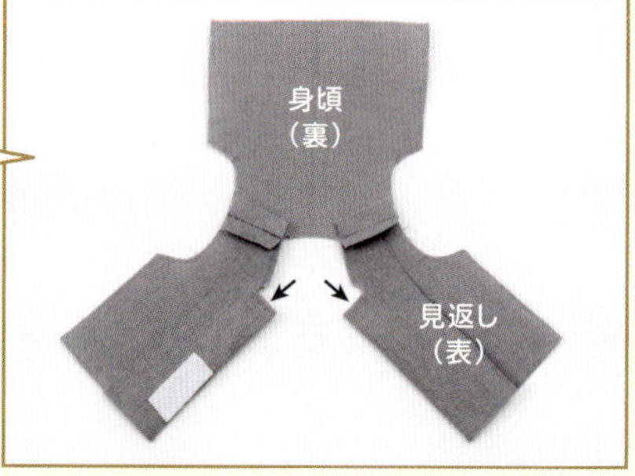
身頃
(裏)
見返し
(表)

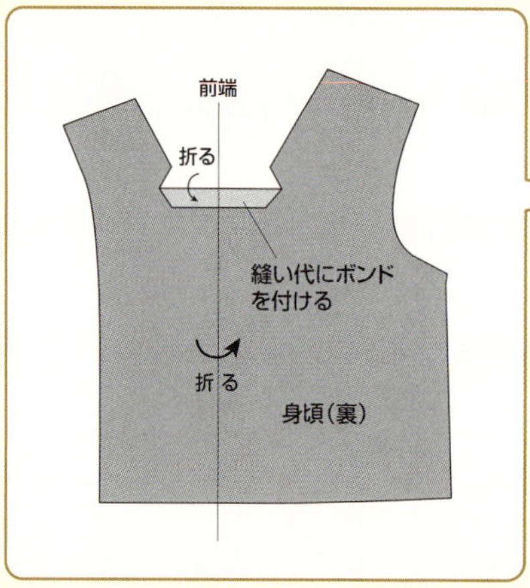
前端
折る
縫い代にボンドを付ける
折る
身頃(裏)

見返し上部を折る。さらに前端を中表に折り、上部をボンドで貼る。見返しの端は、肩の縫い代の下にかくす。

7

裏襟
表襟
身頃
(表)

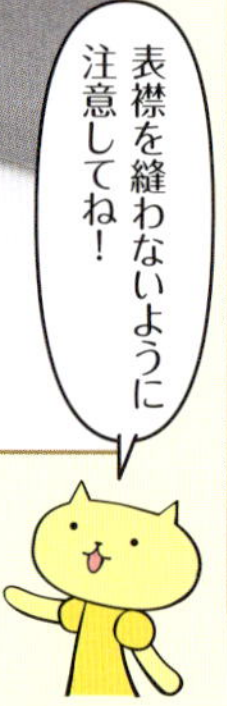
表襟を縫わないように注意してね!

身頃の上に、裏襟が下になるように襟をのせ、裏襟と身頃を縫い合わせる。縫い代が0.5cmの場合、縫った後に0.3cmくらいにカットする。

襟が浮いてしまう場合、
この部分をアイロンで
しっかり折っておくと
よいです

9

表襟
裏襟
身頃（裏）

裏襟の縫い代を上へ折り、表襟をかぶせる。

9

表襟
身頃
（裏）

身頃の前端上部～襟ぐり＋身頃を、続けてコの字縫いで縫い合わせる。

10

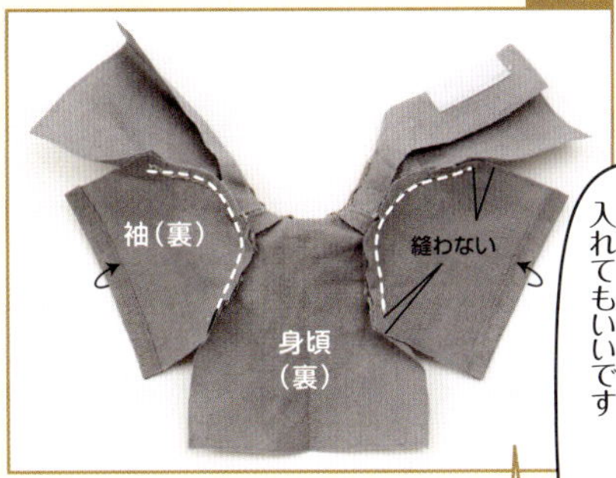
袖（裏）
縫わない
身頃
（裏）

身頃に袖をつける。両端の縫い代部分は縫わない。袖口を折ってボンドで貼る、またはステッチをかける。

難しかったら、端まで縫って、後で脇に切り込みを入れてもいいです

袖口にステッチをかけたくない場合
ボンドが表にしみ出してしまう場合

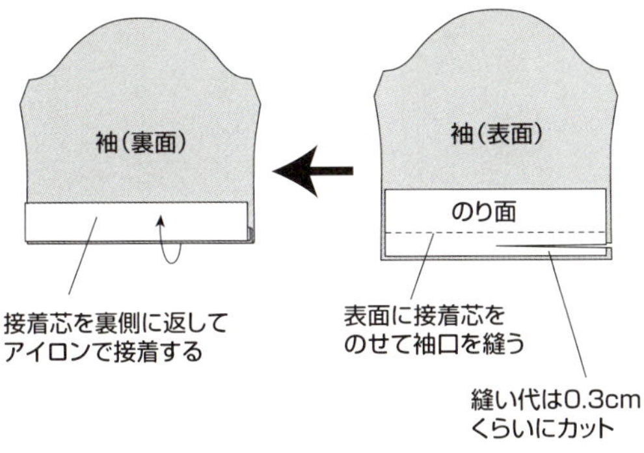
袖（表面）
のり面
表面に接着芯を
のせて袖口を縫う
縫い代は0.3cm
くらいにカット
袖（裏面）
接着芯を裏側に返して
アイロンで接着する

11

身頃
（裏）

脇下の縫い代を割り、袖下～脇を縫う。

縫わなかった部分が切り込みの代わりになってつれにくくなるよ

12

身頃（表）
のり面

前端を折り、見返しを中表に合わせる。裾に接着芯をあてて裾を縫い、縫い代0.3cmにカットする。

ステッチなしのデザインにしたい時はこの方法で！折ってボンドで貼るだけでもいいです

13

身頃
（裏）

裾（接着芯）を表に返してアイロンで接着し、右身頃に面ファスナーを付ける。

14

Sea Horse

左身頃と袖にボタンやホットフィットを付ける。掲載作品では、4mmのホットフィットを使用しています。

※左右同じもの、または左右反転しているだけの型紙は＊が付いています。

テーラード型紙

→作り方 P.40-41

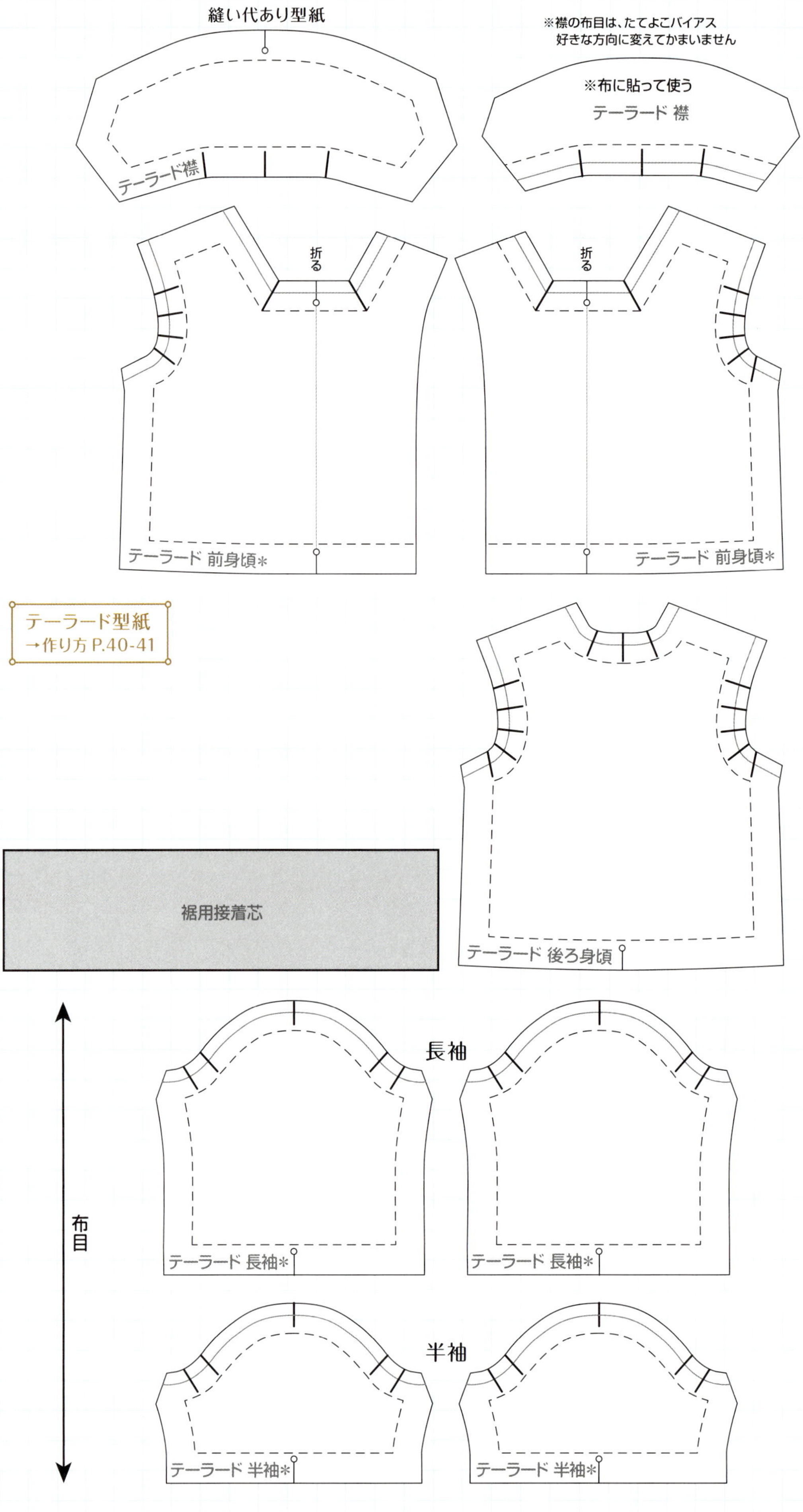
縫い代あり型紙
※襟の布目は、たてよこバイアス
好きな方向に変えてかまいません
※布に貼って使う
テーラード 襟
テーラード襟
折る
折る
テーラード 前身頃＊
テーラード 前身頃＊
テーラード 後ろ身頃
裾用接着芯
長袖
テーラード 長袖＊
テーラード 長袖＊
半袖
テーラード 半袖＊
テーラード 半袖＊
布目

コピーしてから切って使ってね

袖の型紙は、
詰襟・セーラーと
共通サイズになっています。
長袖か半袖のどちらかを
使用してください。

Chapter 6.

セーラートップス

— SAILOR JACKET —

原寸大

セーラートップス

セーラーカラー・テーラード風カラー

※このページでは、襟ぐりと袖ぐりの縫い代は
すべて0.3cm幅で解説をしています

セーラーカラーと
なんちゃって
テーラードカラーの
ジャケットです

→型紙 P.47

1

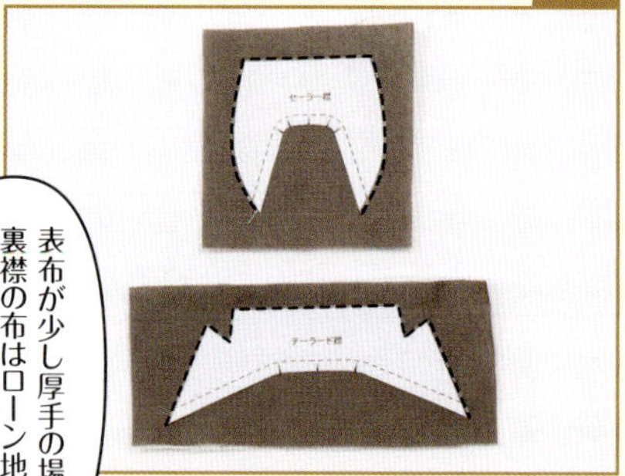

表布が少し厚手の場合、裏襟の布はローン地など薄い布にするといいよ

表襟、裏襟用の布を重ねる。裏に両面テープを貼った型紙を貼付けたものをガイドにして周囲を縫う。

薄い布の場合、セーラーカラーの
この部分を輪にして作っても良い

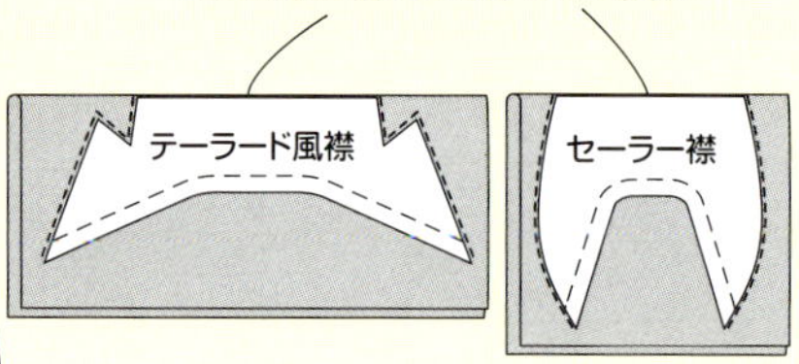
テーラード風襟
セーラー襟

2

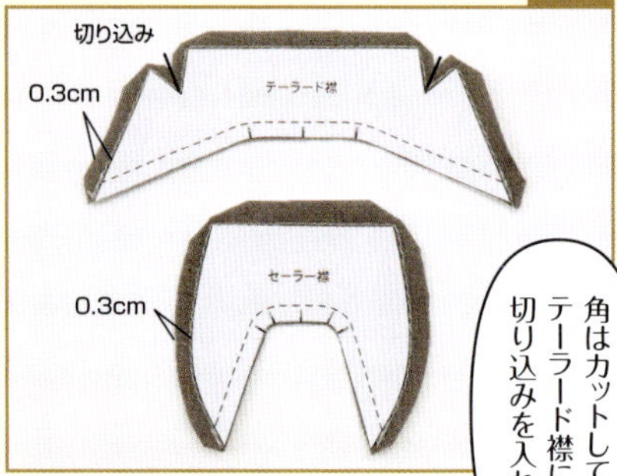
切り込み
0.3cm
0.3cm

角はカットして、テーラード襟には切り込みを入れてね

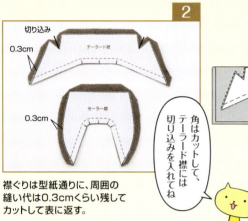

襟ぐりは型紙通りに、周囲の縫い代は0.3cmくらい残してカットして表に返す。

3

縫わない
前身頃
(裏)

端まで縫ってもいいですが、こうすると襟付けがちょっと楽になります

身頃の肩を縫い合わせる。襟ぐり側の縫い代は縫わない。

4

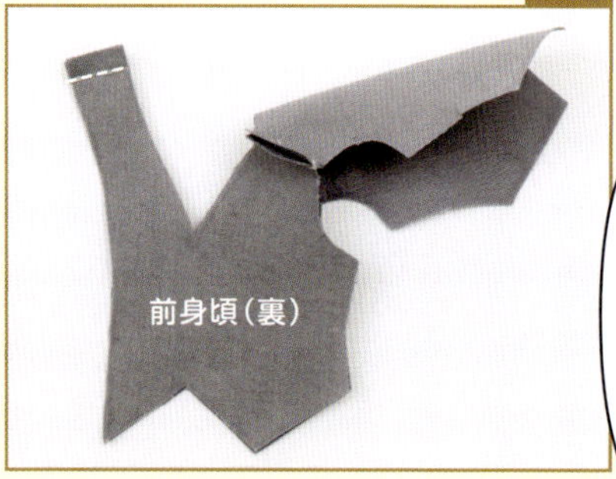
前身頃(裏)

見返しの後ろ中心を中表に合わせて縫う。

5

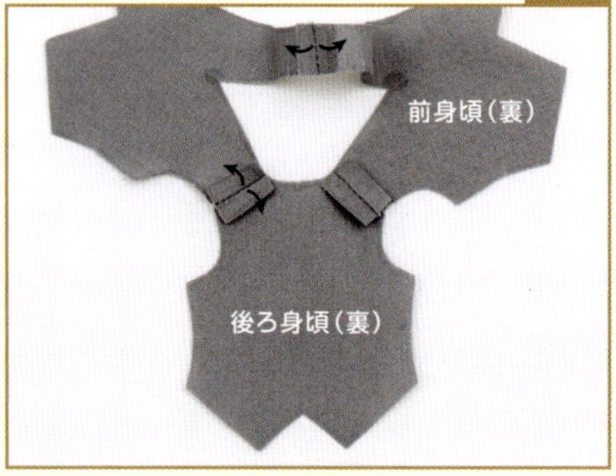
前身頃(裏)
後ろ身頃(裏)

肩と見返しの縫い代を割る。

6

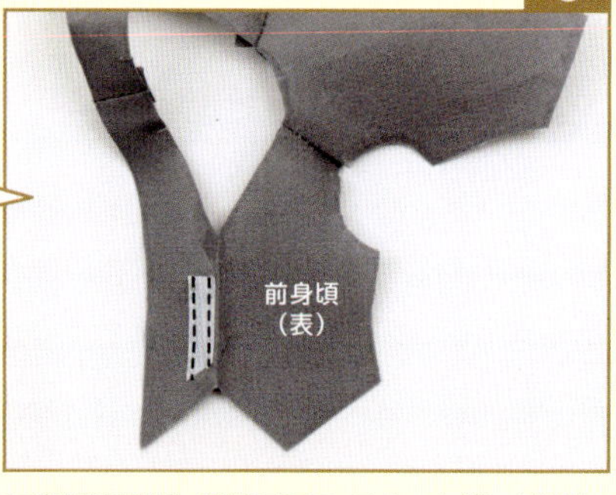
前身頃
(表)

左身頃の見返し部分に面ファスナーを縫い付ける。

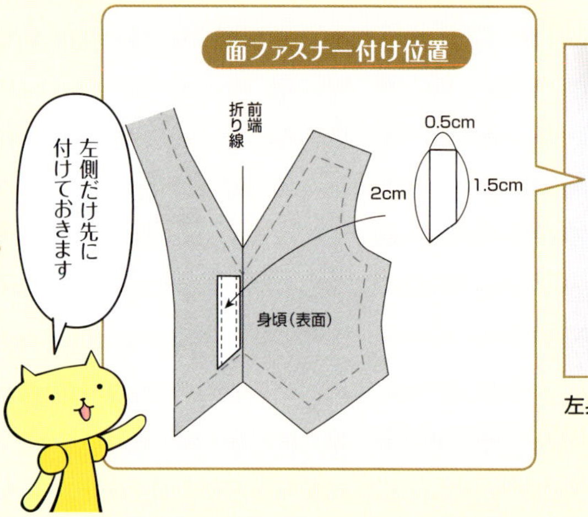
面ファスナー付け位置
左側だけ先に付けておきます
前端折り線
0.5cm
1.5cm
2cm
身頃(表面)

襟なしで作ると
Vネックの
ジャケットに
袖も無くせば
ベストもできるね!

7

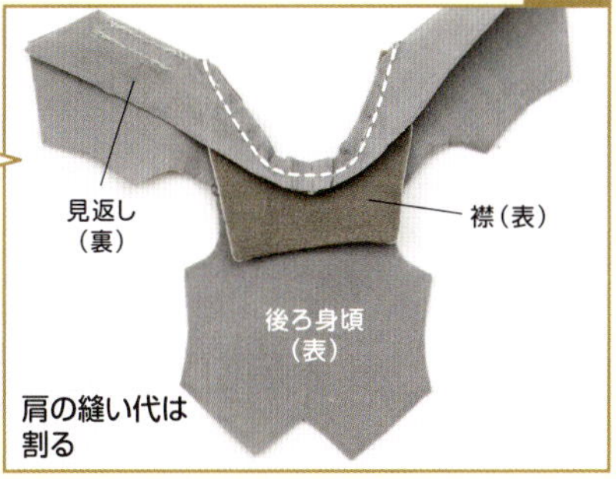
見返し
（裏）
襟（表）
後ろ身頃
（表）
肩の縫い代は
割る

襟を身頃と見返しの間にはさんで縫う。

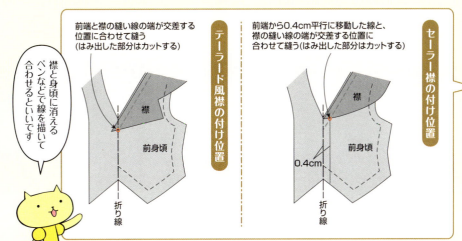

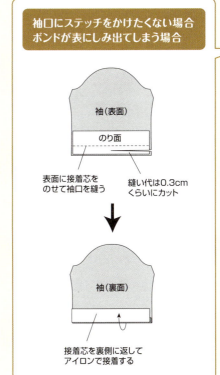

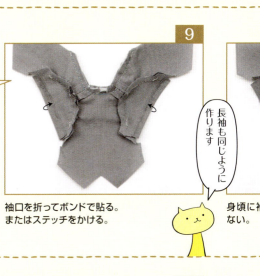

セーラー襟の付け位置

前端から0.4cm平行に移動した線と、襟の縫い線の端が交差する位置に合わせて縫う（はみ出した部分はカットする）

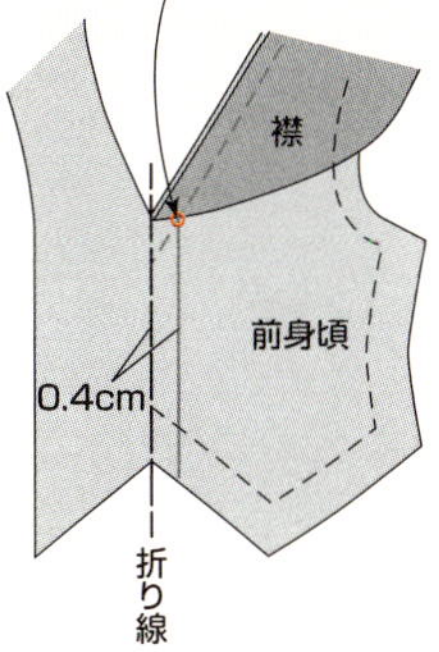
襟
前身頃
0.4cm
折り線

テーラード風襟の付け位置

前端と襟の縫い線の端が交差する位置に合わせて縫う（はみ出した部分はカットする）

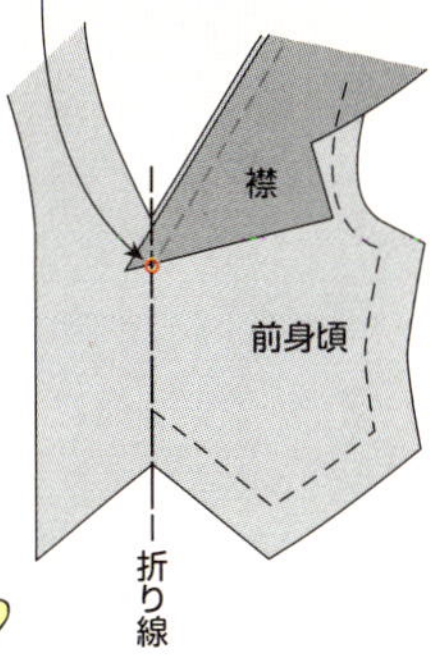
襟
前身頃
折り線

襟と身頃に消えるペンなどで線を描いて合わせるといいです

8

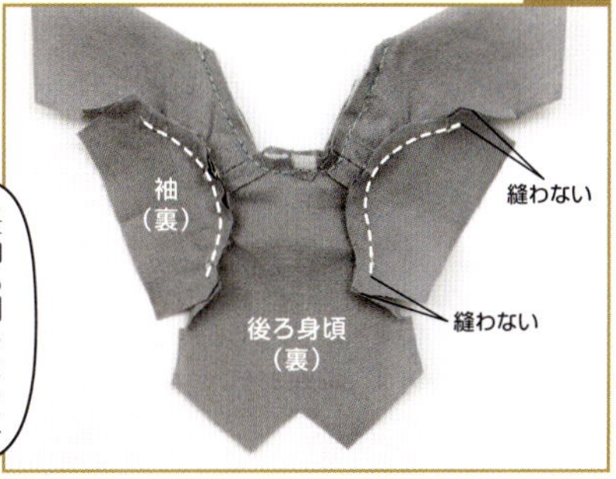
袖
（裏）
縫わない
後ろ身頃
（裏）
縫わない

身頃に袖を付ける。両端の縫い代部分は縫わない。

長袖も同じように作ります

9

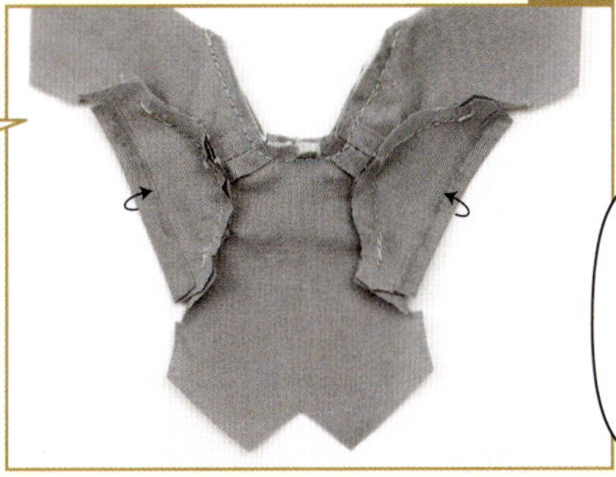

袖口を折ってボンドで貼る。
またはステッチをかける。

袖口にステッチをかけたくない場合
ボンドが表にしみ出てしまう場合

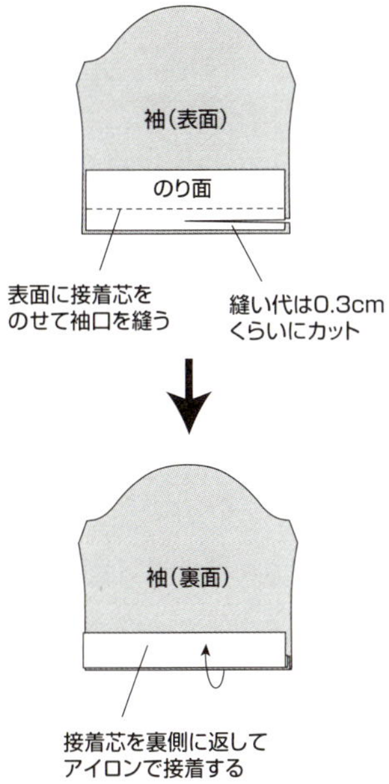
袖（表面）
のり面
表面に接着芯を
のせて袖口を縫う
縫い代は0.3cm
くらいにカット
袖（裏面）
接着芯を裏側に返して
アイロンで接着する

10

前身頃
（裏）

脇の縫い代を割り、袖下〜脇を縫う。脇の下の縫い代は割る。

縫わなかった部分が切り込みの代わりになってつれにくくなるよ

11

後ろ身頃
（表）
のり面
縫い代は0.3cmくらいにカットして
角に切り込みも入れる

裾に接着芯をあて、裾を縫う。まっすぐな裾も同じように縫う。※詰め襟、テーラードページ参照

12

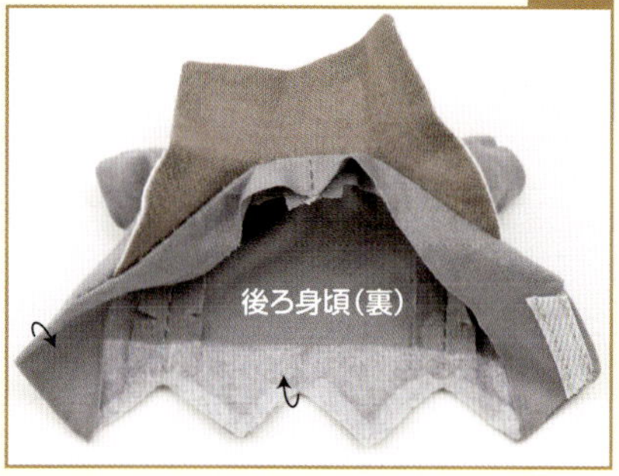

裾（接着芯）と見返しを表に返してアイロンで接着する。接着芯が表に見えないように少し内側にずらすとよい。

13

右身頃に面ファスナーを付ける。

14

左身頃と袖にボタンやホットフィットを付ける。
掲載作品は 4mm のものを使用しています。

プリント布は厚手なので、裏襟用に綿ローンなどの薄い布を置いて縫う

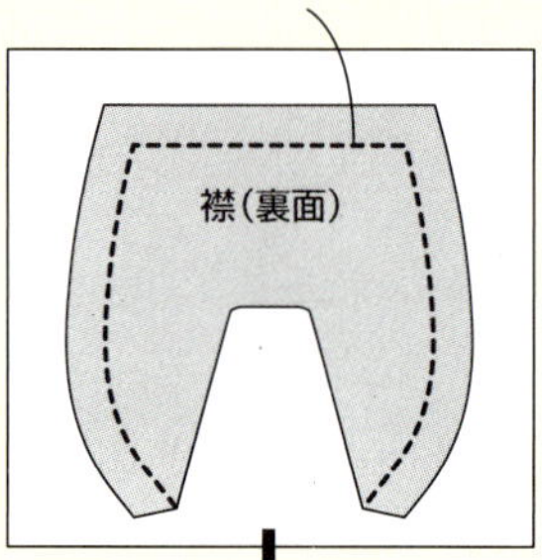

周囲を0.3cmくらいにカットして、襟ぐりにも切り込みを入れて表に返す

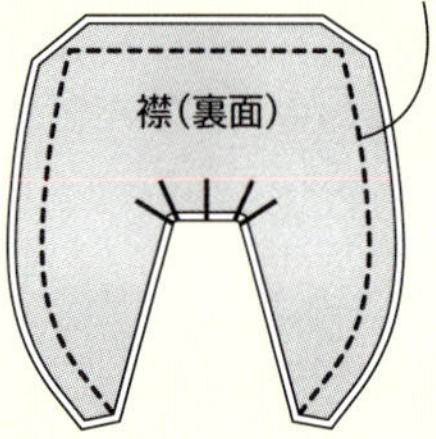

テーラード風襟はこの部分にも切り込みを入れる（切りすぎるとほつれるので注意）

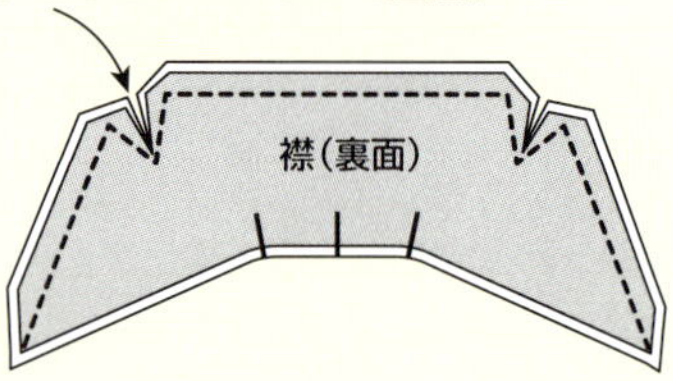

プリント布で印刷する用に縫い代付きの襟の型紙も用意しました。
（詰め襟、テーラードカラーは各型紙ページに掲載）

※襟の布目は、たてよこバイアス好きな方向に変えてかまいません

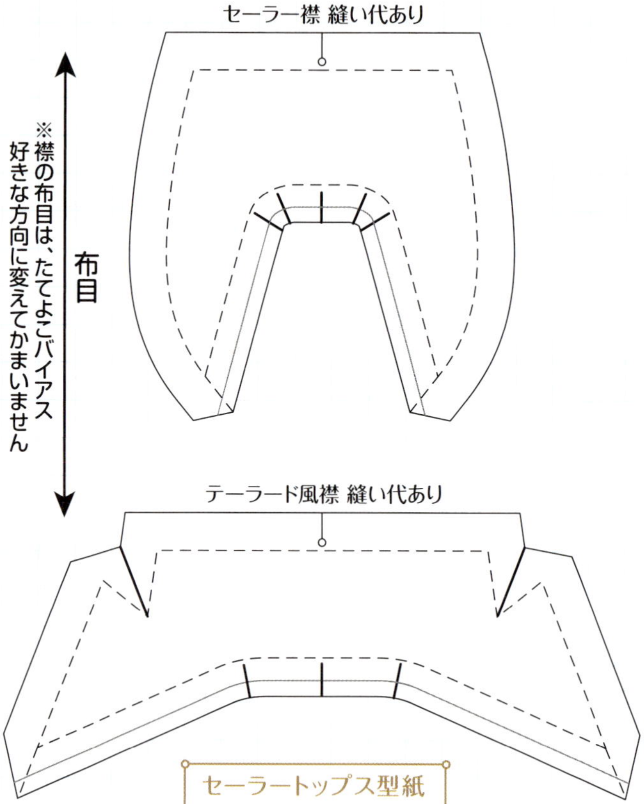

セーラートップス型紙
→作り方 P.44-46

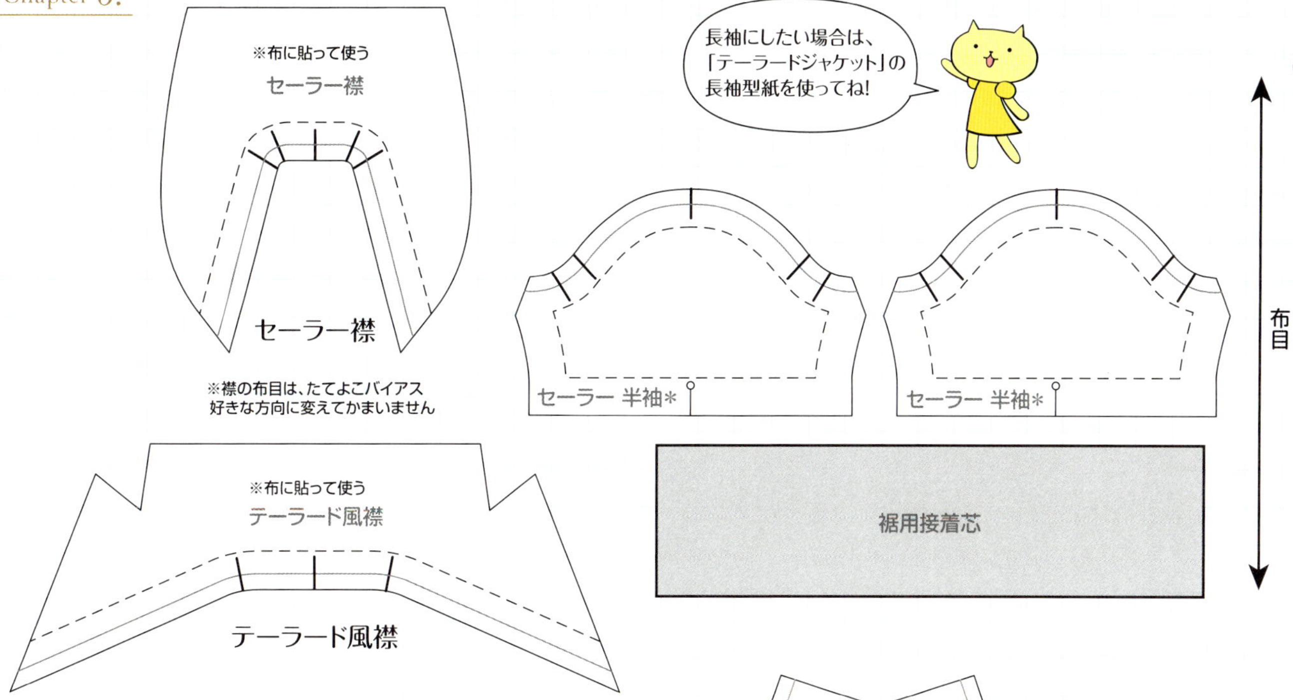
※布に貼って使う
セーラー襟
セーラー襟
※襟の布目は、たてよこバイアス
好きな方向に変えてかまいません
長袖にしたい場合は、「テーラードジャケット」の長袖型紙を使ってね!
セーラー 半袖＊
セーラー 半袖＊
布目
裾用接着芯
※布に貼って使う
テーラード風襟
テーラード風襟

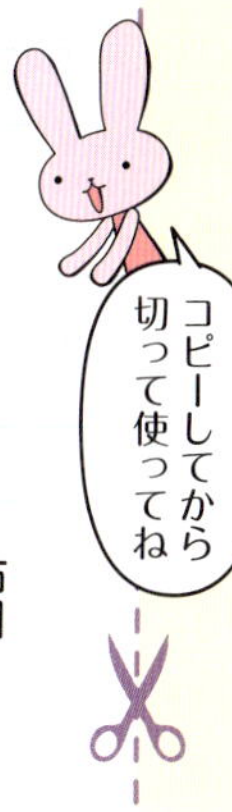
コピーしてから
切って使ってね

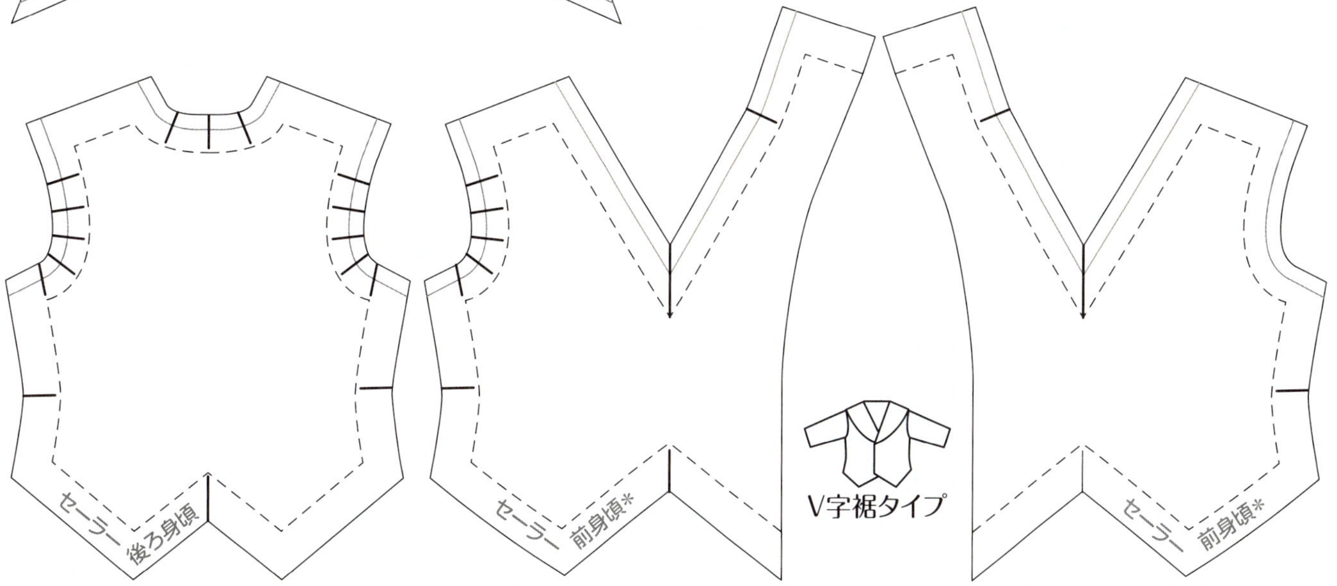
セーラー 後ろ身頃
セーラー 前身頃＊
V字裾タイプ
セーラー 前身頃＊

セーラートップス型紙
→作り方 P.44-46

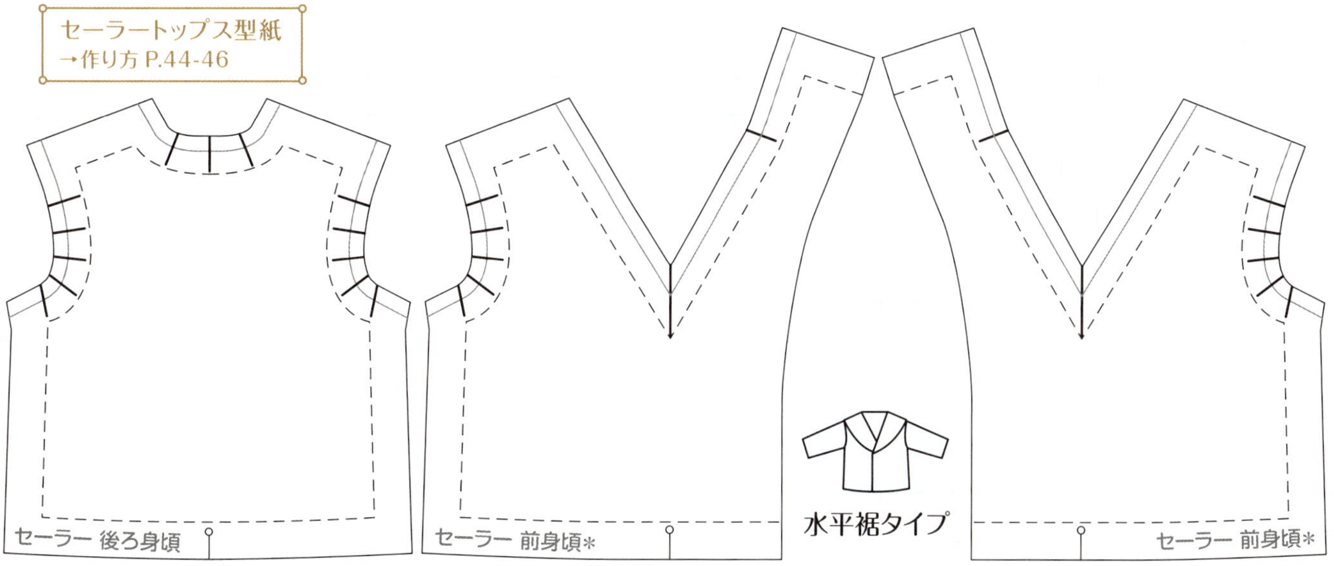
セーラー 後ろ身頃
セーラー 前身頃＊
水平裾タイプ
セーラー 前身頃＊

※左右同じもの、または左右反転しているだけの型紙は＊が付いています。

Chapter 7.

ジャージ

— TRAINING SUITS —

原寸大

ジャージ

前開きの作り方を
マスターしよう!

→型紙 P.52

1

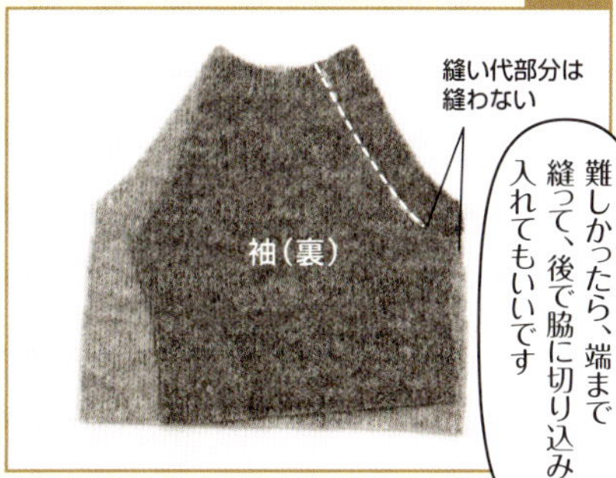
縫い代部分は
縫わない
袖（裏）

袖と身頃を縫い合わせる。
脇の縫い代部分は縫わない。

難しかったら、端まで
縫って、後で脇に切り込みを
入れてもいいです

2

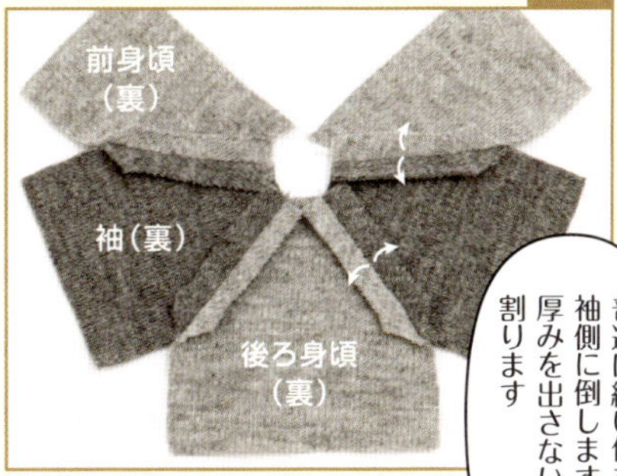
前身頃
（裏）
袖（裏）
後ろ身頃
（裏）

袖の縫い代を割る。

普通は縫い代を
袖側に倒しますが、
厚みを出さないように
割ります

3

（裏）
袖口パーツ

袖口パーツを二つ折りにして少し伸ばしながら
待ち針で止めて縫う。縫い代を袖側に倒してきわ
にステッチ、またはボンドで貼る。

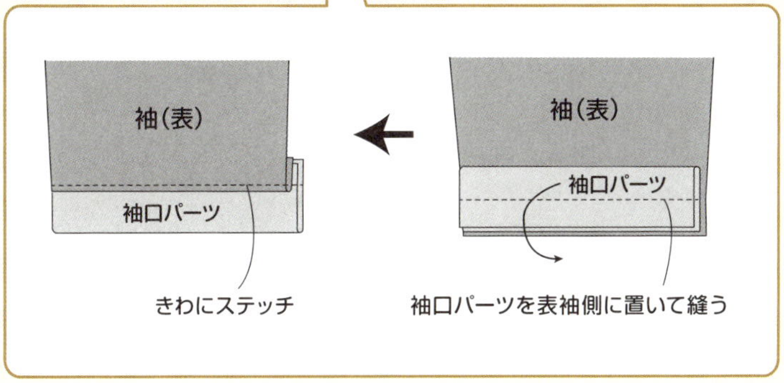
袖（表）
袖口パーツ
袖口パーツを表袖側に置いて縫う
袖（表）
袖口パーツ
きわにステッチ

4

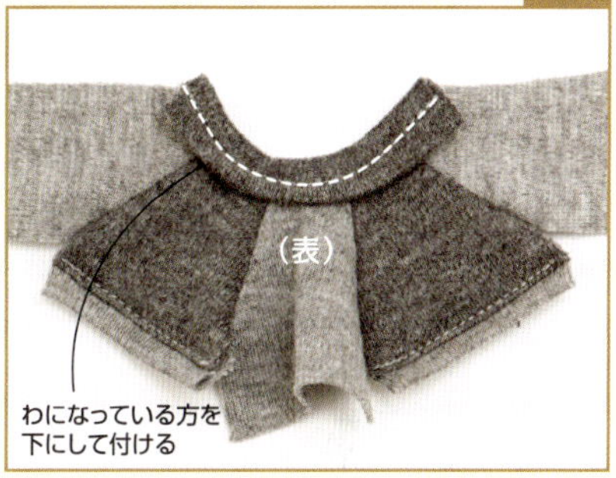
（表）
わになっている方を
下にして付ける

二ツ折りにした襟を身頃に縫い付ける。

5

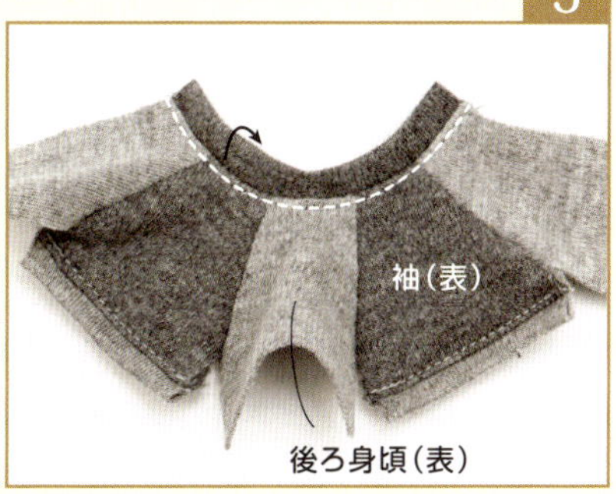
袖（表）
後ろ身頃（表）

袖と同じように縫い代を身頃側に倒してきわに
ステッチ、またはボンドで貼る。

6

前身頃
（裏）

身頃と袖を中表に合わせて袖～脇
を縫う。縫った後に脇の縫い代を
割っておく。

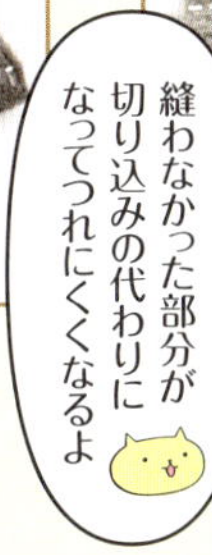
縫わなかった部分が
切り込みの代わりに
なってつれにくくなるよ

7

身頃（表）
折り目（わ）側

二ツ折りにした裾パーツを少し
伸ばしながら身頃にまち針で止
めて縫い付ける。

身頃と裾の
中心を
合わせてね

8

身頃（表）

縫い代を身頃側に倒してステッチ。またはボンドで貼って固定する。

9

前身頃
（裏）
接着芯

左右の前端の長さが同じかどうか確認をする。5ミリ幅に切った同じ長さの接着芯を裏面に貼り、左右の長さを調整すると良い。

左右の長調整と伸び止めのために接着芯を貼ります

10

前身頃
（表）

帽子用ゴムを前端に中表に合わせて縫い付ける。

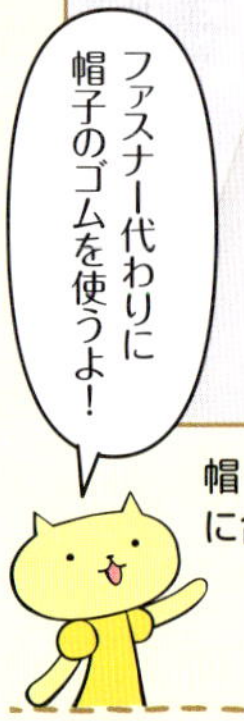
ファスナー代わりに帽子のゴムを使うよ！

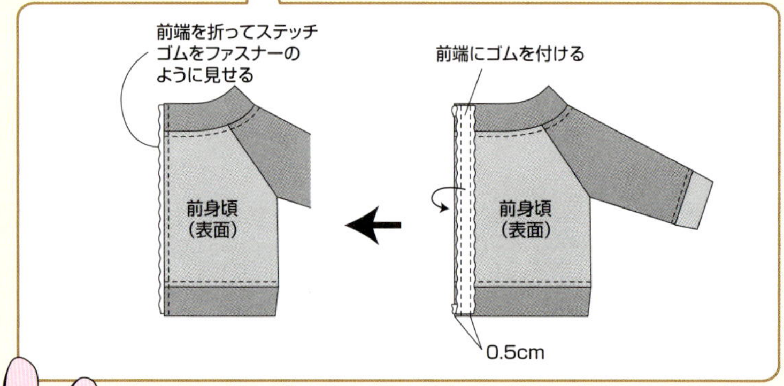
前端を折ってステッチ
ゴムをファスナーのように見せる
前身頃
（表面）
前端にゴムを付ける
前身頃
（表面）
0.5cm

11

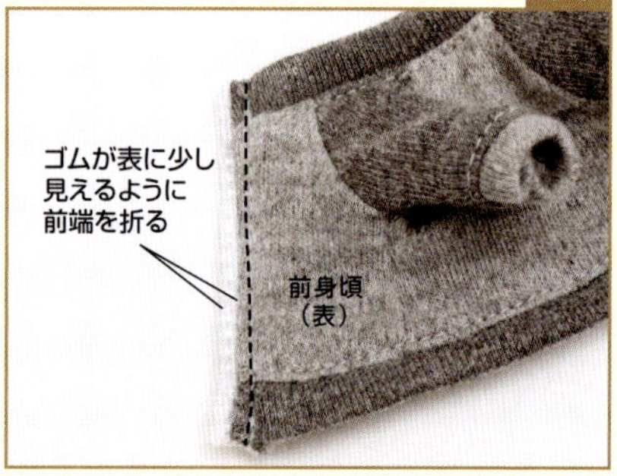
ゴムが表に少し見えるように前端を折る
前身頃
（表）

表に返して前端にステッチをかける。またはボンドで貼って表に縫い代が出ないようにする。

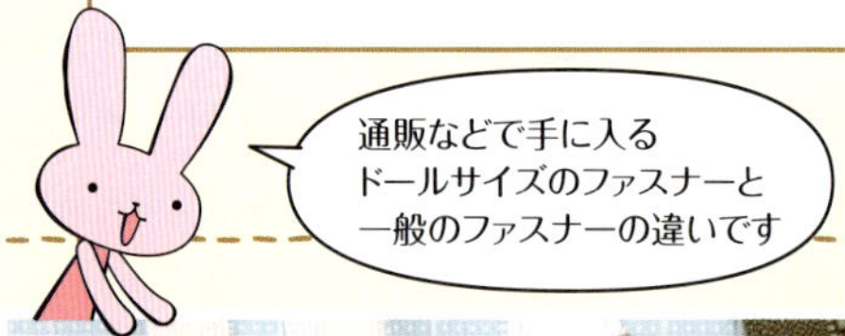
通販などで手に入るドールサイズのファスナーと一般のファスナーの違いです

ドールサイズコンシールファスナー
ドールサイズオープンファスナー
一般のオープンファスナー

帽子用ゴムは、ファスナーよりもやわらかくて付けやすいので初心者向けに紹介してみました
慣れている方はファスナーを同じように付けてもかまいません

12

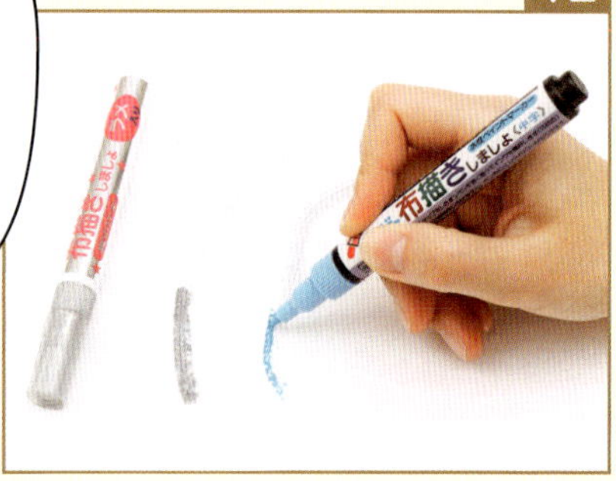

帽子用ゴムは、布用ペンで好きな色に塗ってもよい。

ドールサイズのコンシールファスナー

一本のドールサイズコンシールファスナーで、だいたい2着分取れます。

コンシールファスナーの歯の部分だけ前端に付けてもよい。

ドールサイズのコンシールファスナーはオビツ11サイズにも合うスケールですが、完全な前あきにはなりません。

面ファスナーでひと工夫

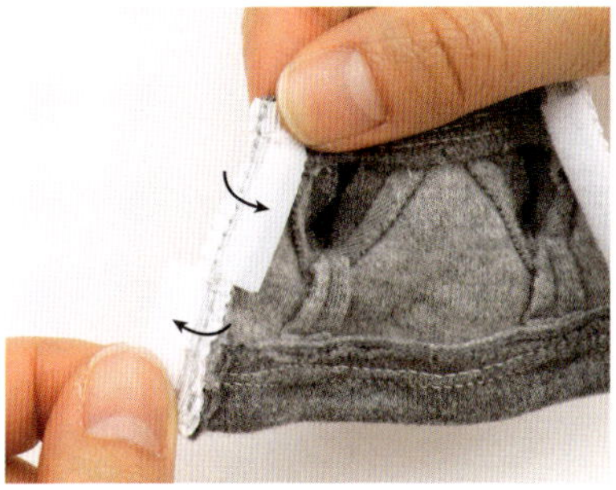

ノートみたいにめくれるようにする。上下に分けておく。

面ファスナーの端を全部縫わず、2〜3カ所くらいをゆるく巻き縫いをする

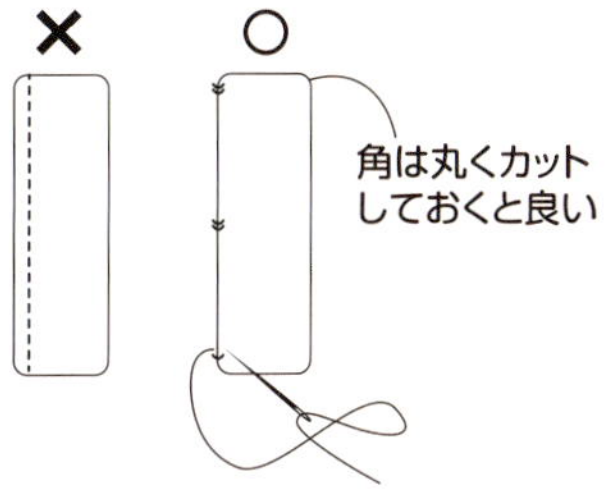

×
○
角は丸くカットしておくと良い

右身頃側に分割した面ファスナーを手縫いで縫い付ける。（左身頃は普通に内側に付ける）

全部閉める事も出来る。ザラザラ面が布に引っかかる事があるので、素材によっては使えない事もあります。

注意してね!

半分だけ開ける。

ファスナーを内側にしまうと前あきに。

ジャージ型紙
→作り方 P.49-51

※左右同じもの、または左右反転しているだけの型紙は＊が付いています。

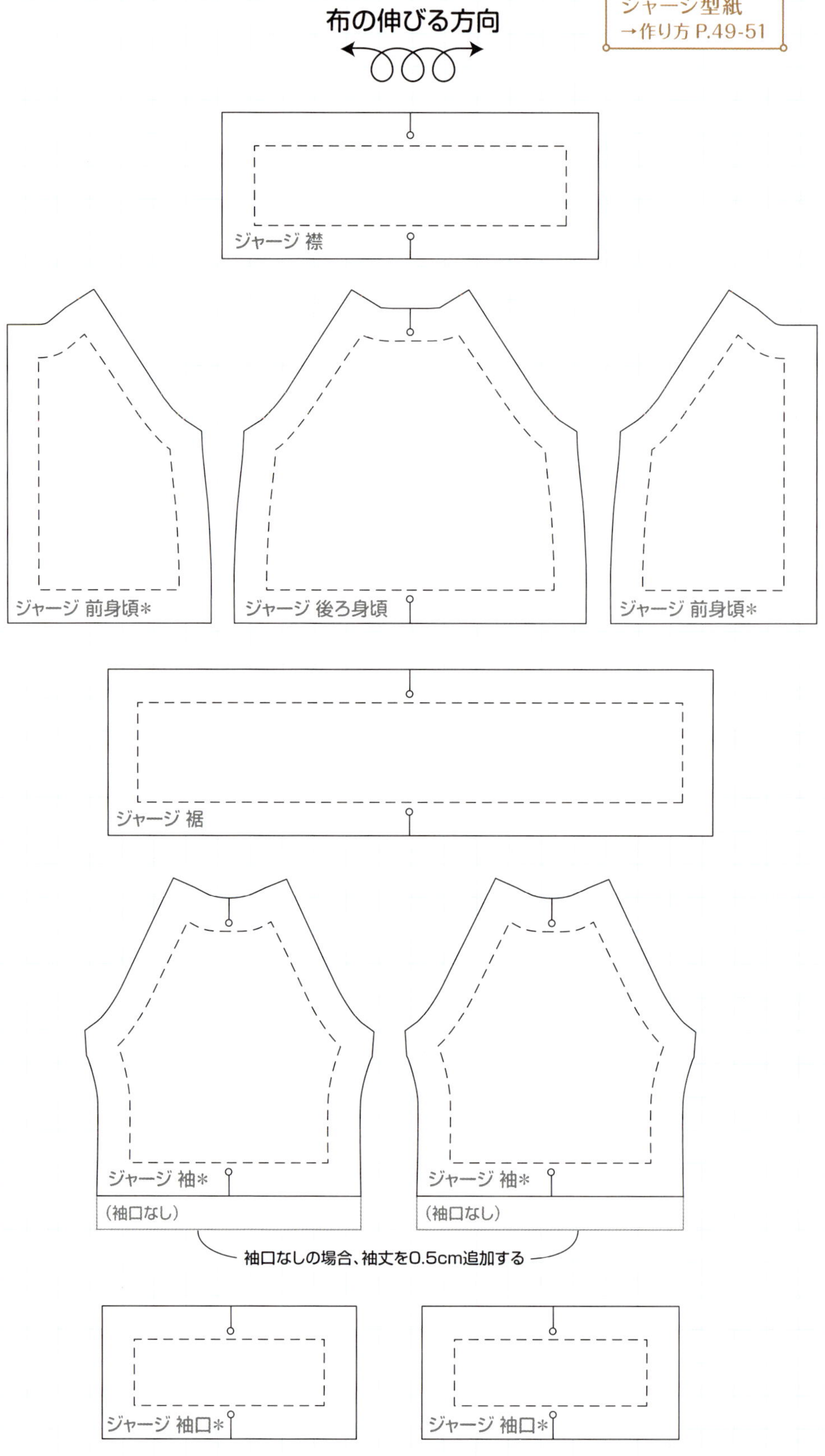
布の伸びる方向
ジャージ 襟
ジャージ 前身頃＊
ジャージ 後ろ身頃
ジャージ 前身頃＊
ジャージ 裾
ジャージ 袖＊
（袖口なし）
ジャージ 袖＊
（袖口なし）
袖口なしの場合、袖丈を0.5cm追加する
ジャージ 袖口＊
ジャージ 袖口＊

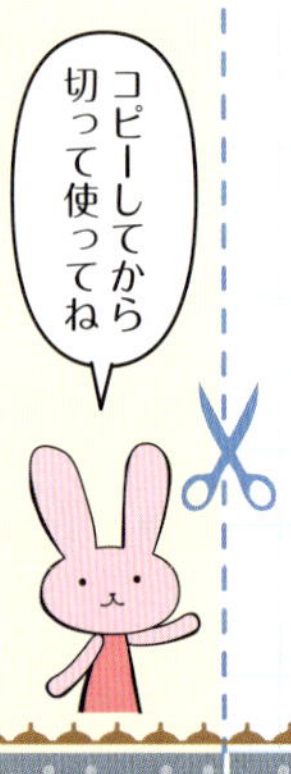
コピーしてから切って使ってね

Chapter 8.

パーカー

— HOODIE —

＊原寸大＊

パーカー

後ろに着替え用のあきがあります
フードは2種類！

→型紙 P.56-57

1

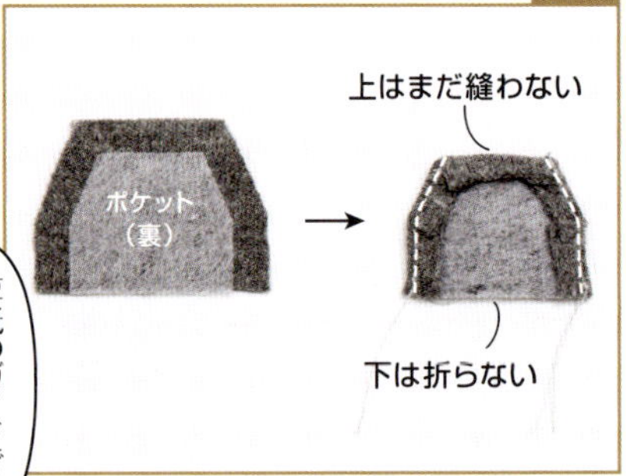
上はまだ縫わない
ポケット（裏）
下は折らない

ポケットを折って縫う。きれいに折りにくい場合は、縫い代に細く切った接着芯を貼り、それをガイドにして折ると良い。

厚紙のガイドでも折りづらい時はこの方法で！

2

前身頃（表）
ポケット

ポケットを前身頃の中心に置き、上部のみ縫い付ける。

3

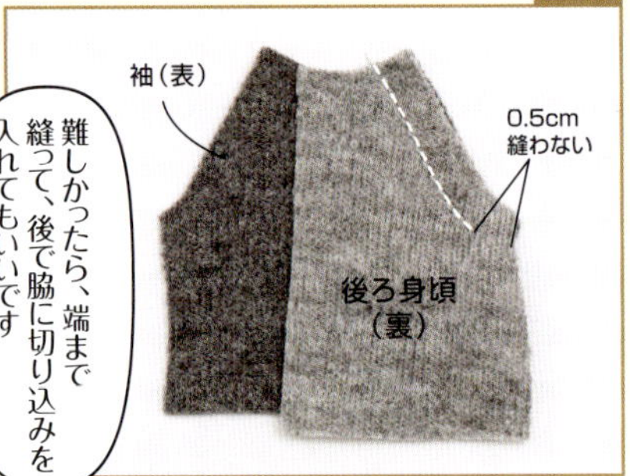
袖（表）
0.5cm
縫わない
後ろ身頃（裏）

袖と身頃を縫い合わせる。脇の縫い代部分は縫わない。

難しかったら、端まで縫って、後で脇に切り込みを入れてもいいです

4

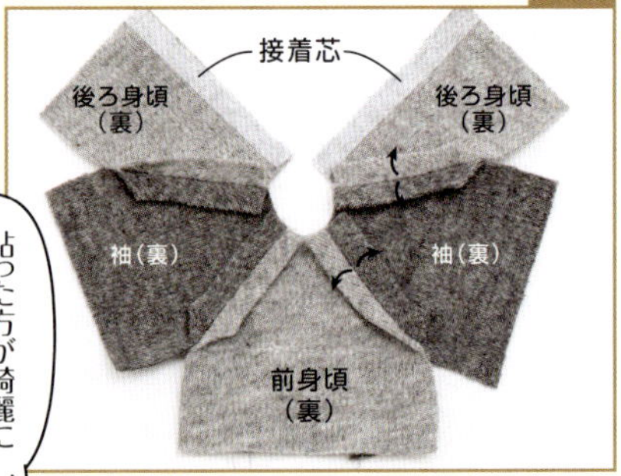
接着芯
後ろ身頃（裏）
後ろ身頃（裏）
袖（裏）
袖（裏）
前身頃（裏）

袖の縫い代を割る。後ろ中心に0.5cm幅に切った接着芯を貼る。

貼った方が綺麗に仕上がるよ！

5

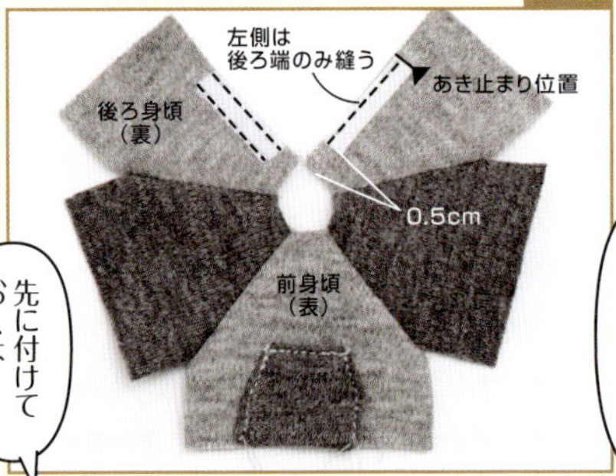
左側は
後ろ端のみ縫う
あき止まり位置
後ろ身頃（裏）
0.5cm
前身頃（表）

後ろ端に0.5cm幅×2.4cmの面ファスナーを縫い付ける。

先に付けておくよ！

6

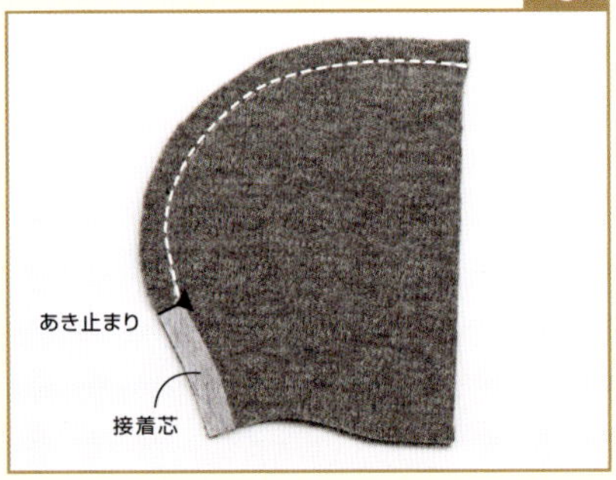
あき止まり
接着芯

左フードの縫い代（あき止まりまで）に接着芯を貼り、フードの上部～後ろをあき止まりまで縫う。

7

フード（裏）

フードのかぶり口を内側に折って縫う。（上部の縫い代は割る）

フチありフードの場合

かぶり口を二つ折りにして表側に合わせて縫う。
縫い代を内側に倒し、きわにステッチ。
または、ボンドで縫い代を貼る。

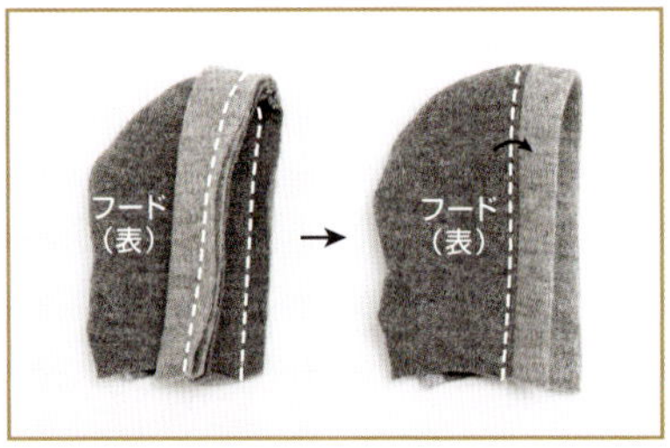
フード（表）
フード（表）

フチ部分の布目は縦横を好みで変えても良い。

8

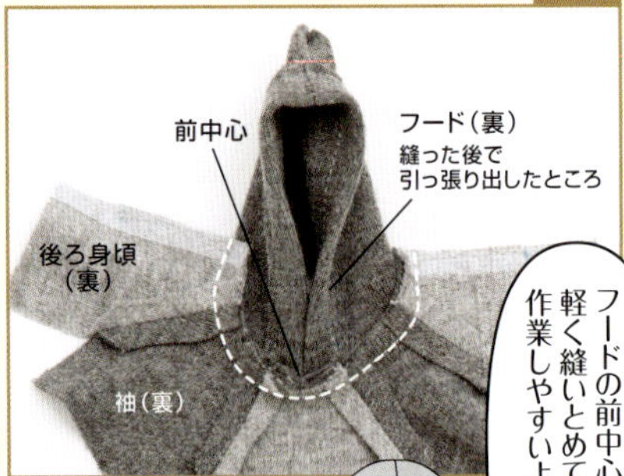
前中心
フード（裏）
縫った後で
引っ張り出したところ
後ろ身頃（裏）
袖（裏）

フードと身頃を中表に重ね、襟ぐりを縫う。フードと身頃の後ろ端はピッタリ合わせる。

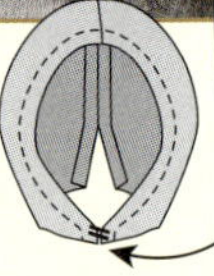

フードの前中心を軽く縫いとめておくと作業しやすいよ

9

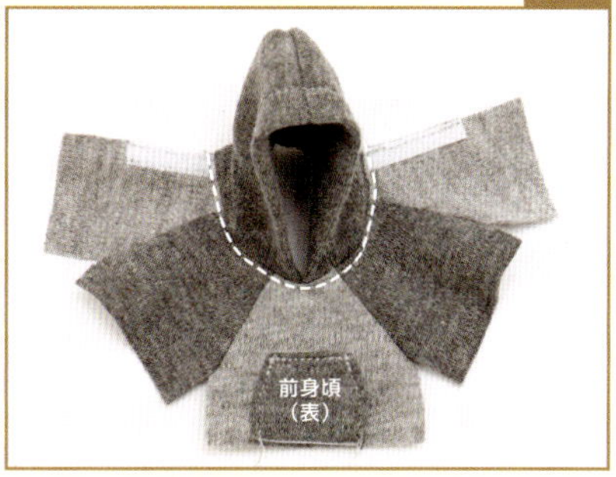
前身頃
(表)

縫い代を身頃側に倒して身頃の襟ぐりのきわにステッチ。またはボンドで貼る。

10

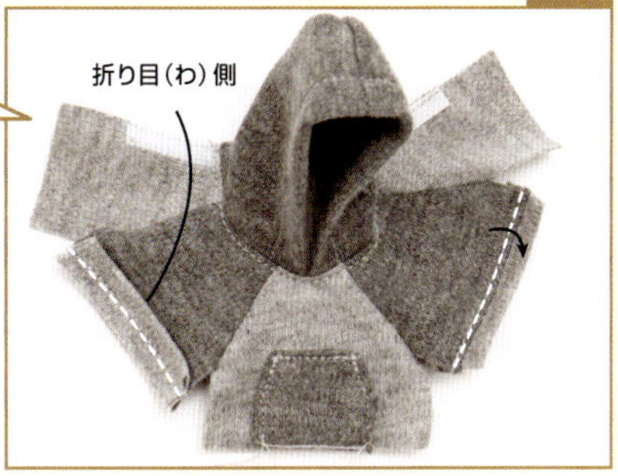
折り目(わ)側

袖口パーツを二つ折りにして少し伸ばしながら縫う。縫い代を袖側に倒してきわにステッチ、またはボンドで貼る。

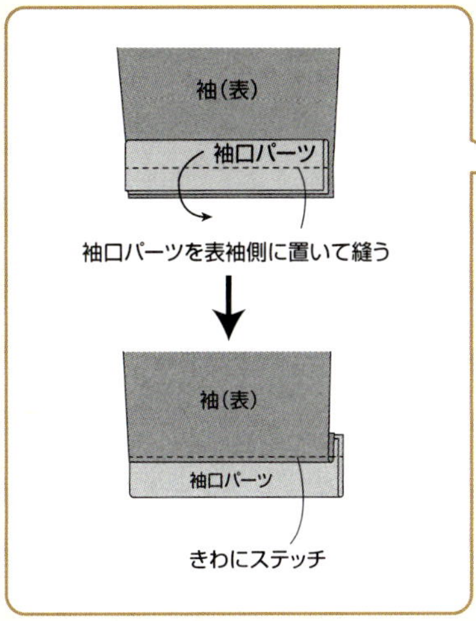
袖(表)
袖口パーツ
袖口パーツを表袖側に置いて縫う
袖(表)
袖口パーツ
きわにステッチ

11

後ろ身頃(裏)

袖下〜脇を縫う。

12

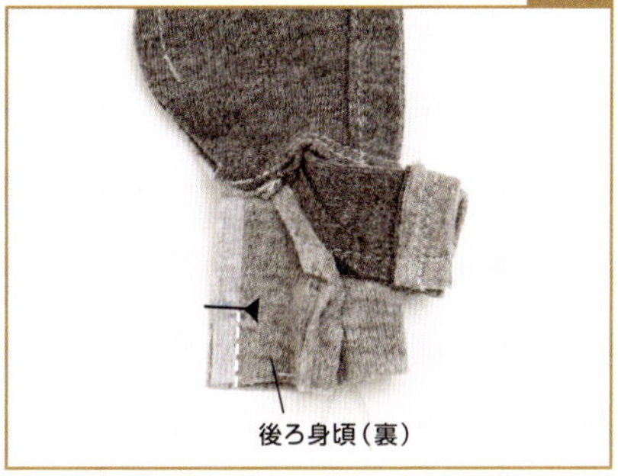
後ろ身頃(裏)

後ろ中心をあき止まりまで縫う。

13

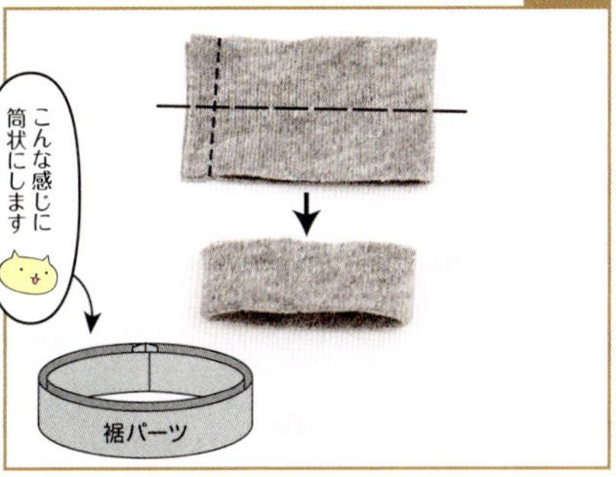
こんな感じに筒状にします
裾パーツ

裾パーツを中表に合わせて端を縫い、縫い代を割って二つ折りにする。前中心に合い印をつけておくとよい。

14

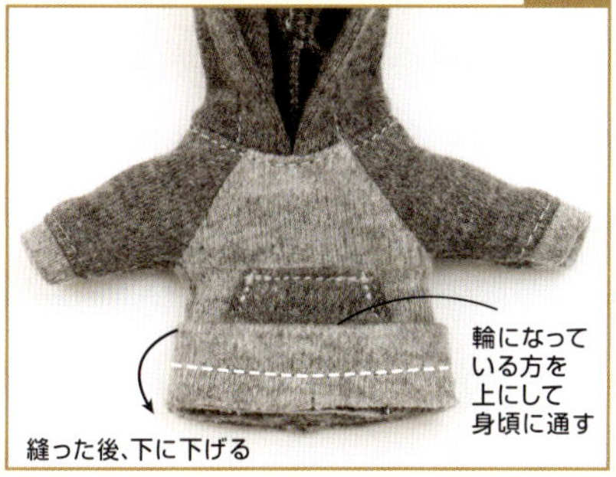
輪になっている方を上にして身頃に通す
縫った後、下に下げる

裾パーツを少し引っ張りながら身頃の裾に合わせて縫い付ける。

15

裾の縫い代を身頃側に倒してステッチをかける。

16

あき部分の
きわにステッチ

右の後ろ中心を折り、ステッチをかける。または襟ぐり付近をまつってとめておく。

※左右同じもの、または左右反転しているだけの型紙は＊が付いています。

パーカー型紙
→作り方 P.54-55

布の伸びる方向

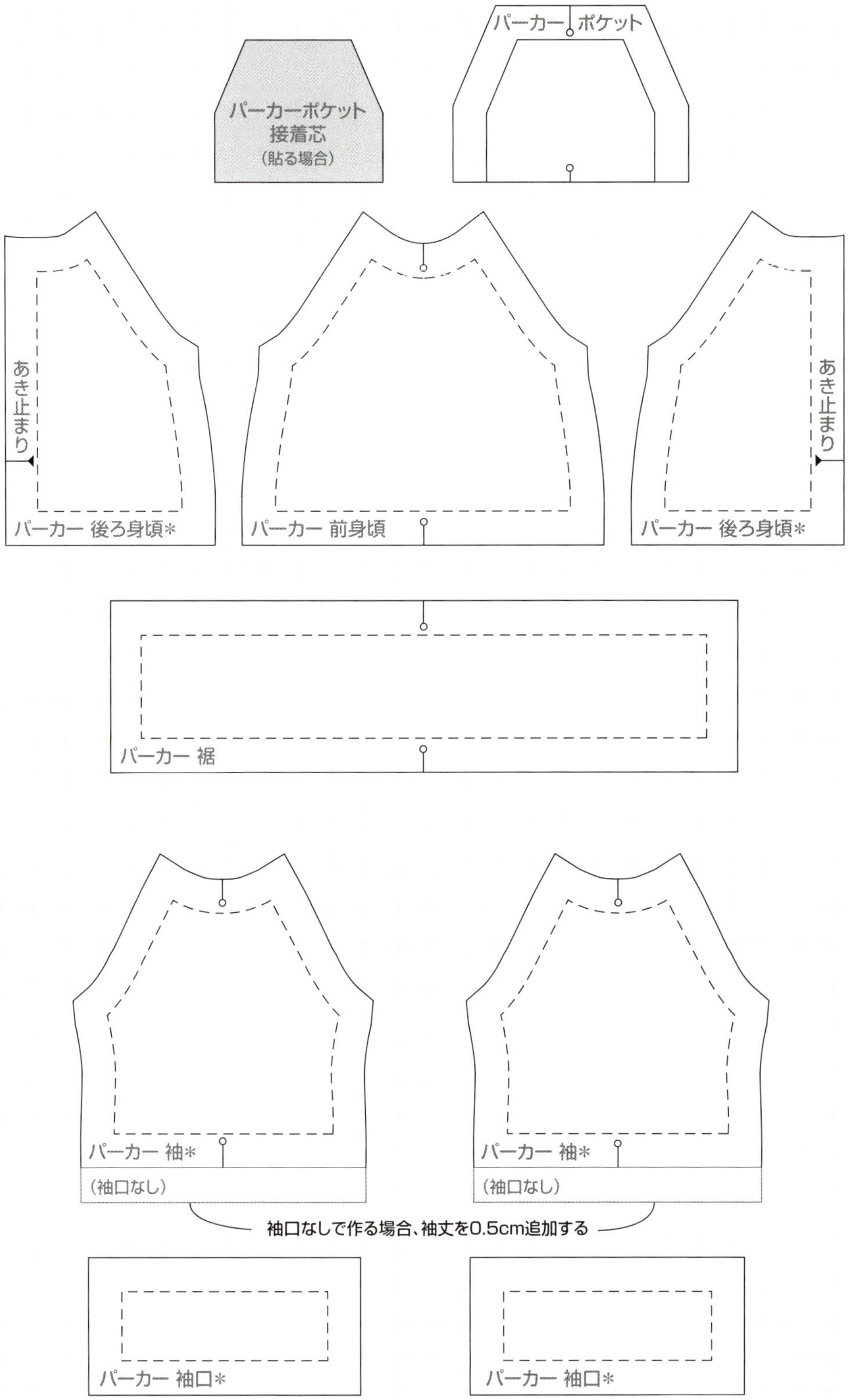

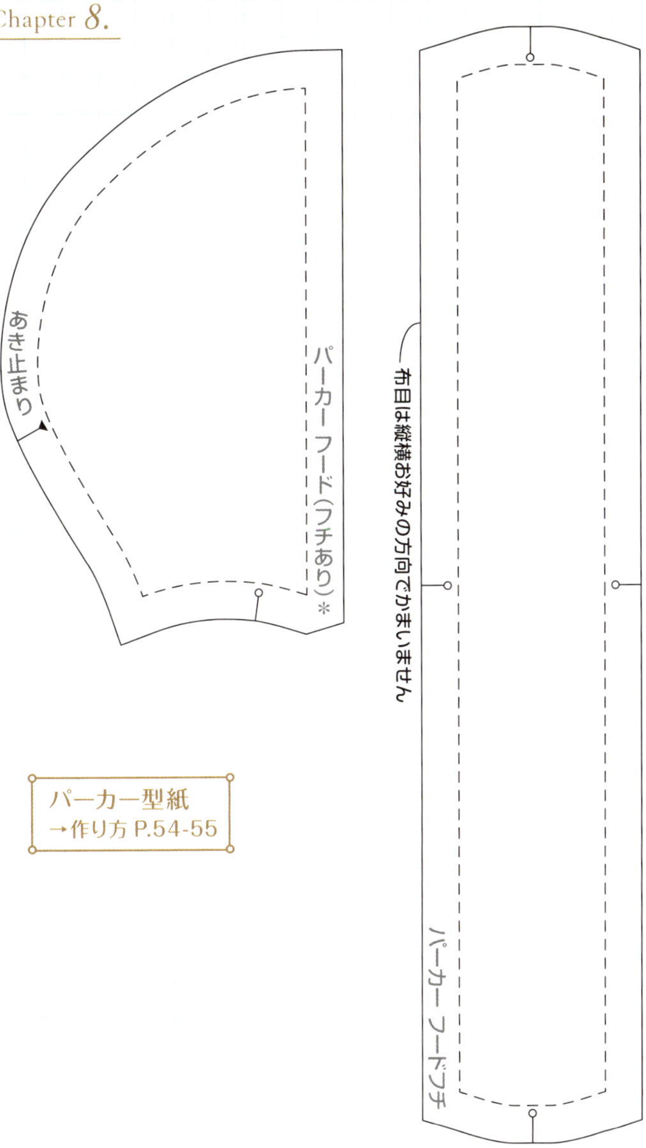

フチありフード

パーカー型紙
→作り方 P.54-55

布の伸びる方向

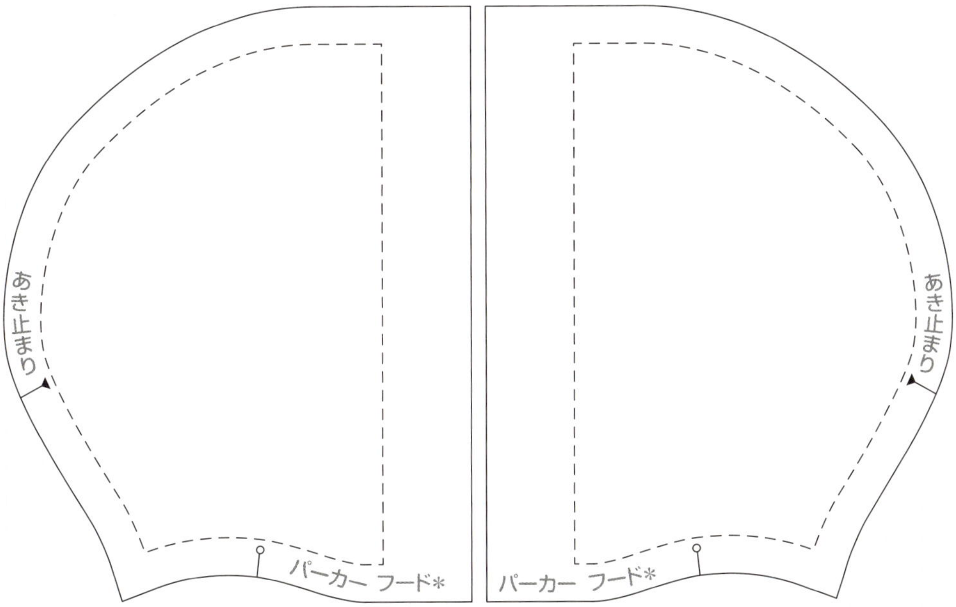

フチなしフード

※左右同じもの、または左右反転しているだけの型紙は＊が付いています。

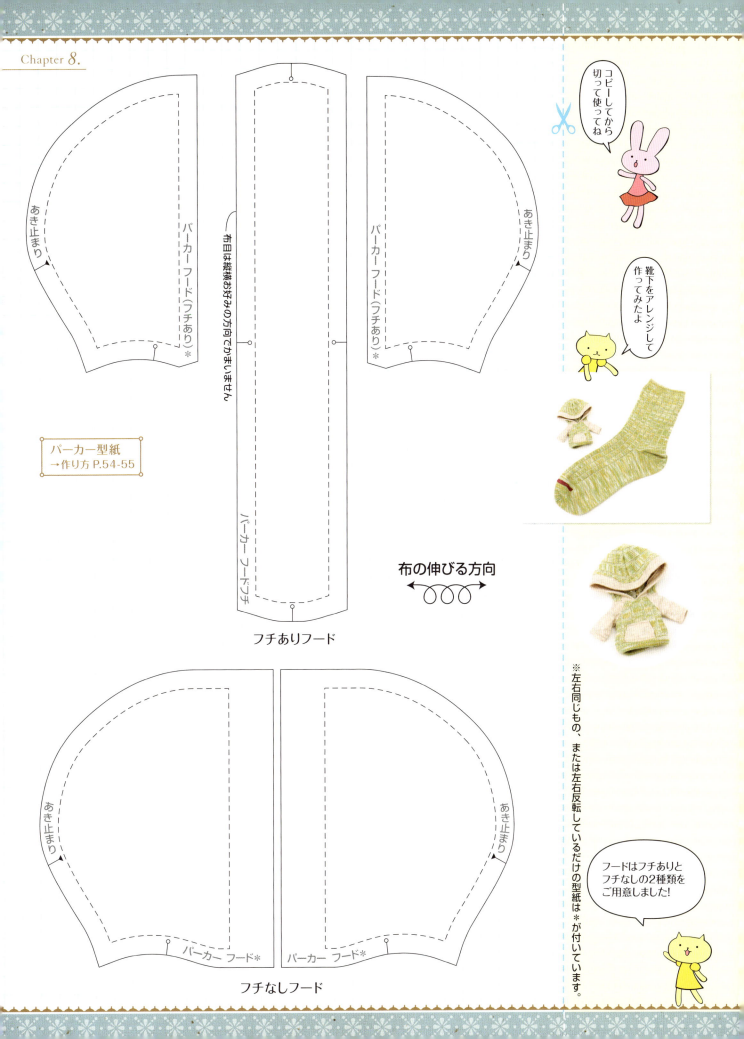

Chapter 9.

かんたんパンツ

— PANTS I —

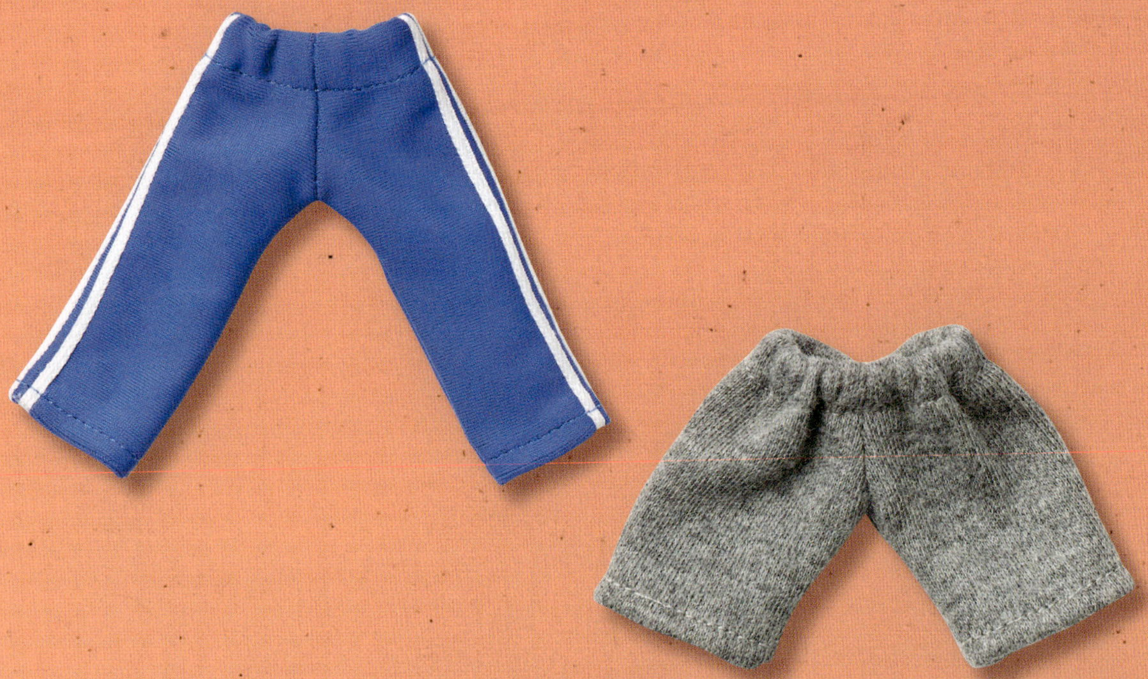

原寸大

※左右同じもの、または左右反転しているだけの型紙は＊が付いています。

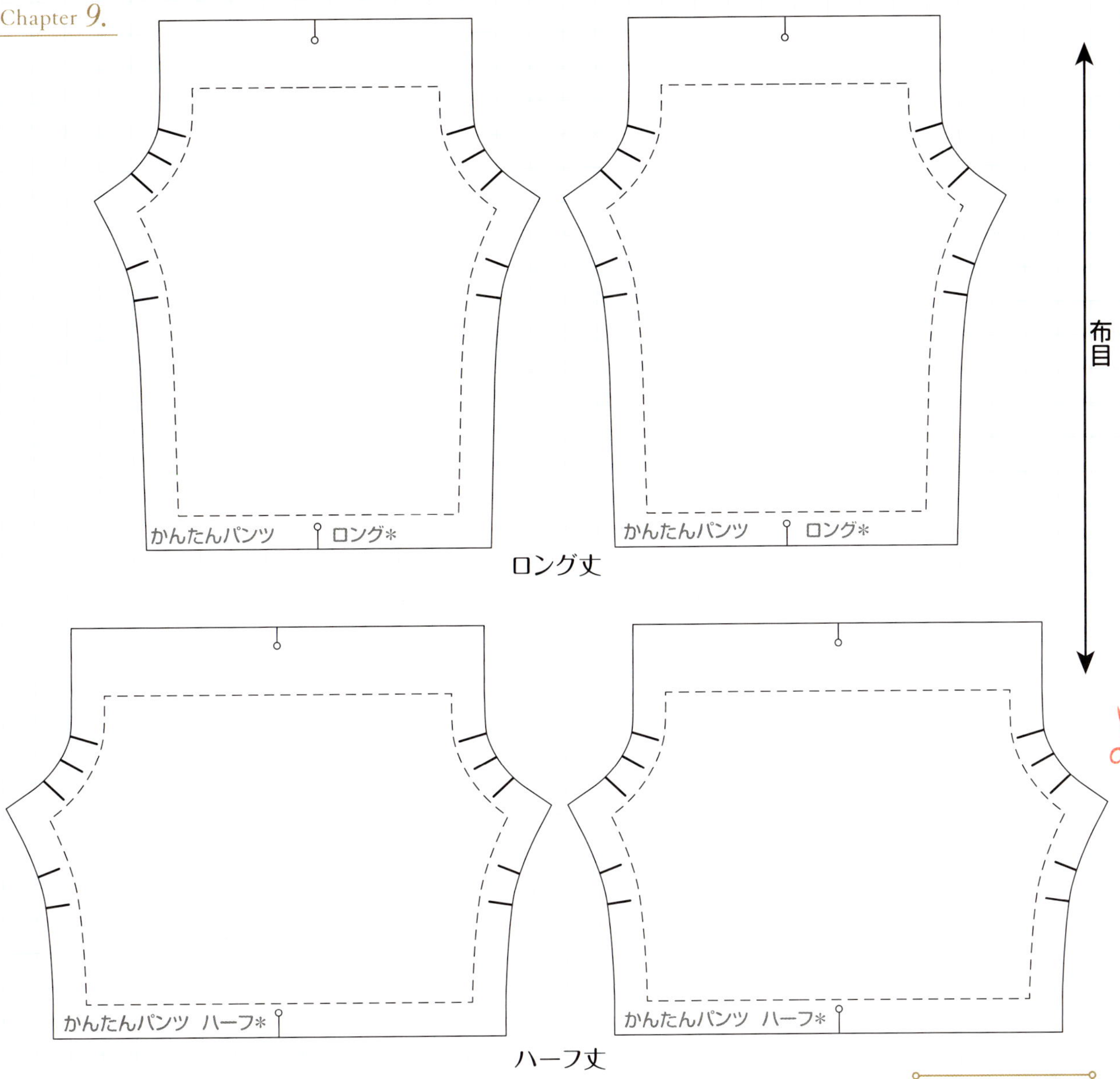

簡単パンツ型紙

→作り方 P.60-61

かんたんパンツ

ジャージやパジャマ
のパンツにも!

1

→型紙 P.59

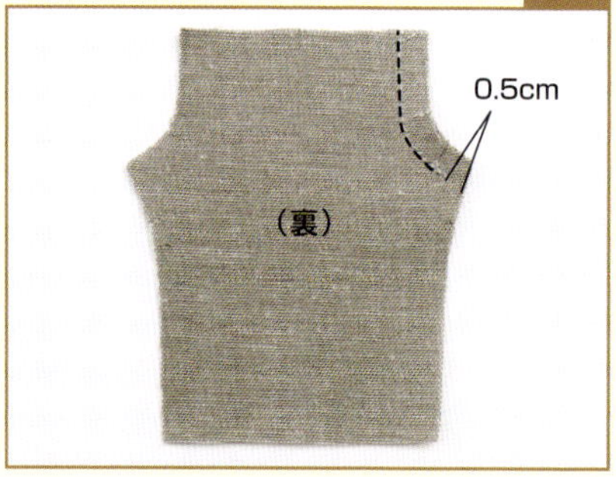
0.5cm
（裏）

パンツ2枚を中表に合わせて股ぐりを片方だけ縫う。下から0.5cmは縫わない。

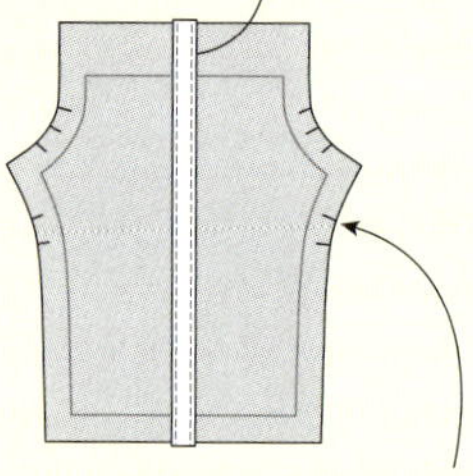
お好みでリボンなどで
ラインをいれてもよい

ニット地の場合、切りすぎると
ほつれるので、切り込みは
縫い代の半分くらいまでにする

ハーフパンツも
作り方は一緒です

2

ボンドで貼る
（裏）

ボンドが表に
しみ出ないように
注意してね

縫い代を割る。ゴムを通しやすくするため、縫い代部分をボンドで貼っておくとよい。

3

（裏）

ウエスト部分を1cm折って縫う。

出来る方はこの時に
ゴムをはさんで縫うと
時短になります

4

（裏）

裾を 0.5cm 折って縫う。
またはボンドで貼ってもよい。

5

ウエストにゴムを通してドールに巻き、丁度よいウエストサイズに調節する。ゴムが抜けないように端を軽く縫いとめておくとよい。

6

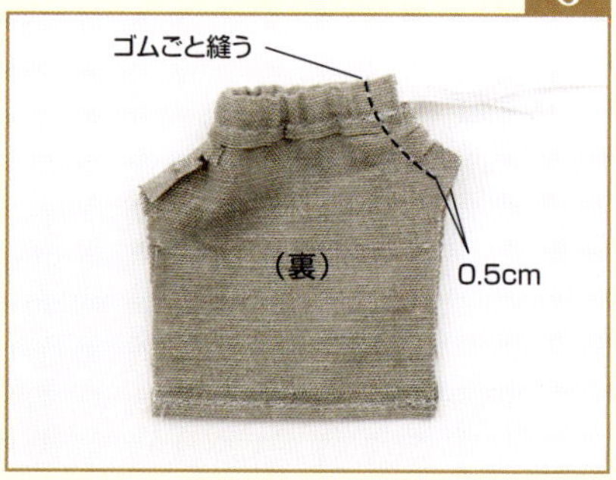
ゴムごと縫う
（裏）
0.5cm

中表に合わせてもう片方の股ぐりを縫う。下から0.5cmは縫わない。

7

はみ出したゴムをカット。縫い代を割り、股下を縫う。

8

（表）

表に返して、完成。

手縫いの場合

1 両方の股ぐりを左右両方とも縫う

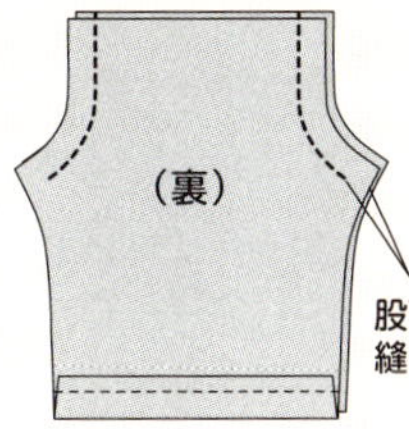
(裏)
股下0.5cmは
縫わない

2 裾や股下も縫って仕上げ、丸ゴムを
はさみながらウエストをぐるっと縫う

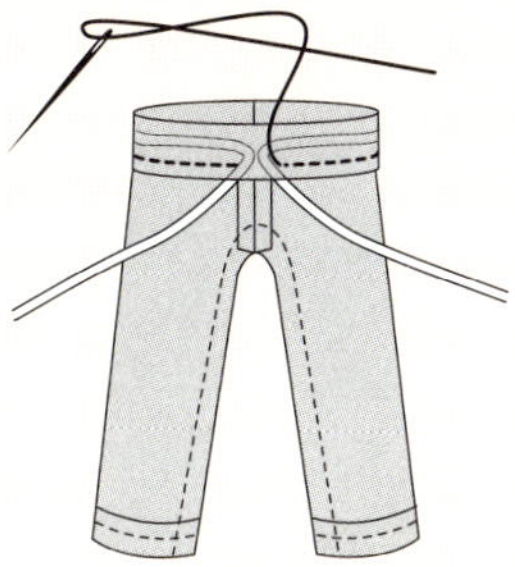

3 ドールにはかせて
ちょうど良いサイズに
縮めて結ぶ。

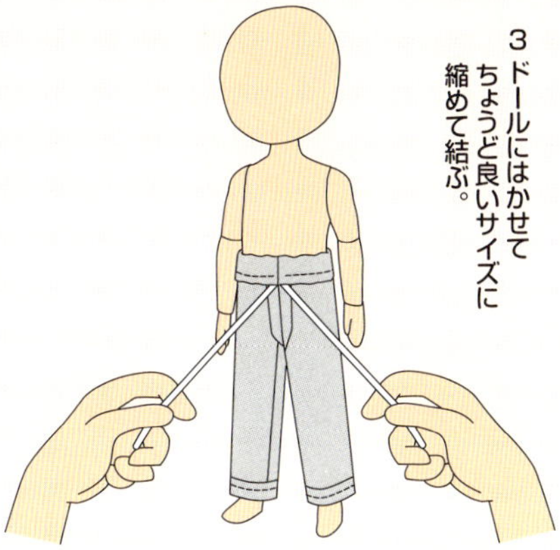

ハーフパンツの裾をアレンジ

ハーフパンツを
かぼちゃパンツ風に
アレンジしよう!

(裏)

股下を縫った後、裾を0.7センチ折る

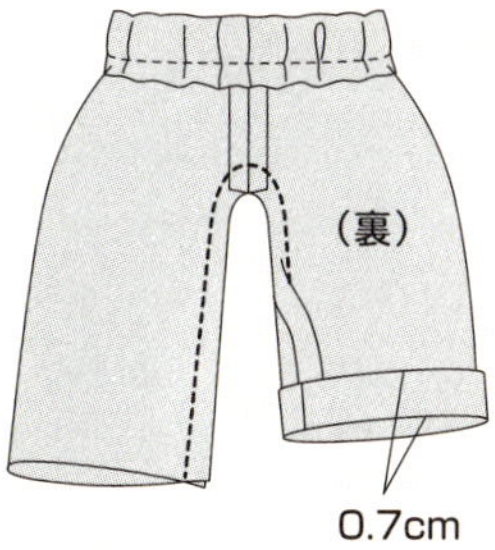
(裏)
0.7cm

上と同じ方法で丸ゴムをはさみながら
ウエストをぐるっと縫い、ドールに
はかせて丁度良い長さに結ぶ

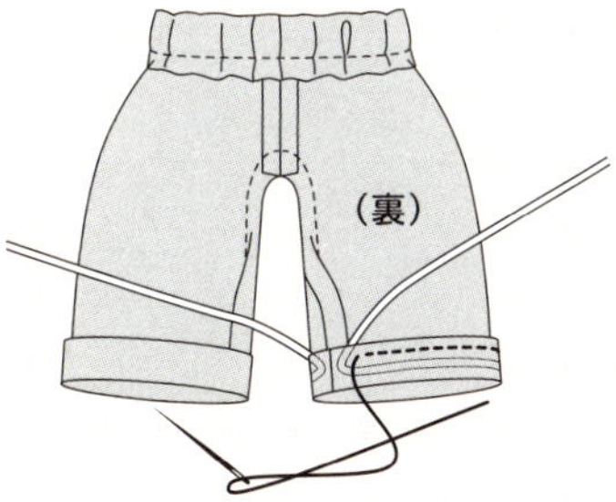
(裏)

掲載作品は1.5ミリ幅の
サテンリボン三本を
ボンドで貼ってから
ミシンで縫っています

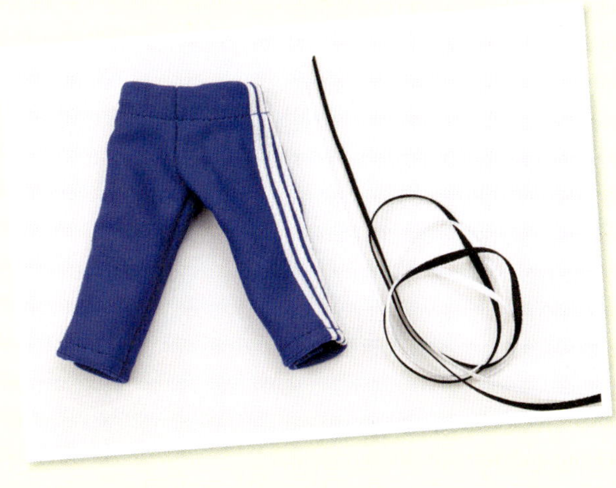

三本縫うのが大変な方は
3ミリ幅のリボンを
一本だけ縫い付けても
ジャージっぽさがでます
ボンドで貼るだけ
でもいいよ!

Chapter *10.*

基本のパンツ

— PANTS Ⅱ —

＊原寸大＊

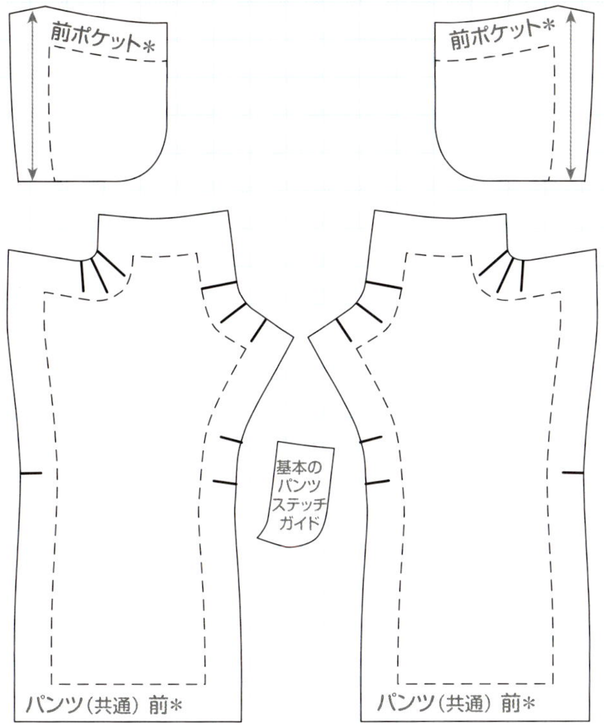

ジーンズ・スラックス共通 前パンツ

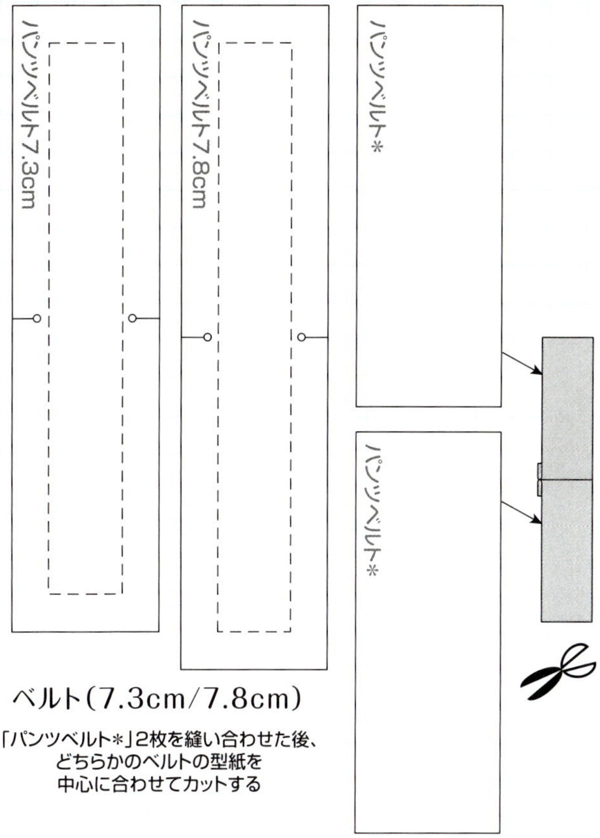

ベルト（7.3cm/7.8cm）

「パンツベルト＊」2枚を縫い合わせた後、
どちらかのベルトの型紙を
中心に合わせてカットする

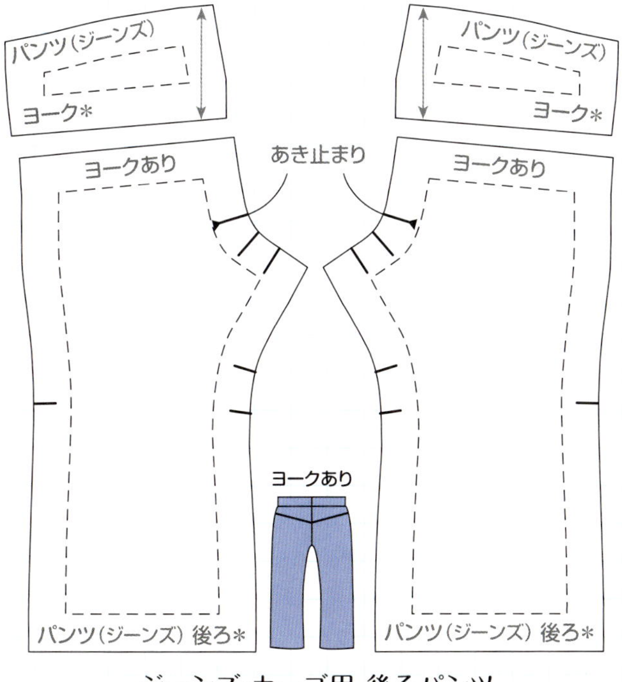

ジーンズ・カーゴ用 後ろパンツ

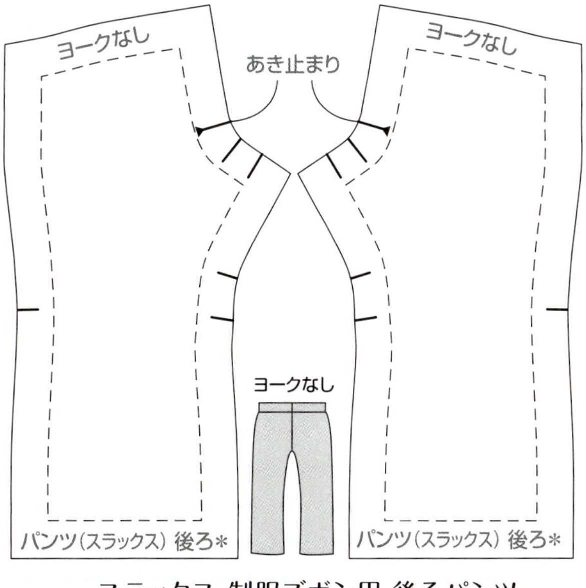

スラックス・制服ズボン用 後ろパンツ

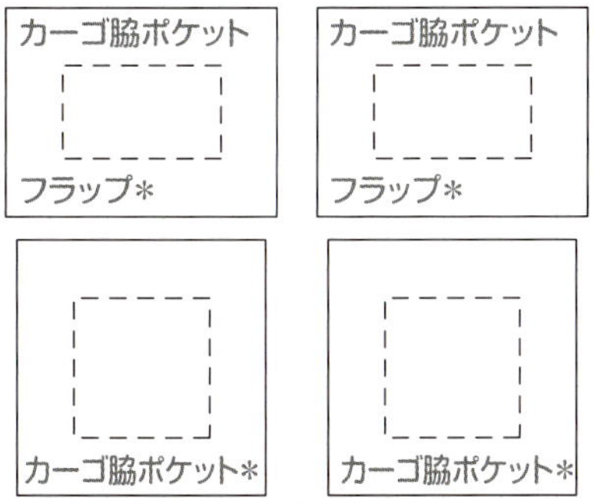

カーゴパンツ用 ポケット

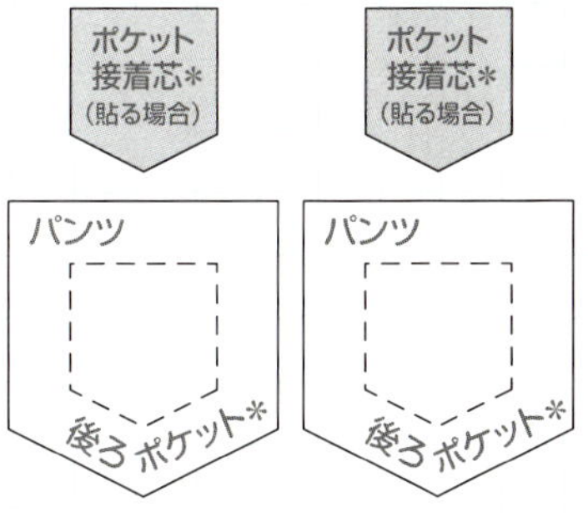

ジーンズ用 後ろポケット

ジーンズやカーゴは
「ヨークあり」の後ろ型紙。
スラックスや制服ズボンは
「ヨークなし」の型紙を使おう!

基本のパンツ型紙
作り方 P.64-67

※左右同じもの、または左右反転しているだけの型紙は＊が付いています。

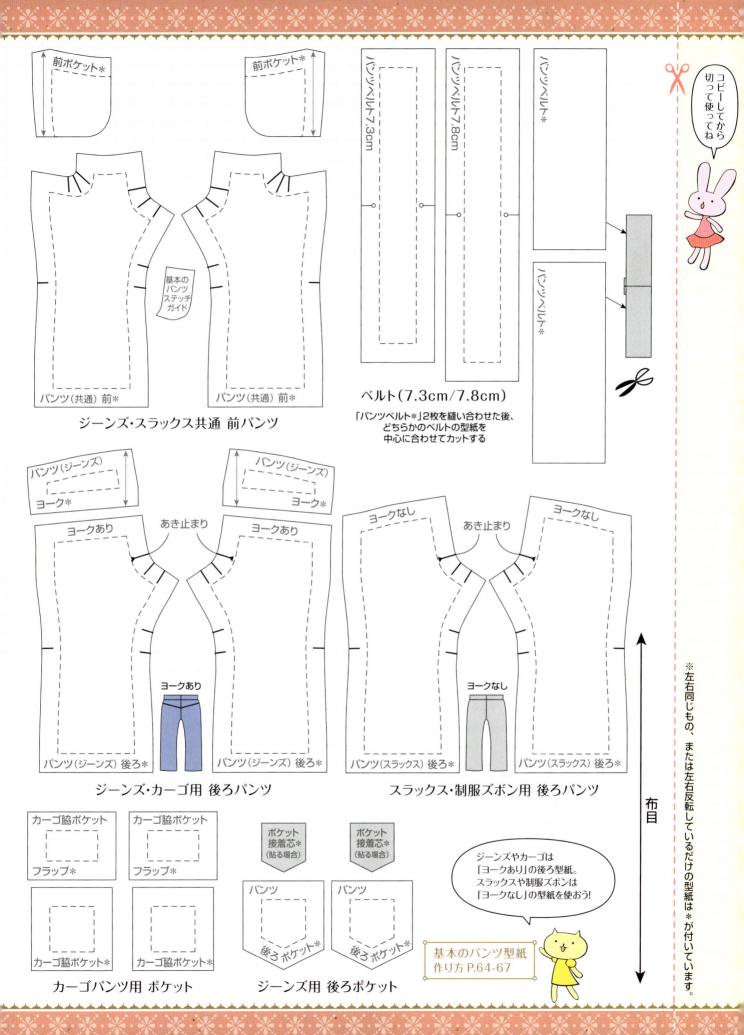

基本のパンツ

ジーンズ・カーゴパンツ・スラックス

前ポケット付きの
基本パンツです

→型紙 P.63

1

後ろパンツにヨークを付け、縫い代を下に倒してステッチ。またはボンドで貼る。（ヨークのあるパンツのみ）

2

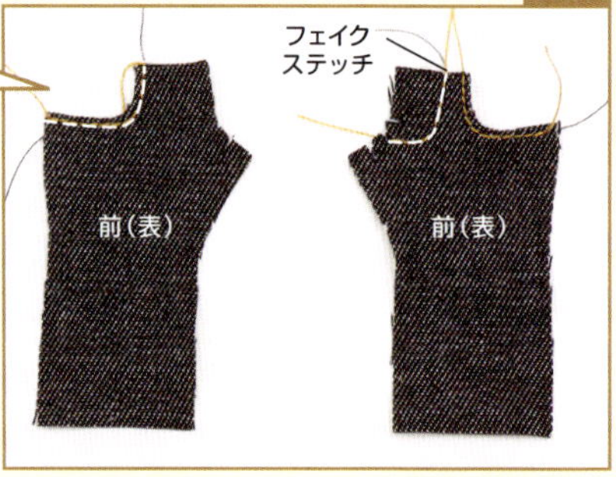

前パンツのポケット部分をアイロンで折ってステッチ。またはボンドで貼る。左パンツは前中心にフェイクステッチをする。

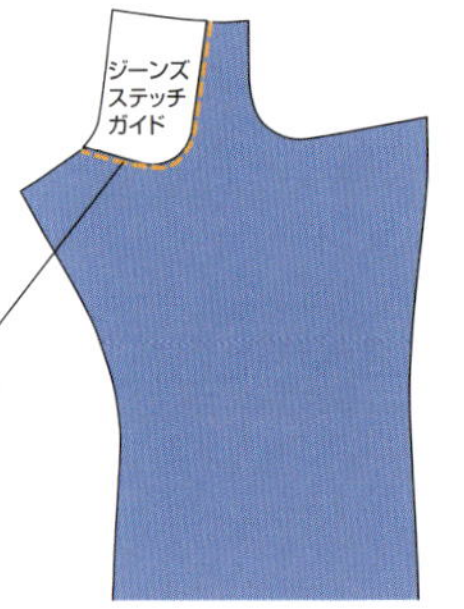

フェイクステッチは消えるペンで線を描いて縫っても良いが、裏に両面テープを貼ってシール状にした型紙を貼ると正確に縫いやすい。

3

前パンツの股ぐりを縫う。（股下0.5cmは縫わない）

返し縫いが苦手な方は端まで縫って、後で切り込みを入れてもいいです

4

前パンツの縫い代を割り、前後の脇を中表に合わせ、ポケットのパーツをのせる。

5

脇を縫う。縫い代は割っておく。

6

ジーンズ、カーゴパンツは後ろ脇にステッチ。さらに裾を折ってステッチをかける。

裾にステッチを入れたくない場合は、ボンドで貼ってもいいよ

7

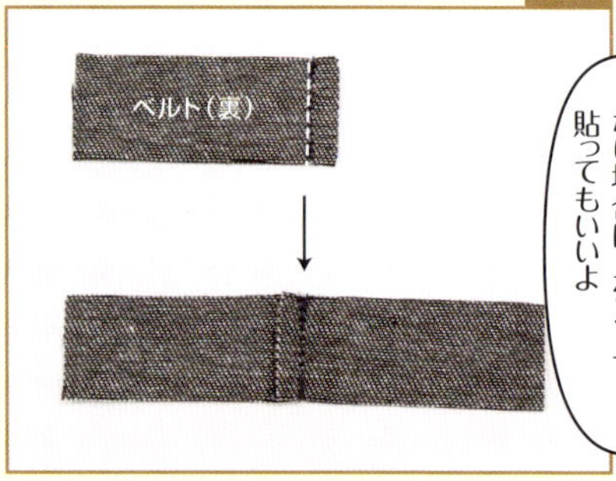

ベルトを中表に合わせて端を縫い、開く。

8

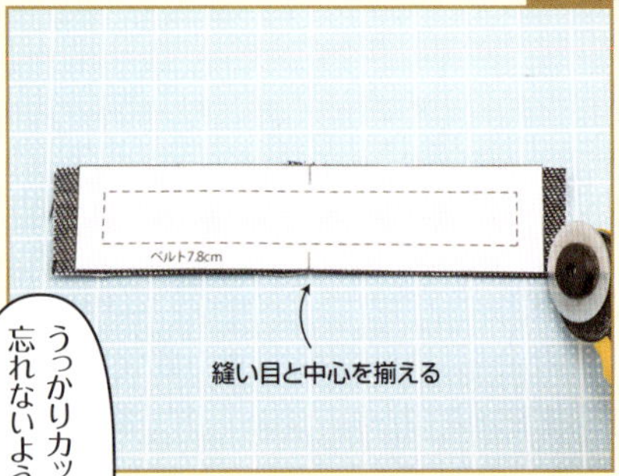

ベルトを好みの長さにカットする。長さはベルト比較表を見て決める。

うっかりカットするのを忘れないように注意!

9

ベルトとパンツのウエストを中表に合わせる。左パンツは後ろ中心の縫い代を折る。右は折らずに端同士をピッタリ合わせる。縫い合わせた後、縫い代を0.3〜0.4cm幅にカットする。

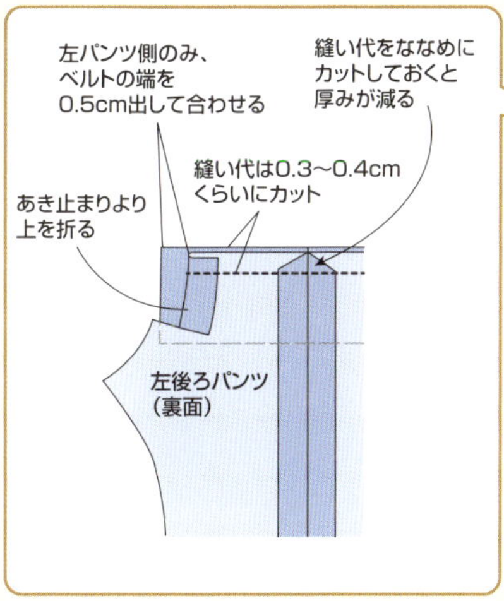

10

縫い代をくるむようにベルトを折る。

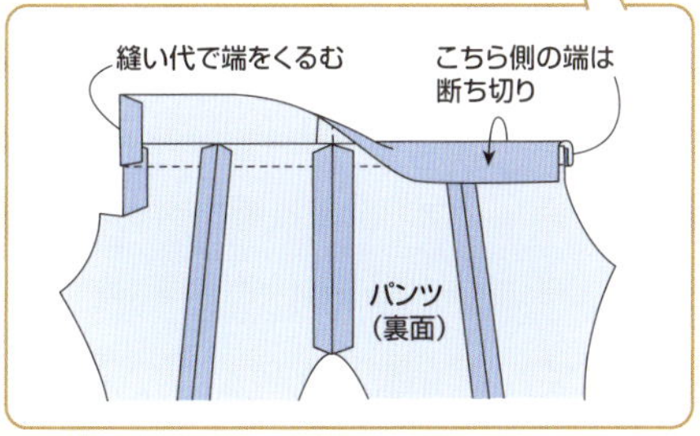

11

表からベルトにステッチ。ステッチを無しにしたい場合はボンドで貼るか、はぎ目の上を縫う。

12

あき止まりより上の縫い代に面ファスナーを付ける。

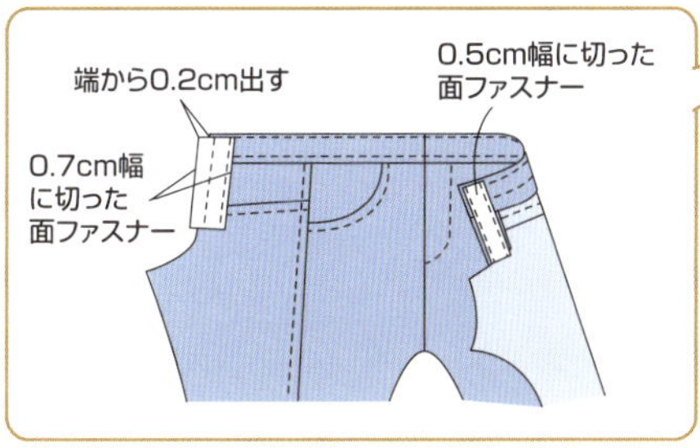

13

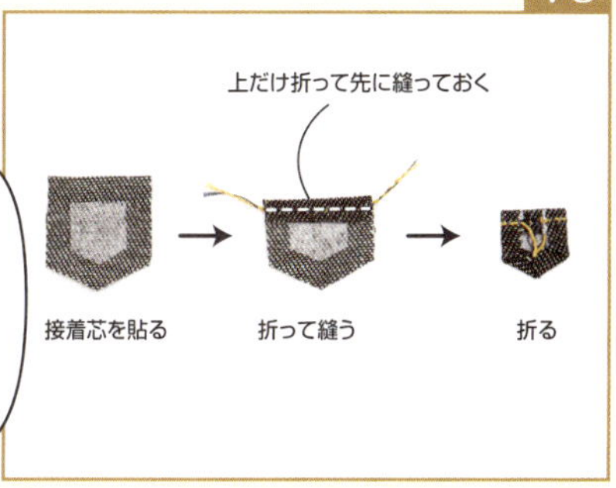

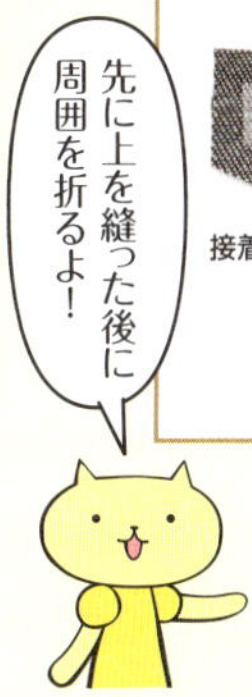

ポケットを作る。きれいに折りにくい場合は、接着芯を貼ってそれをガイドにして折り、ボンドで仮止めするとよい。

カーゴパンツのポケット

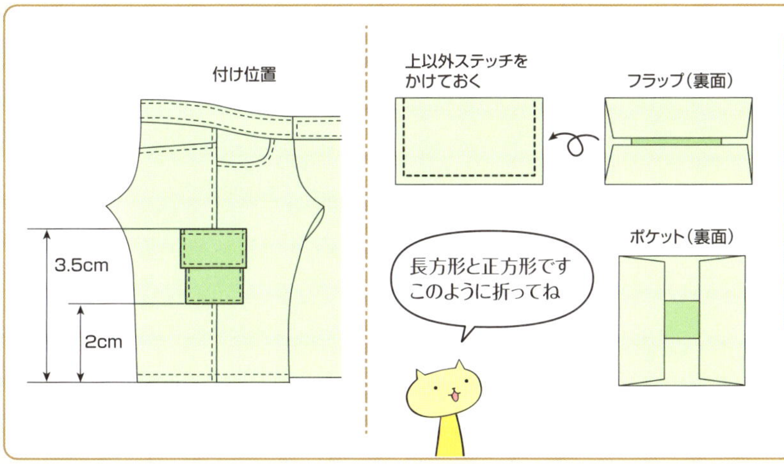

14

後ろパンツにポケットを付ける。

15

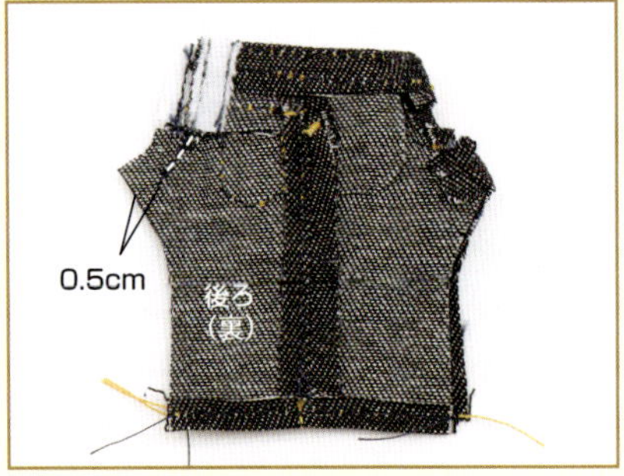
0.5cm
後ろ
（裏）

後ろの股ぐりをあき止まりまで縫う。
（下0.5cmは縫わない。）

16

股ぐりの縫い代を割り、股下を縫う。

17

Sea Horse Brand
Sea Horse Brand

表に返し、ホットフィットやボタンを付ける。掲載作品は2mmと4mmのホットフィットを使用しています。

ステッチについて

見せるステッチは、ステッチ幅をいつもより少し広めにするとリアルな感じになります

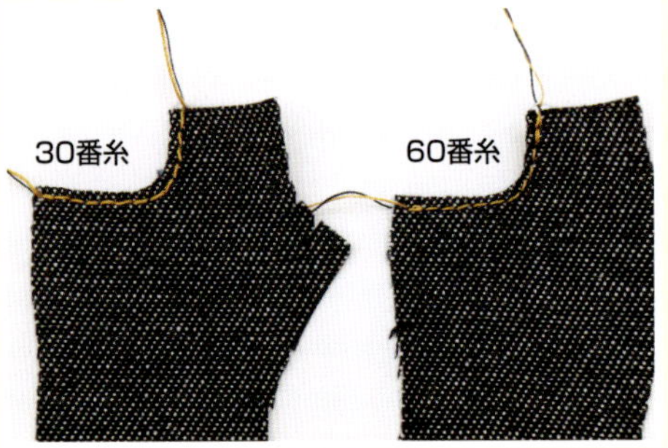
30番糸
60番糸

ジーンスを作る場合、ステッチ部分を太めの30番糸に変えると、ステッチが目立つ

あき部分について

Tシャツなどをインで着せると面ファスナーが外れやすい時は、スプリングホックを付けると良い

糸ループ

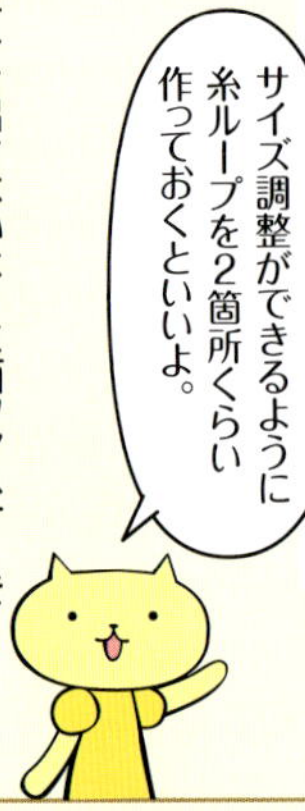
サイズ調整ができるように糸ループを2箇所くらい作っておくといいよ。

厚みを出さないように面ファスナーを持ち出しにする方法もありますが、パカっと開きやすいので、この本では縫い代を重ねる方法で作っています。

座らせると面ファスナーが見えやすい

ベルトサイズ比較表

ベルトは薄手の布用の7・3センチとデニムやツイルなどの少しだけ厚い布用の7・8センチを用意しました。画像を参考にして好みの方を選んでください。

綿シーチング／ベルト7.3cm

綿シーチング／ベルト7.8cm

7オンスデニム／ベルト7.8cm

綿シーチング／ベルト7.3cm
Tシャツイン

綿シーチング／ベルト7.8cm
Tシャツイン

7オンスデニム／ベルト7.8cm
Tシャツイン

オーバーオールなど、胸当てを追加したい時は、薄手でも7・8センチベルトにしておくといいかも

布の厚みで迷った場合

◎
まったくズレない

薄手素材
（綿ローン、シーチング、ブロードなど）

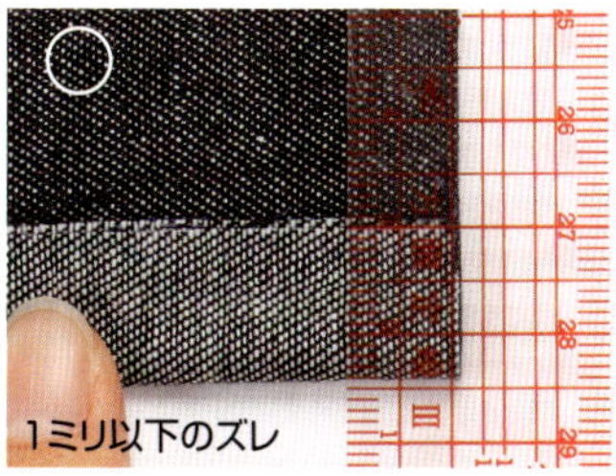
○
1ミリ以下のズレ

7オンスデニム

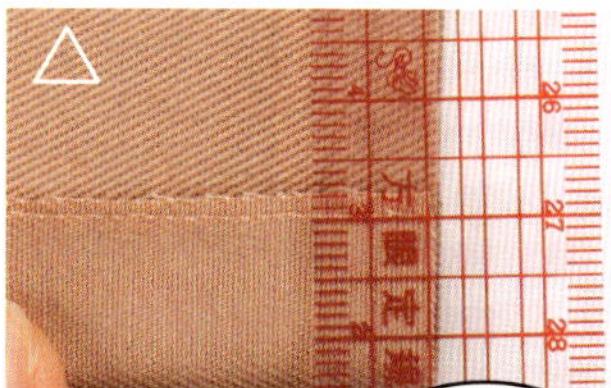
△
1ミリ以上のズレ

中厚の布

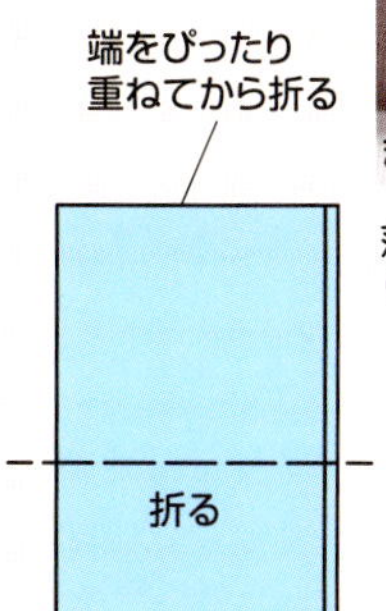
端をぴったり
重ねてから折る
折る

2枚の布の端をぴったり重ねて二つ折りにしたとき、
全くズレない、またズレが1ミリ以下の布が
オビツ11サイズの服作りに適しています。

たくさんズレる布は縫うのが少し大変なので、初心者さんは気をつけてください

※帽子やフェルトで作るアイテムをのぞく

Chapter 11.

かぼちゃパンツ

— BLOOMERS —

＊原寸大＊

かぼちゃパンツ型紙

→作り方 P.70-71

※左右同じもの、または左右反転しているだけの型紙は＊が付いています。

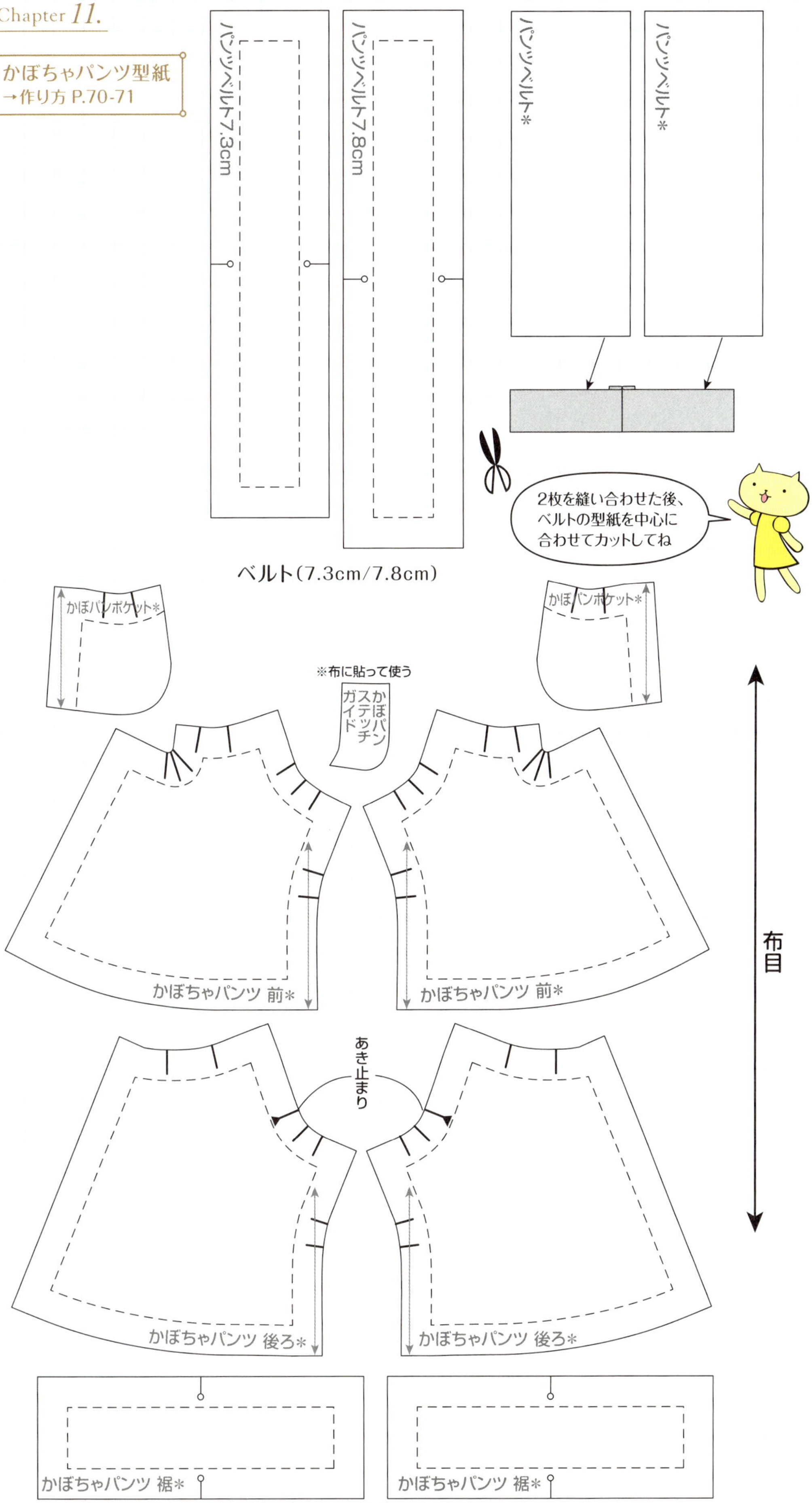
パンツベルト7.3cm
パンツベルト7.8cm
パンツベルト＊
パンツベルト＊
2枚を縫い合わせた後、ベルトの型紙を中心に合わせてカットしてね
ベルト(7.3cm/7.8cm)
かぼパンポケット＊
かぼパンポケット＊
※布に貼って使う
かぼパンステッチガイド
布目
かぼちゃパンツ 前＊
かぼちゃパンツ 前＊
あき止まり
かぼちゃパンツ 後ろ＊
かぼちゃパンツ 後ろ＊
かぼちゃパンツ 裾＊
かぼちゃパンツ 裾＊

※裾の布目は、たて・よこお好みでかまいません

コピーしてから切って使ってね

かぼちゃパンツ

アレンジで
丈を変えても
いいよ!

→型紙 P.69

1

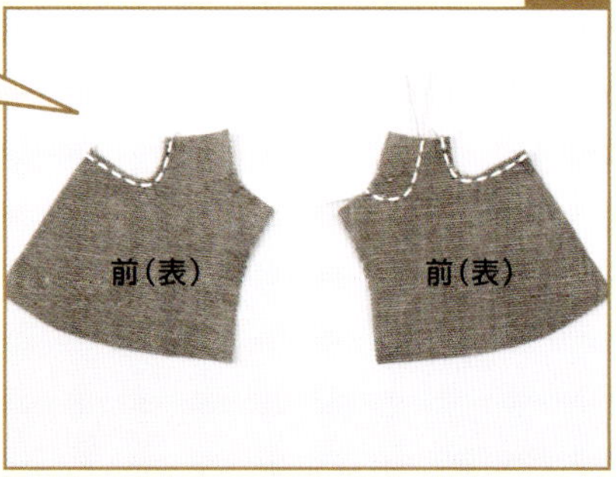
前(表)
前(表)

前パンツのポケット部分をアイロンで折ってステッチ。またはボンドで貼る。左パンツは前中心にフェイクステッチをする。

かぼパンステッチガイド

フェイクステッチは消えるペンで線を描いて縫ってもよいが、裏に両面テープを貼ってシール状にした型紙を貼ると正確に縫いやすい。

2

前(裏)
0.5cm縫わない

前パンツの股ぐりを縫う。(股下0.5cmは縫わない)。縫い代を割る。

返し縫いが苦手な方は端まで縫って、後で切り込みを入れてもいいです

3

ポケット(裏)
前(裏)
後ろ(表)

前後の脇を中表に合わせ、ポケットのパーツをのせる。

4

前(裏)

脇を縫う。(縫い代は割っておく)

5

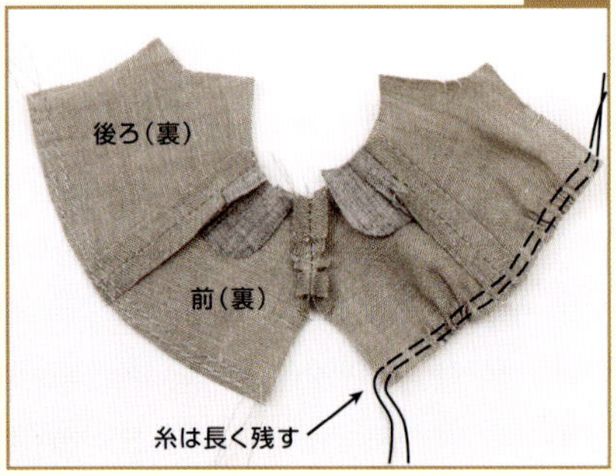
後ろ(裏)
前(裏)
糸は長く残す

裾にギャザー用のミシン※をかける。2本縫うとギャザーが安定する。(手縫いでも良い)

6

折り目(わ)側

二つ折りにした裾パーツを縫い付ける。縫い代を3ミリにカットしてほつれどめを塗り、表に返す。

裾パーツと裾の両端と中心を待ち針でとめてから糸を引いてギャザーをよせるといいよ

7

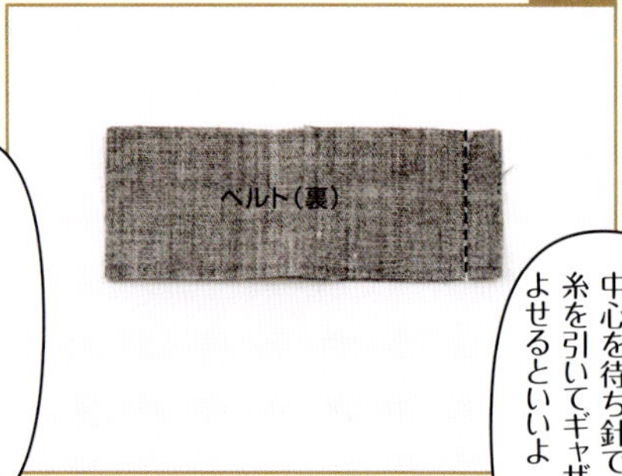
ベルト(裏)

ベルトを中表に合わせて端を縫う。

8

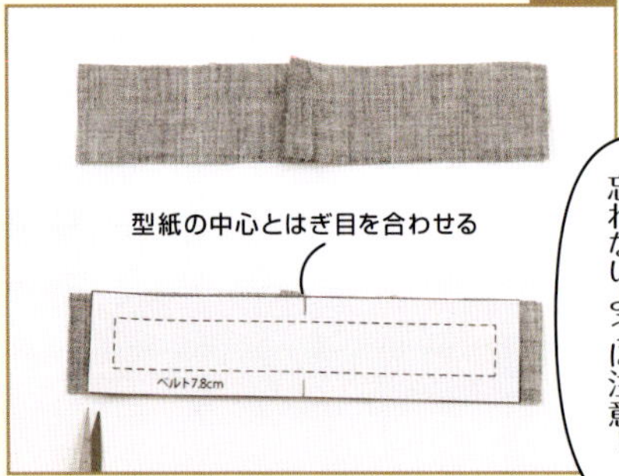
型紙の中心とはぎ目を合わせる

ベルトを好みの長さにカットする。長さはベルト比較表を見て決める。

カットするのをうっかり忘れないように注意!

※ギャザーの作り方：縫い目を広め(2-3mm)に設定し、2本並行に縫う。2本の糸を両側から引いて縮め、布に細かく均等なギャザーを寄せる。

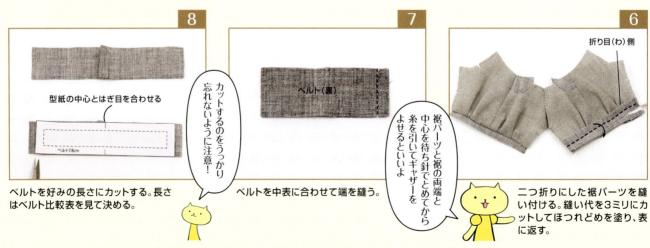

9

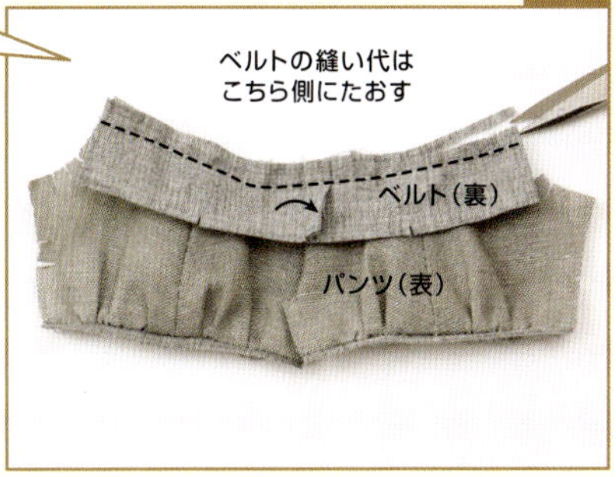
ベルトの縫い代は
こちら側にたおす
ベルト（裏）
パンツ（表）

左パンツの後ろ中心の縫い代を折る。ウエストにベルトを付け、縫い代を0.3～0.4cm幅にカットする。

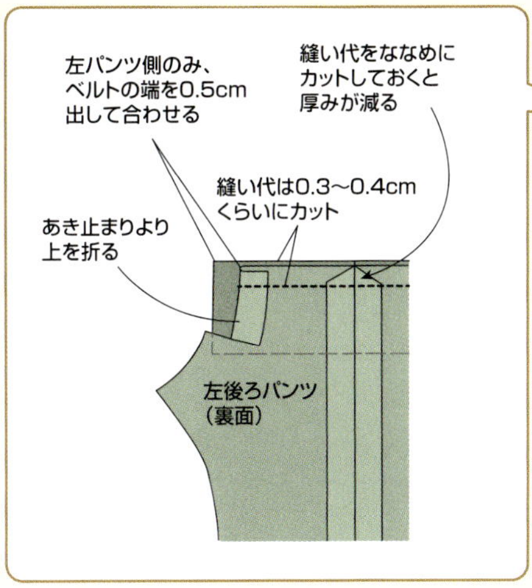
左パンツ側のみ、
ベルトの端を0.5cm
出して合わせる
縫い代をななめに
カットしておくと
厚みが減る
縫い代は0.3～0.4cm
くらいにカット
あき止まりより
上を折る
左後ろパンツ
（裏面）

10

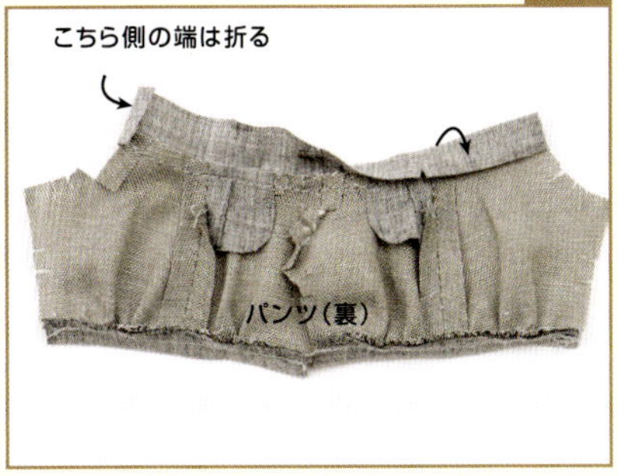
こちら側の端は折る
パンツ（裏）

縫い代をくるむようにベルトを折る。

11

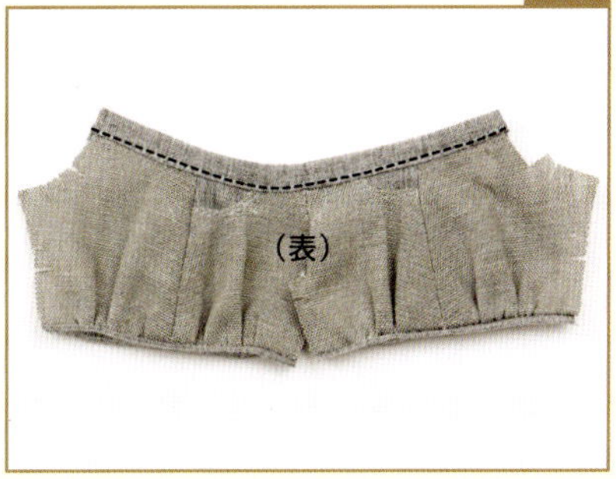
（表）

表からベルトにステッチ。ステッチを無しにしたい場合はボンドで貼るか、はぎ目の上を縫う。

12

（表）

あき止まりより上の縫い代に面ファスナーを付ける。

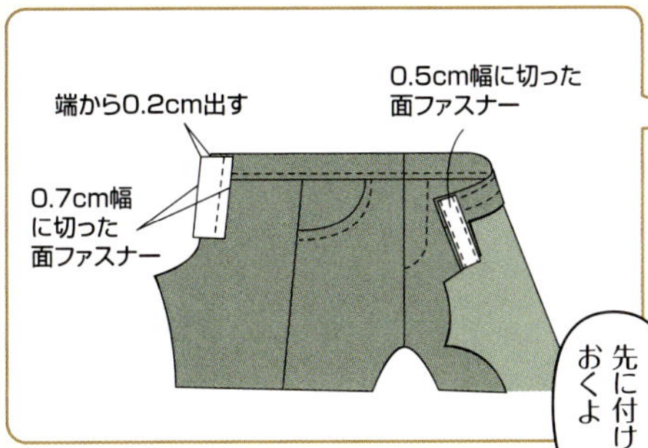
端から0.2cm出す
0.5cm幅に切った
面ファスナー
0.7cm幅
に切った
面ファスナー

先に付けておくよ

13

0.5cm
後ろ（裏）

後ろの股ぐりをあき止まりまで縫う。下0.5cmは縫わない。

14

（裏）

股ぐりの縫い代を割り、股下を縫う。

表に返してかぼちゃパンツの完成！

Chapter *12.*

スキンスーツ

— SKIN SUITS —

＊原寸大＊

布の伸びる方向

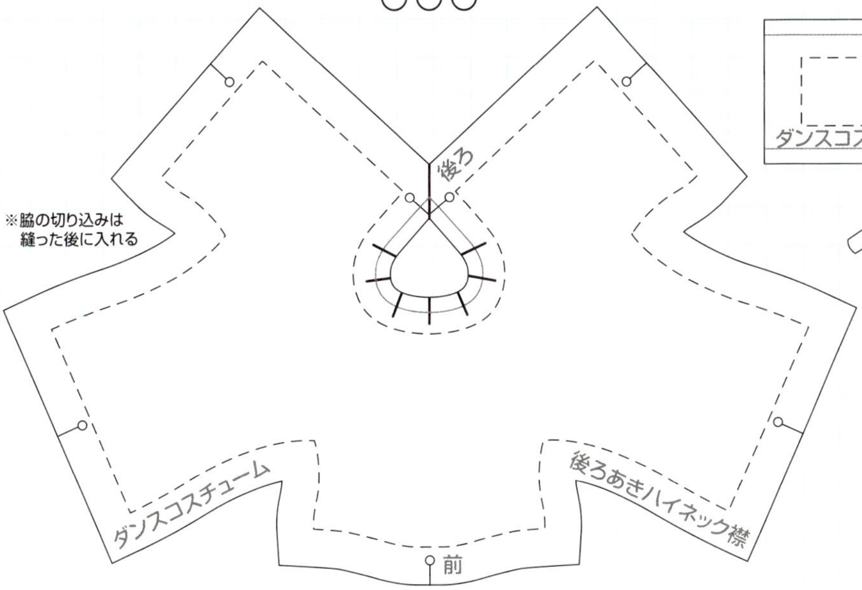

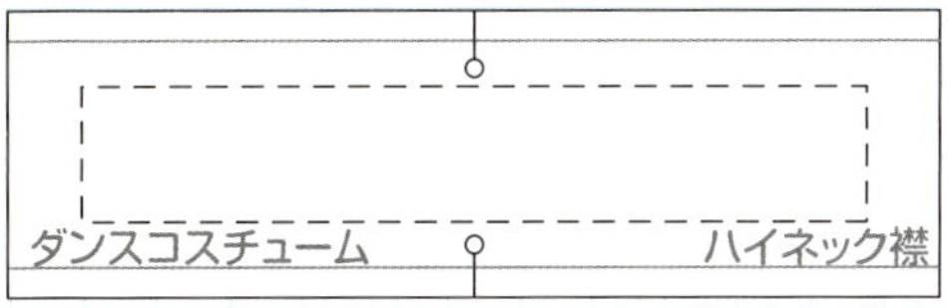

後ろあき

トップスは
「後ろあき・ハイネック」か
「前あき・シャツ襟」の
どちらかを使ってね。

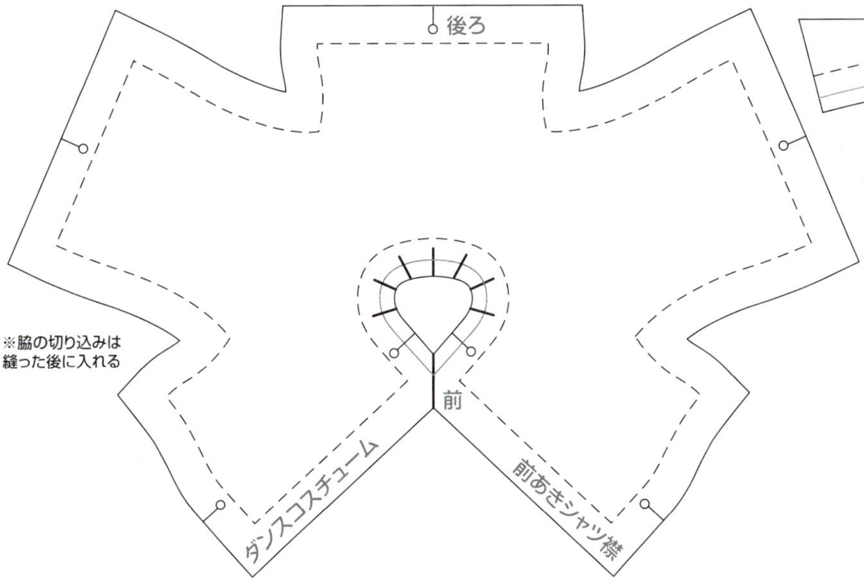

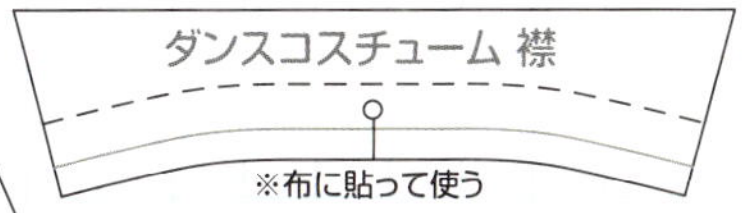

前あき

コスチューム型紙
→作り方 P.74-75

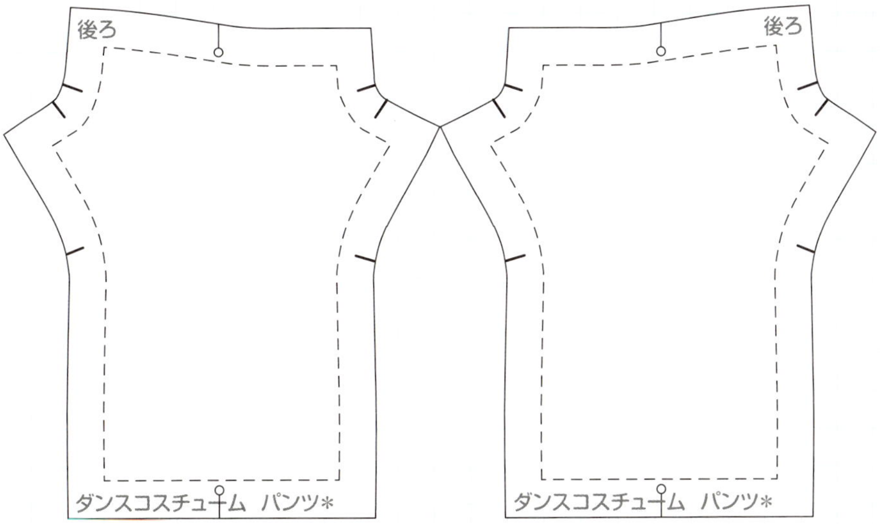

※左右同じもの、または左右反転しているだけの型紙は＊が付いています。

コピーしてから切って使ってね

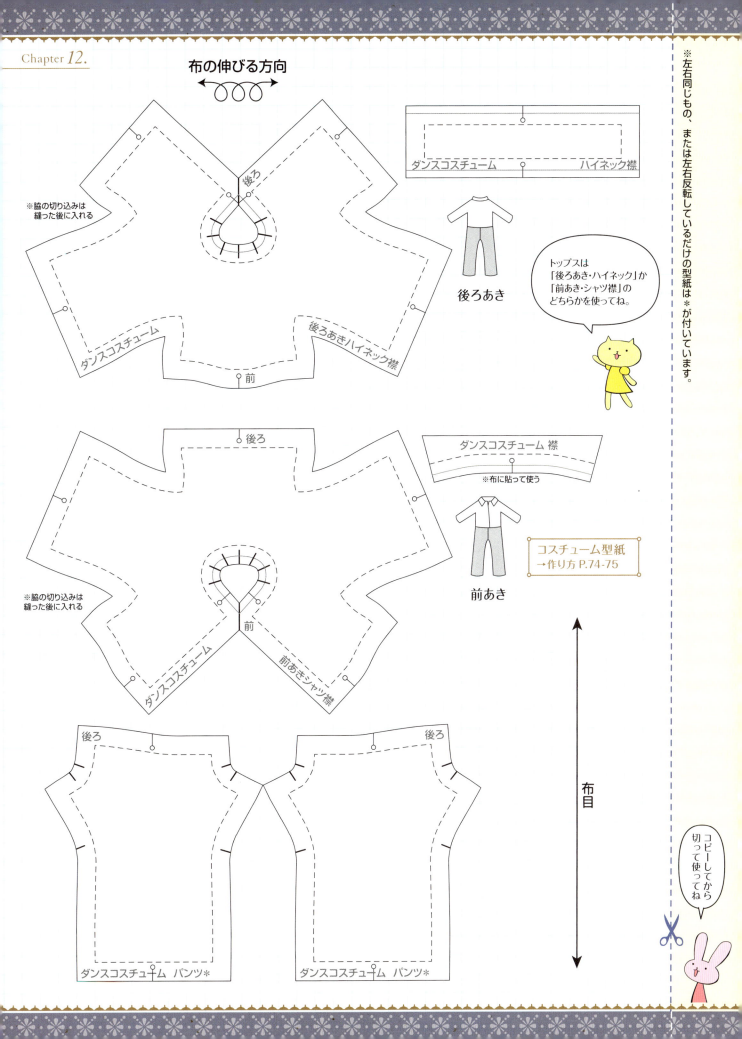

ダンスコスチューム

※このページでは、襟ぐりの縫い代は
すべて0.3cm幅で解説をしています

ライダースーツや
サイクルウエアなど、
アレンジ色々!
後ろあきハイネックの
型紙もあります

縫い糸はニット用の
レジロン糸が
お勧めです

→型紙 P.73

1

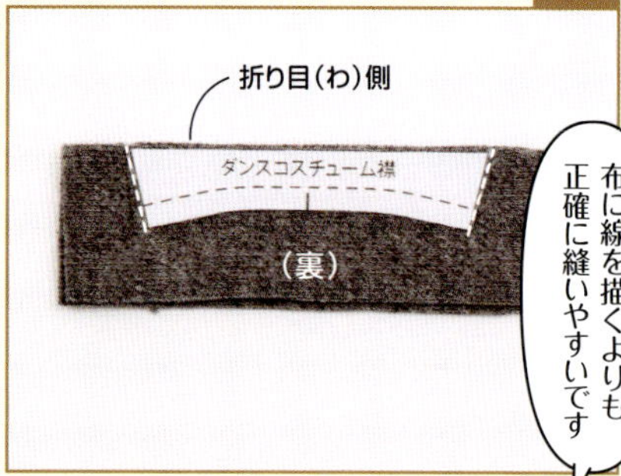
折り目(わ)側
ダンスコスチューム襟
(裏)

布に線を描くよりも正確に縫いやすいです

襟を作る。型紙の裏に両面テープを
貼って布に貼り付け、
それをガイドにして縫う。

2

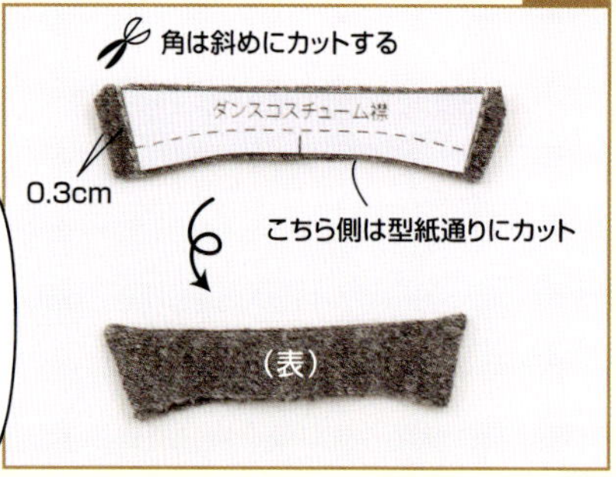
角は斜めにカットする
ダンスコスチューム襟
0.3cm
こちら側は型紙通りにカット
(表)

両端の縫い代を0.3cmくらい残してカット、襟ぐりは型紙通りにカットして表に返す。

3

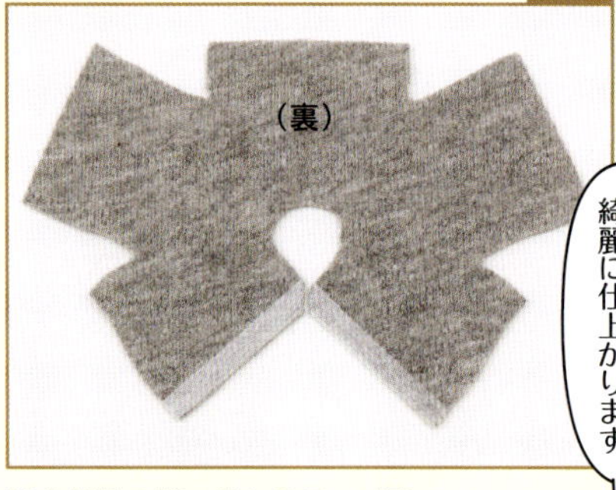
(裏)

芯を貼っておくと綺麗に仕上がります

開き部分の縫い代に0.5cm幅に
切った接着芯を貼る。

4

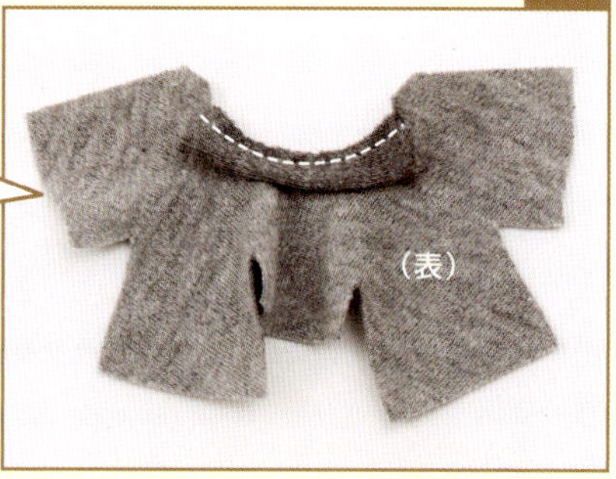
(表)

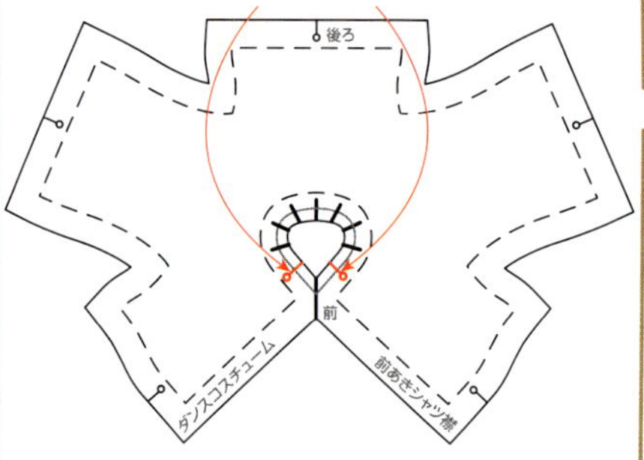
型紙に記載されている
この位置に襟の端を合わせる
後ろ
前
ダンスコスチューム
前あきシャツ襟

合い印に襟の端を合わせて縫い付ける。

5

(裏)

袖口を折り、ボンドで止める。またはミシンで縫う。

6

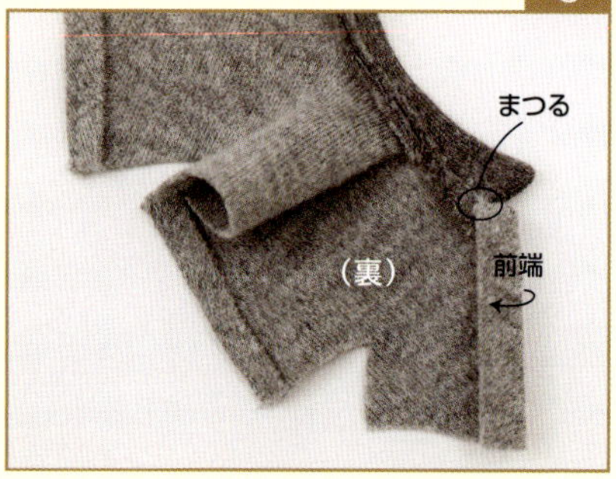
まつる
(裏)
前端

前端を折り、見返し部分を襟ぐりの縫い代にまつる。

7

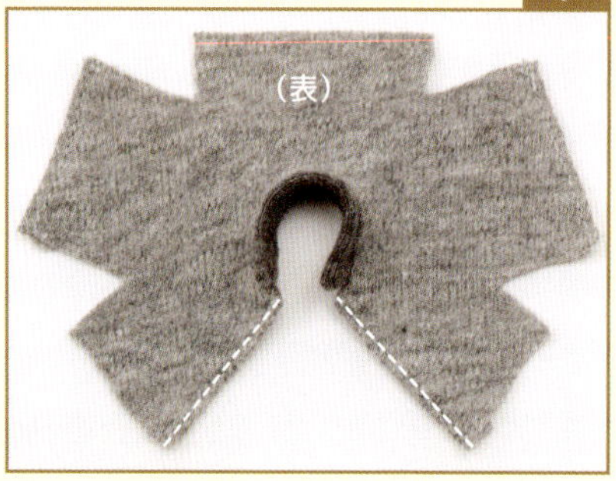
(表)

前端にはステッチをかける。またはボンドで貼る。

8

(表)
こちらが上になるように重ねる

前を0.5cm重ねて、下をずれないように縫い止めておく。

9

（裏）
（裏）

パンツの裾を折って縫う。

10

0.5cm
縫わない
（裏）
0.5cm
縫わない

左右のパンツを中表に合わせ、股ぐりを縫う。
股下0.5cmは縫わない。

11

（裏）

縫い代を割り、股下を縫う。

12

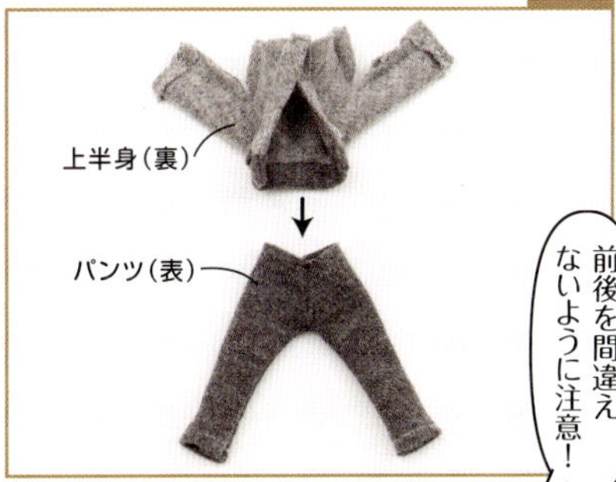
上半身（裏）
パンツ（表）

身頃を裏にしてパンツに重ねる。

前後を間違えないように注意！

13

上半身（裏）
パンツ（表）

ウエストをぐるっと縫う。ミシンだと縫いづらい時は、手縫いで返し縫いをする。

円が小さいので、ちょっと縫いづらいです

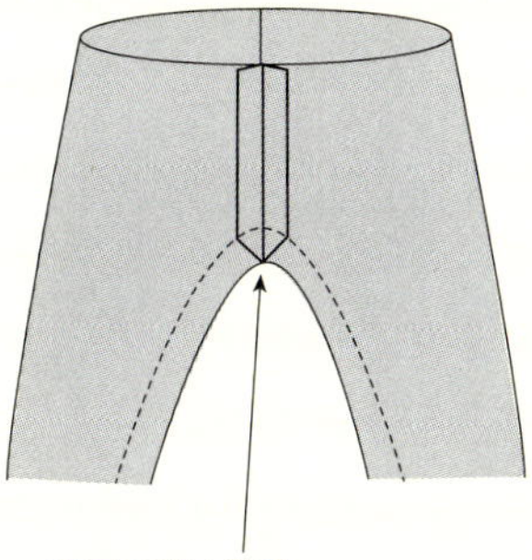

股下の縫い代は
三角にカットしておくとよい

ハイネックの場合

1

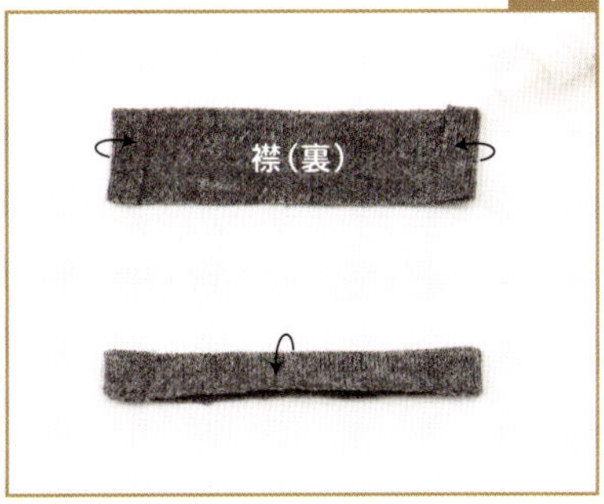
襟（裏）

襟の両端を折る。さらに二つ折りにして、両端にボンドを付けて貼付ける。※全体に塗ると固くなるので、縫い代のみ付ける。

2

襟の端を襟ぐりの合い印と合わせ縫い付ける。ミシンで縫いづらい場合は、手縫いで返し縫いをする。

3

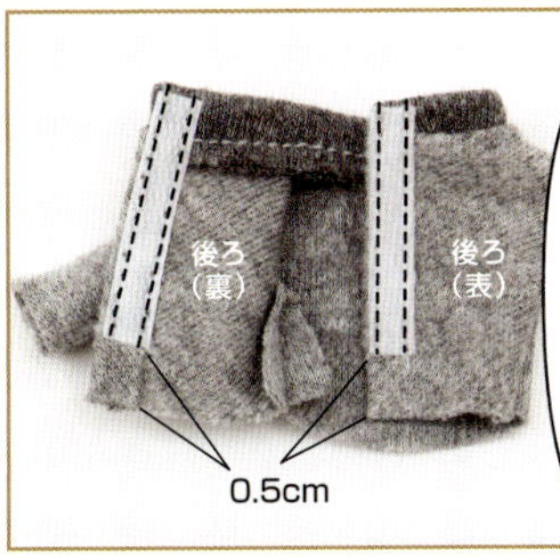
後ろ（裏）
後ろ（表）
0.5cm

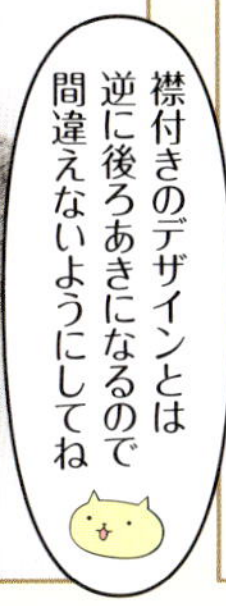
襟付きのデザインとは逆に後ろあきになるので間違えないようにしてね

0.5cm幅に切った面ファスナーを縫い付ける。左身頃が上になるように後ろ端を1cm重ね、パンツに縫い付ける。（面ファスナーの角は後で丸くカットしておくとよい）

ジャンプスーツ

ヒーロースーツやスケートのコスチュームなど、アレンジ色々!

縫い糸はニット用のレジロン糸がお勧めです

→型紙 P.77

1

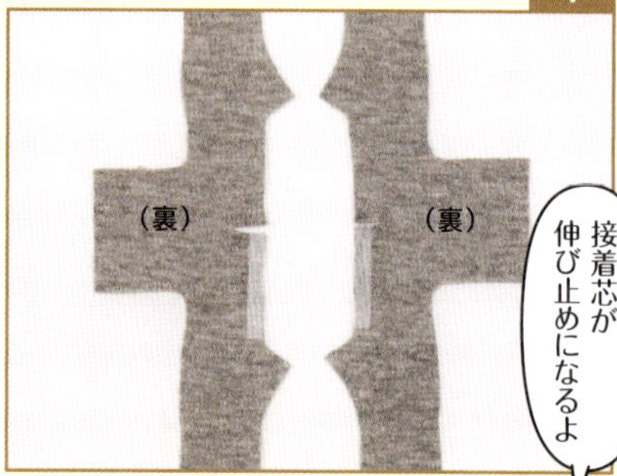
（裏）
（裏）

接着芯が伸び止めになるよ

後ろのあき部分の縫い代に0.5cm幅に切った接着芯を貼る。

2

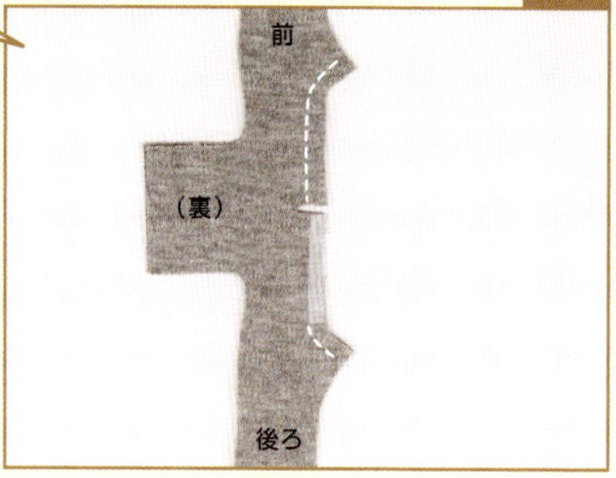
前
（裏）
後ろ

前中心を縫う。後ろ中心はあき止まりより下を縫う。股下0.5cmは縫わない。

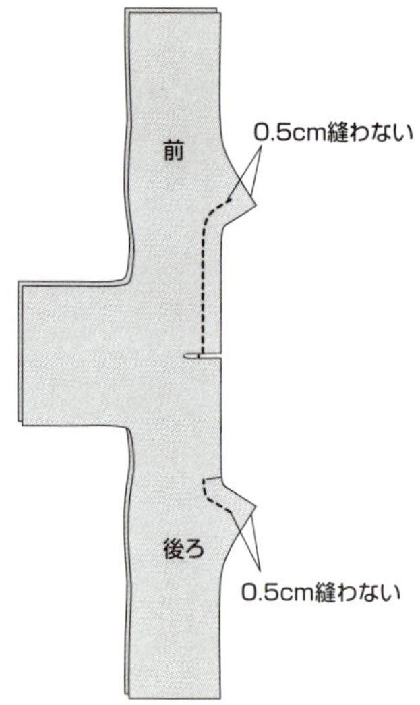
前
0.5cm縫わない
後ろ
0.5cm縫わない

3

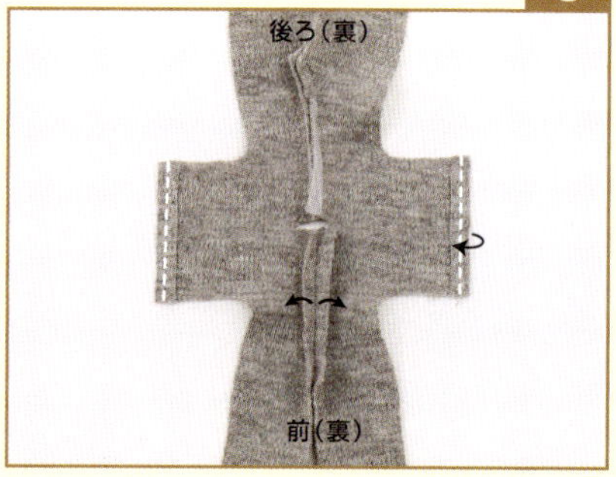
後ろ（裏）
前（裏）

袖口を折って縫う。またはボンドで貼る。前後中心の縫い代を割る。

4

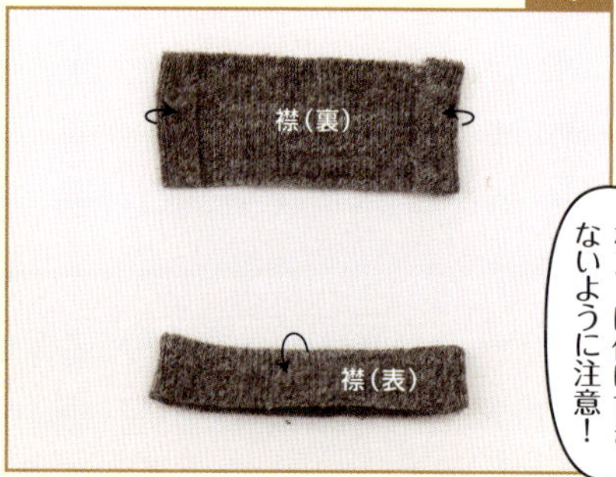
襟（裏）
襟（表）

ボンドは付けすぎないように注意!

襟の両端を折る。さらに二つ折りにして、両端にボンドを付けて貼付ける。※全体に塗ると固くなるので、縫い代のみ付ける

5

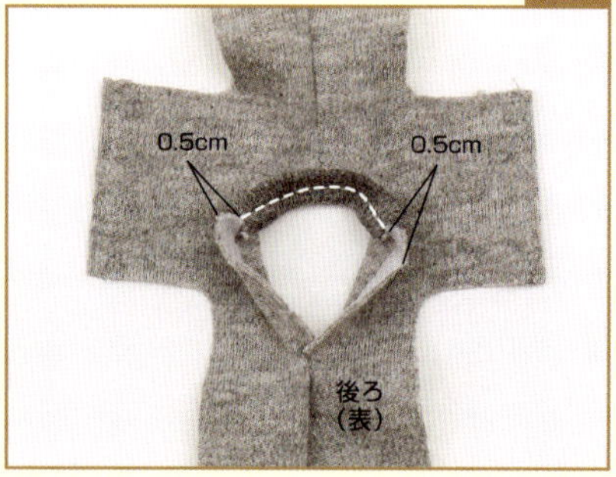
0.5cm
0.5cm
後ろ（表）

襟の端を身頃の端より0.5cm内側に合わせて縫い付ける。（縫い代0.3cm）ミシンで縫いづらい場合は、手縫いで返し縫いをする。

6

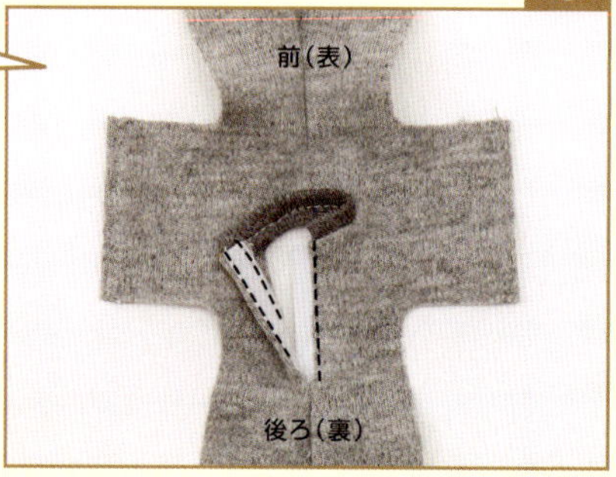
前（表）
後ろ（裏）

後ろ端の縫い代を折り、面ファスナーを付ける。

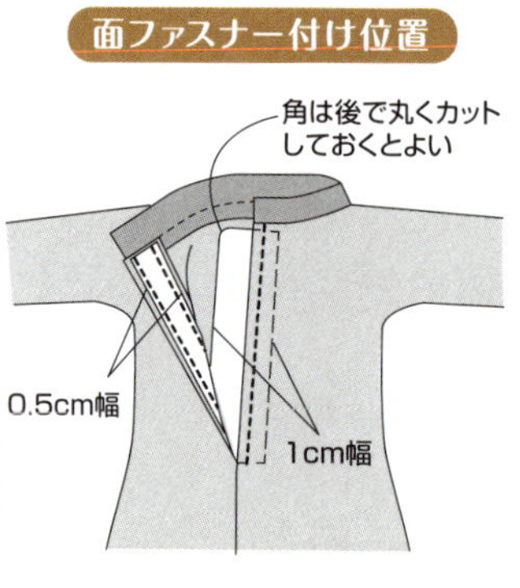
面ファスナー付け位置
角は後で丸くカットしておくとよい
0.5cm幅
1cm幅

7

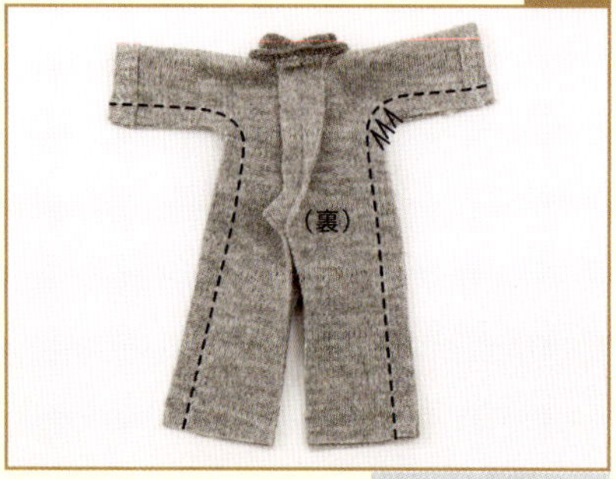
（裏）

中表に合わせ、袖下～脇を縫う。縫った後、脇に数カ所切り込みを入れる。

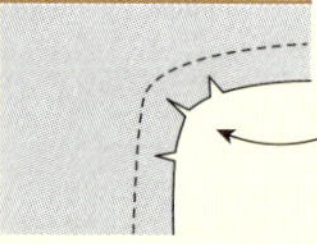

切り込みは縫い代の半分くらいまででいいよ

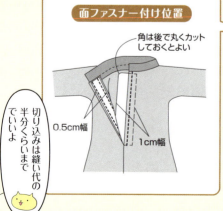

※左右同じもの、または左右反転しているだけの型紙は＊が付いています。

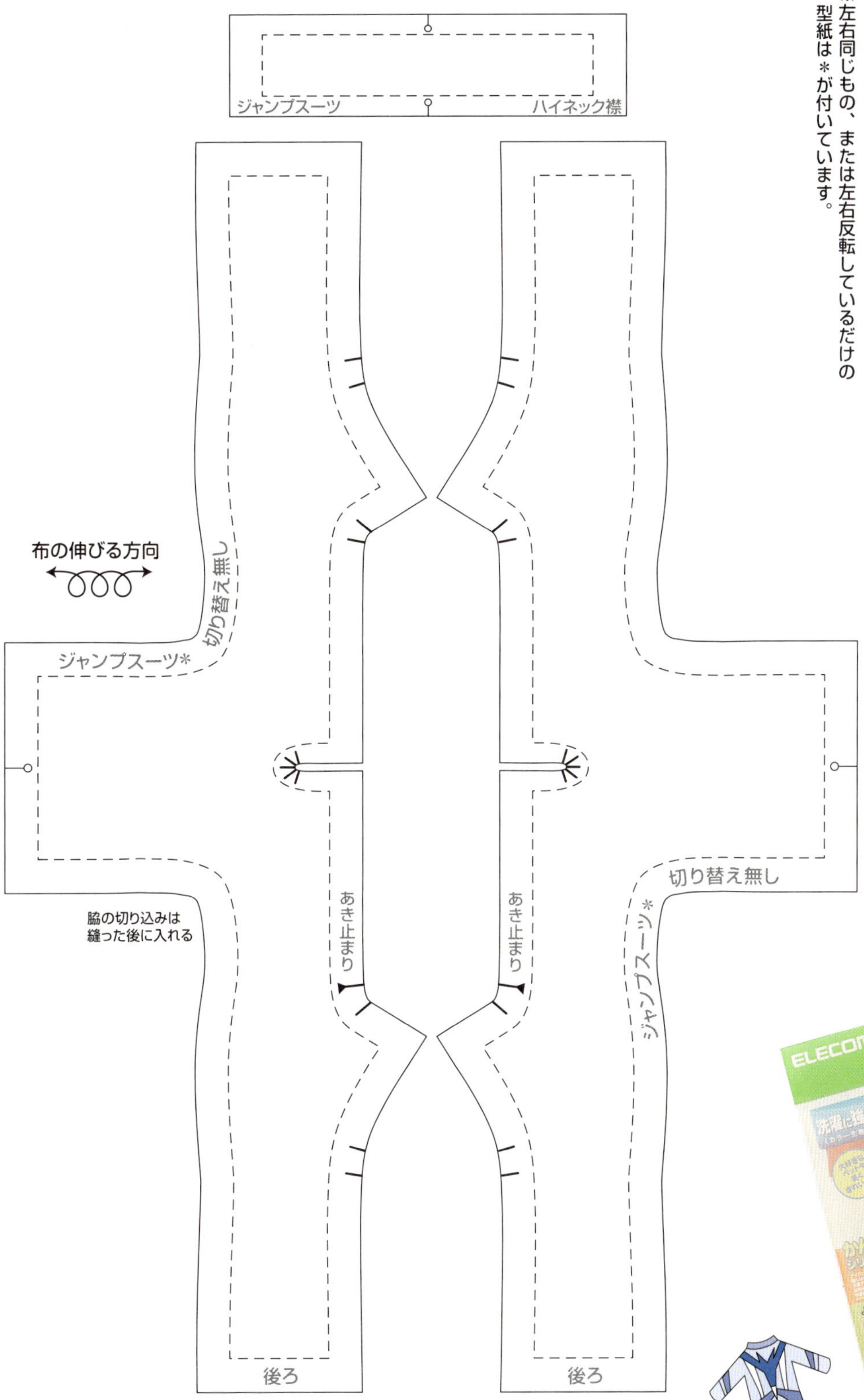

ジャンプスーツ型紙

→作り方 P.76-77

8

脇の縫い代を割り、裾を折って縫う。またはボンドで貼る。

9

中心の縫い代を割り、股下を縫う。

アイロンプリントを活用して、オリジナルのヒーロースーツなどを作っても楽しいです。
※アイロンよりも完成後にボンドで接着した方がはがれにくかったです。

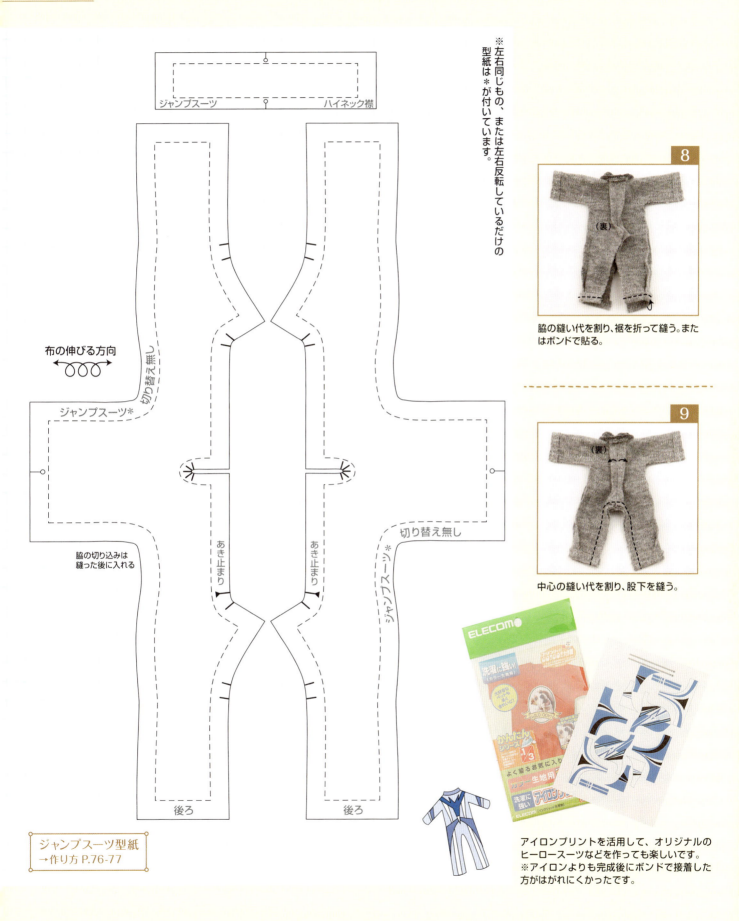

Chapter *13.*

ダッフルコート

— DUFFLE COAT —

原寸大

20cm×20cmのフェルト
にのせてつかえる型紙です。
フェルトは布目がないので
どの向きでも構いません。

※左右同じもの、または左右反転しているだけの型紙は＊が付いています。

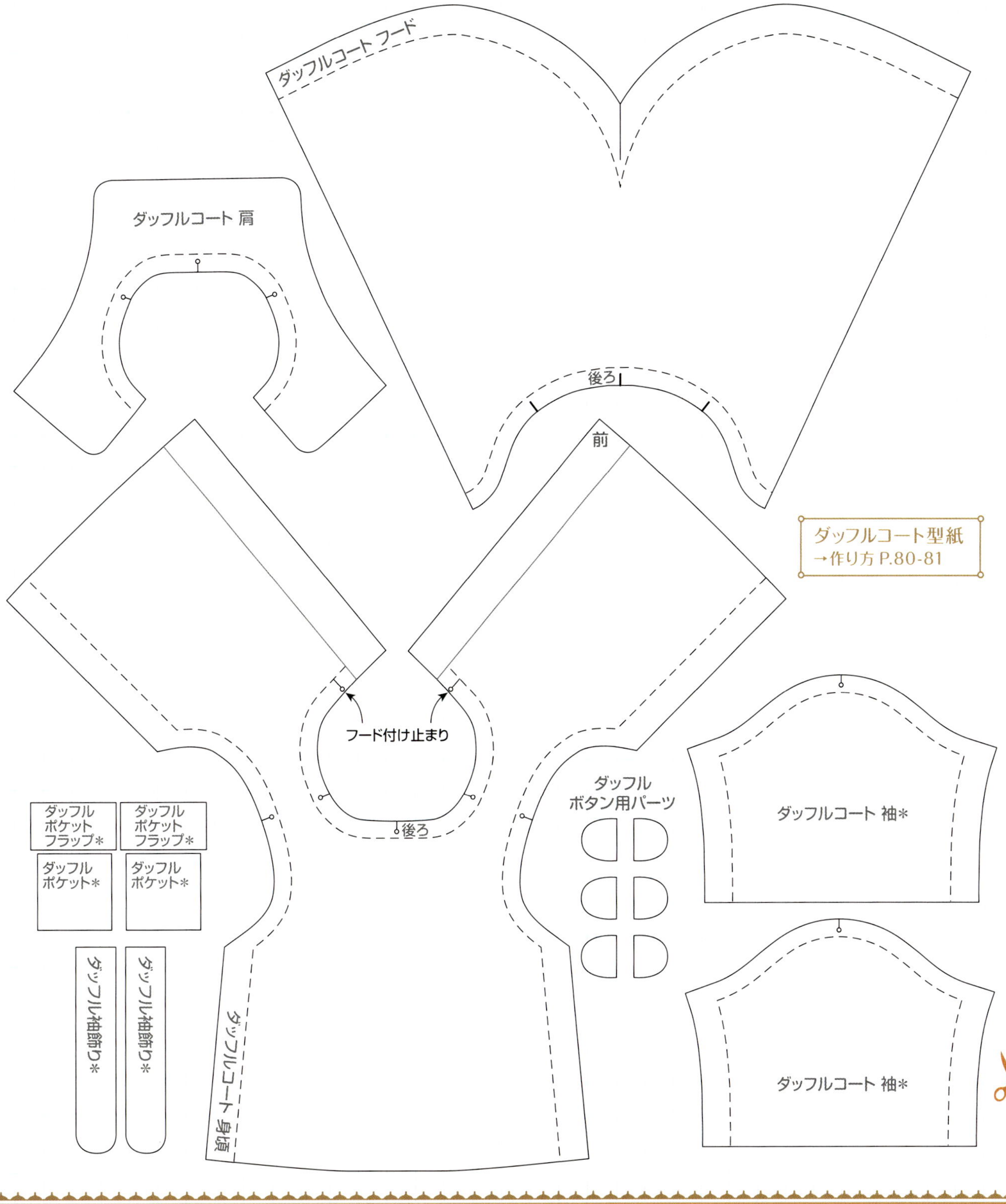
ダッフルコート フード
後ろ
前
ダッフルコート 肩
フード付け止まり
後ろ
ダッフルポケットフラップ＊
ダッフルポケットフラップ＊
ダッフルポケット＊
ダッフルポケット＊
ダッフル袖飾り＊
ダッフル袖飾り＊
ダッフルコート 身頃
ダッフルボタン用パーツ
ダッフルコート 袖＊
ダッフルコート 袖＊

ダッフルコート型紙
→作り方 P.80-81

コピーしてから
切って使ってね

ダッフルコート

フェルト2枚を
使って作ります

→型紙 P.79

1

身頃（裏）
袖（裏）
袖（裏）

身頃に袖を付ける。

2

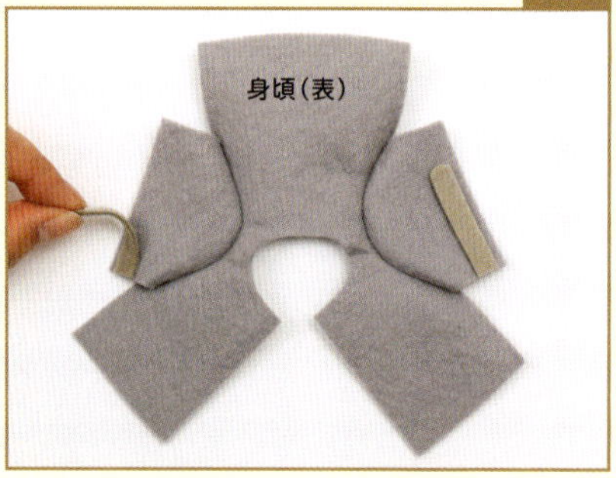
身頃（表）

袖にボンドで飾りを仮止めしておく。

3

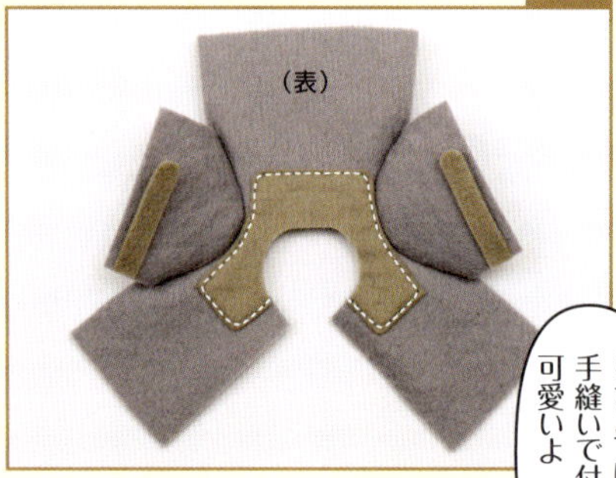
（表）

肩当てを付ける。

ミシンではなく
手縫いで付けても
可愛いよ

4

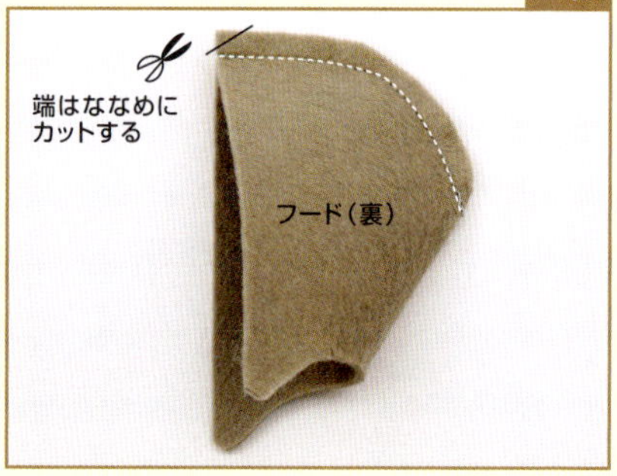
端はななめに
カットする
フード（裏）

フードの上部を縫う。

5

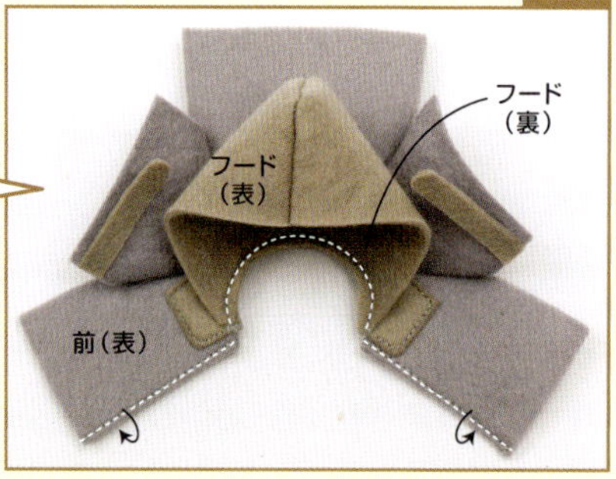
フード
（裏）
フード
（表）
前（表）

襟ぐりにフードを付け、前端を内側に折ってステッチ。

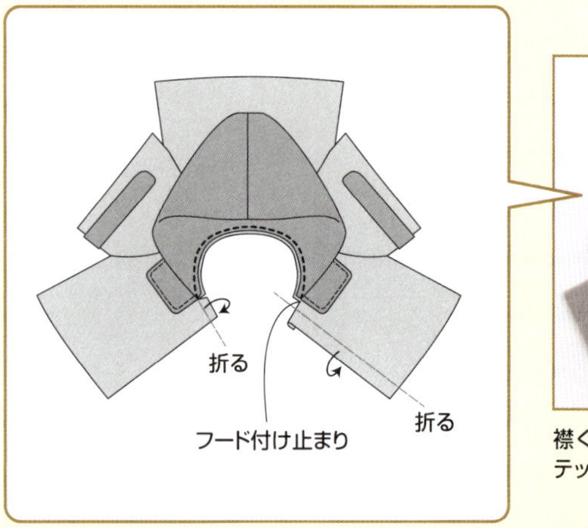
折る
フード付け止まり
折る

6

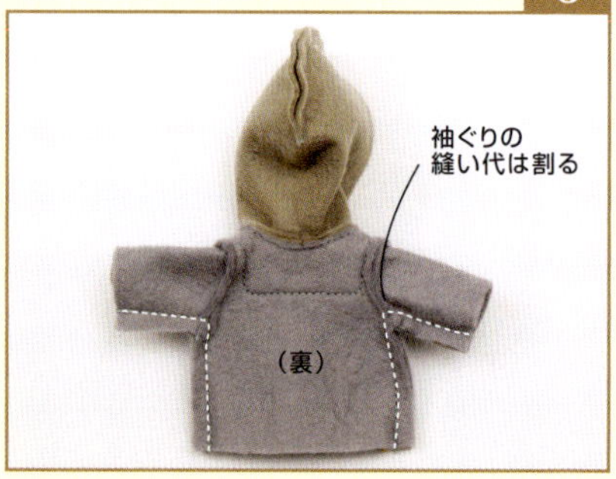
袖ぐりの
縫い代は割る
（裏）

中表に合わせ、袖〜脇下を縫う。

7

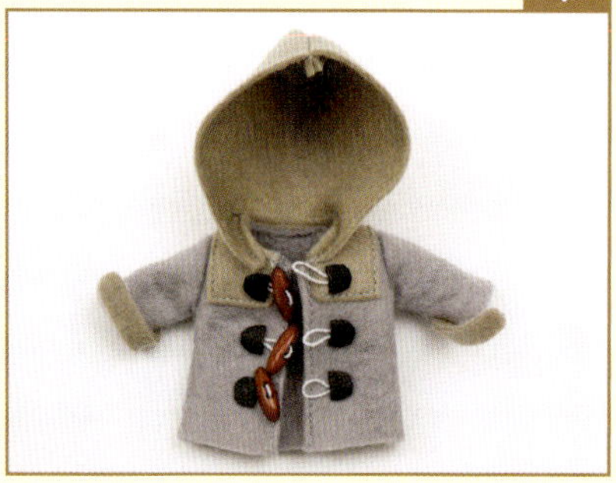

ダッフルボタン用パーツ型紙に合わせて合皮をカットする。ボタンに糸を通し、合皮と組み合わせてボンドで貼る。掲載作品は、ドールサイズの15mmダッフルボタンを使用しています。

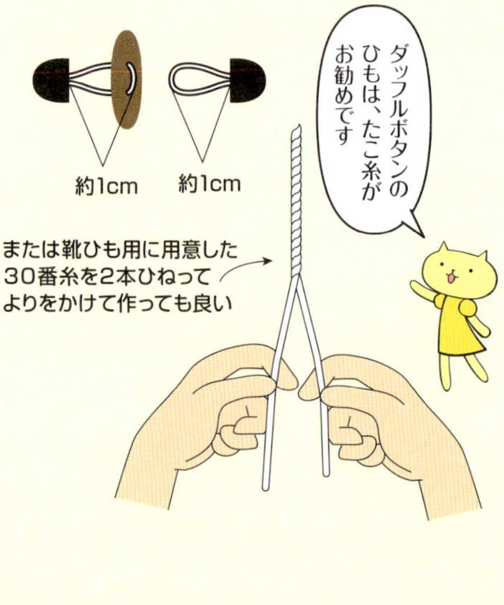
約1cm
約1cm
ダッフルボタンの
ひもは、たこ糸が
お勧めです
または靴ひも用に用意した
30番糸を2本ひねって
よりをかけて作っても良い

8

ポケットのフラップにステッチを入れる。
フラップの上部だけまだ縫わない。

9

ダッフルボタンと脇の間のバランスの良い位置にポケットを付ける。

10

フラップを付ける。

11

袖口、ポケットにボタンを付ける。

12

端は0.5cm
折る

フードの端（表面）にボアを中表に合わせて縫い付ける。

フワフワ度によって多少変わりますが、だいたい
これくらいの大きさでボアをカットしてください

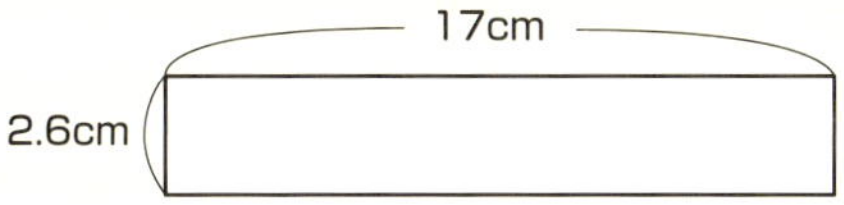
17cm
2.6cm

長すぎる場合は短くカットしてね

13

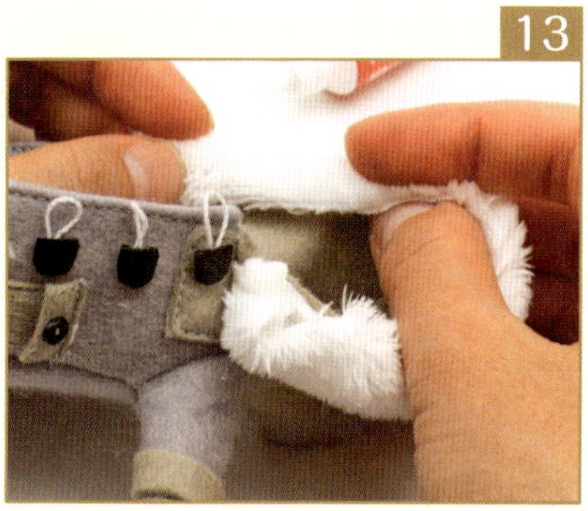

かぶり口をくるみ、ボンドで貼る。または糸でまつる。

14

ダッフルボタンのひもは、画像のように縫い付けてもよい。

ボアの有り無しで印象が変わるね！

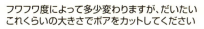

Chapter 14.

マント

— CAPE —

原寸大

※左右同じもの、または左右反転しているだけの型紙は＊が付いています。

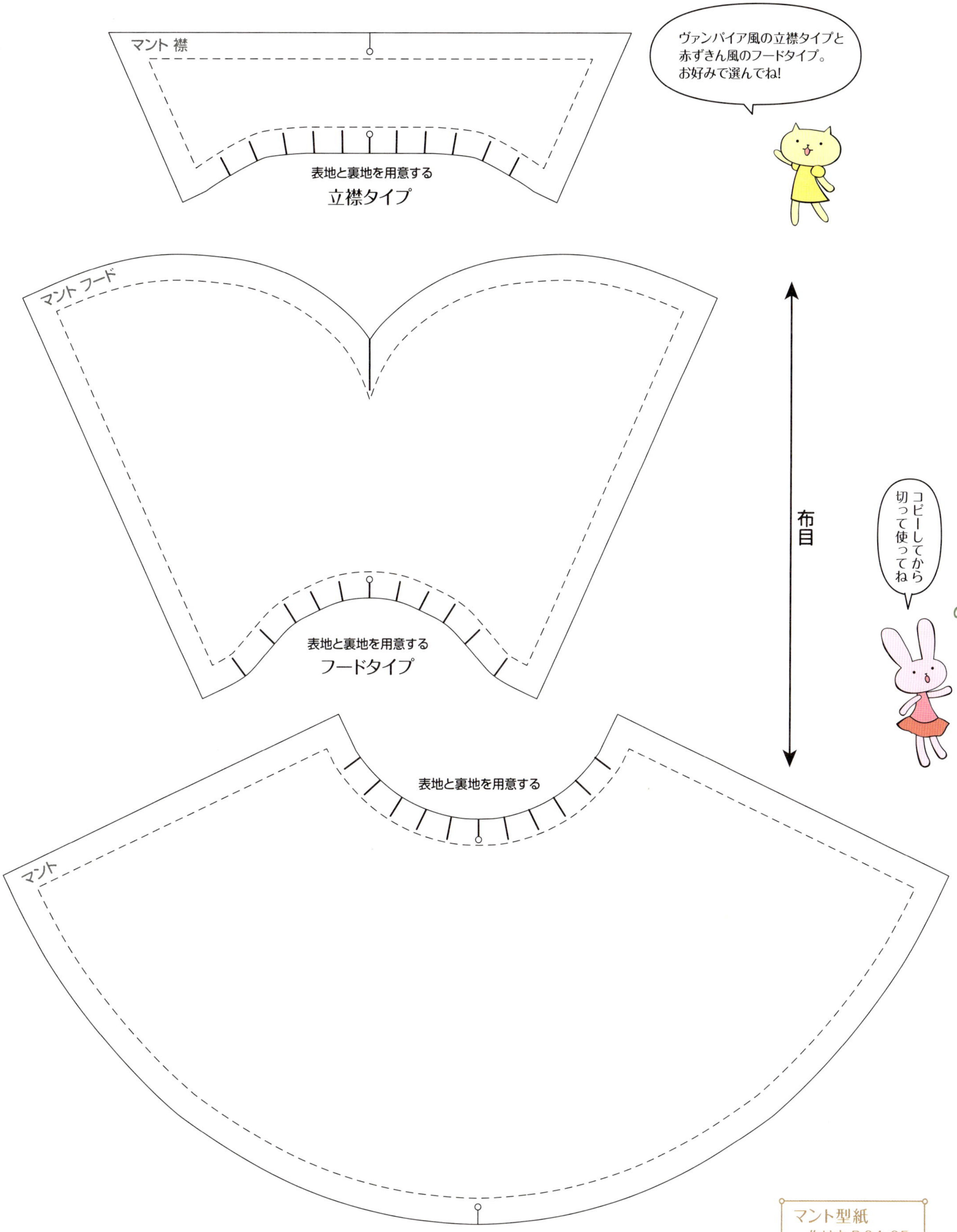

マント型紙

→作り方 P.84-85

立襟マント

ワイヤーを入れて
なびかせてみよう!

襟を一色の布で作る場合

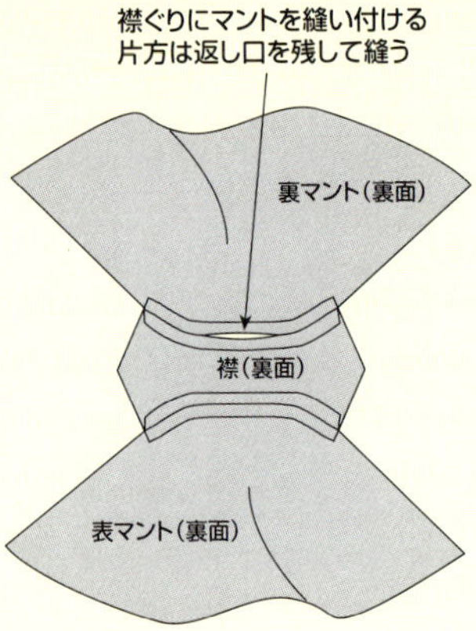
襟ぐりにマントを縫い付ける
片方は返し口を残して縫う
裏マント(裏面)
襟(裏面)
表マント(裏面)

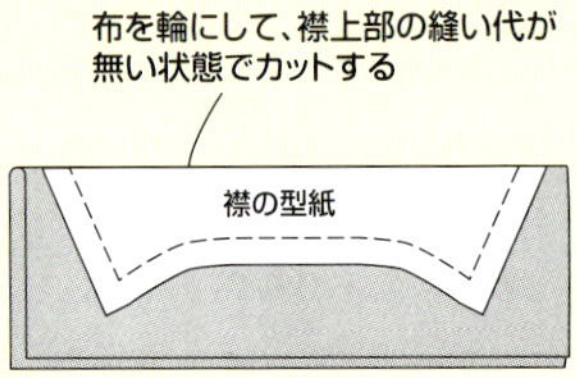
布を輪にして、襟上部の縫い代が
無い状態でカットする
襟の型紙

→型紙 P.83

1

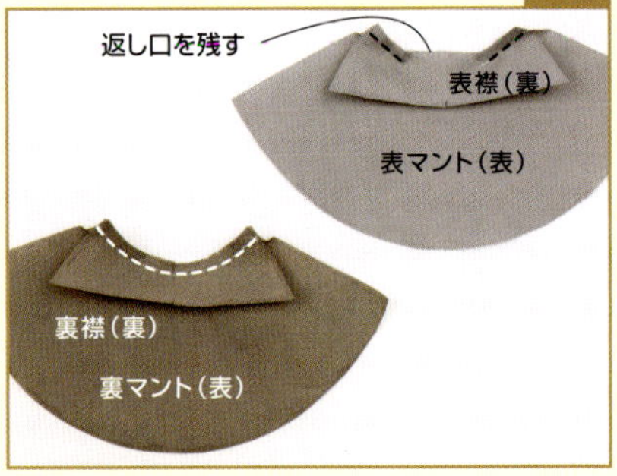
返し口を残す
表襟(裏)
表マント(表)
裏襟(裏)
裏マント(表)

表地、裏地それぞれのマントと襟を縫い合わせる。襟ぐりは返し口を残しておく。縫い代は割る。

2

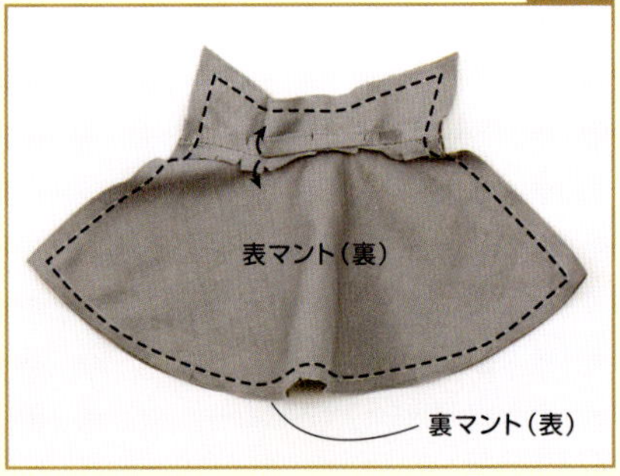
表マント(裏)
裏マント(表)

襟ぐりの縫い代を割り、表裏のマントを中表に合わせて周囲をぐるっと縫う。

3

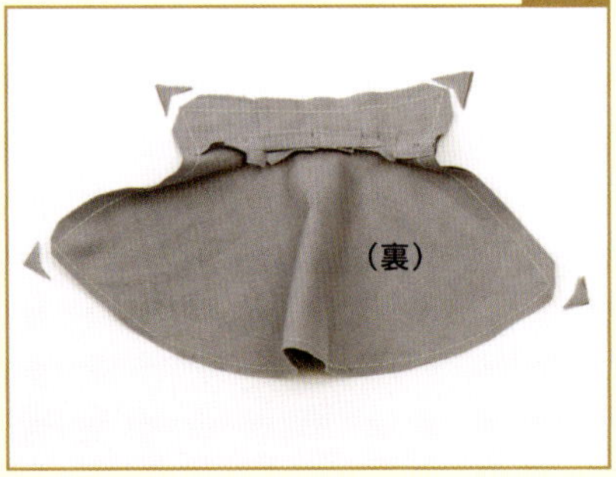
(裏)

縫い代の角をカットして、裾の縫い代も0.3cmくらいにカットする。

4

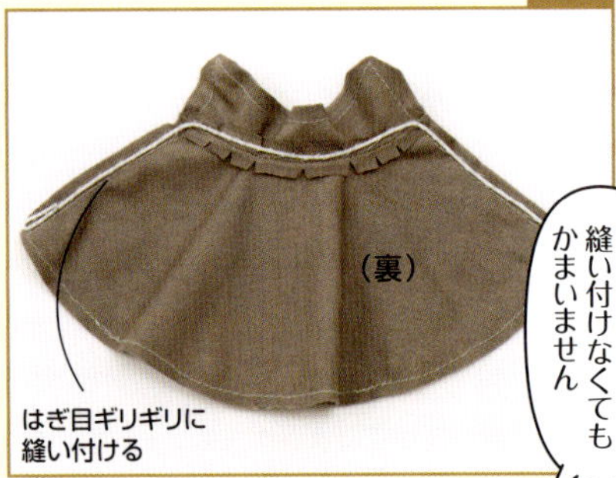
(裏)
はぎ目ギリギリに
縫い付ける

襟ぐり～前端の縫い代にワイヤーを縫い付ける。

ワイヤーは縫い付けなくてもかまいません

5

襟ぐりのあきから表に返す。

6

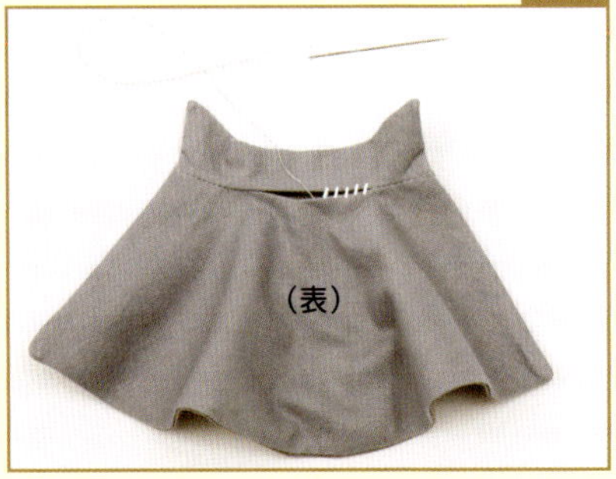
(表)

アイロンで整え、裏マントの返し口をコの字とじでふさぐ。

このようにワイヤーをくるくると巻き付けるように縫い付けます
ちょっと大変だけど頑張ってね

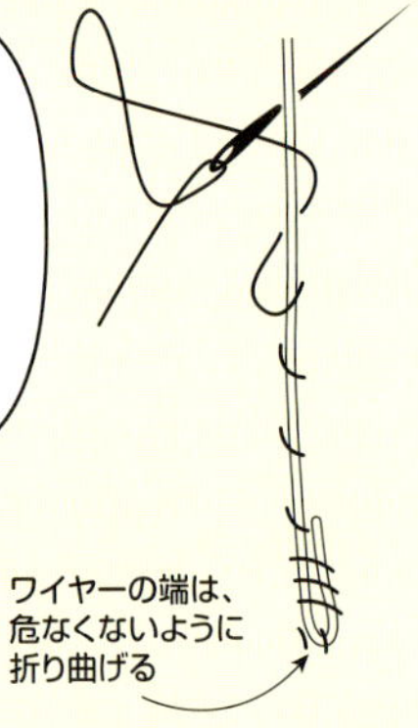
ワイヤーの端は、
危なくないように
折り曲げる

フードケープ

表裏違う色の布で
作っても可愛いよ

1

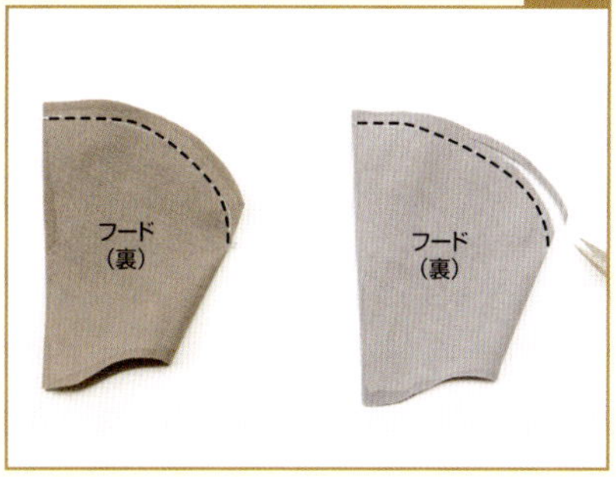
フード
（裏）
フード
（裏）

フードを中表に合わせて縫い、縫い代を0.3cmくらいにカットする。

2

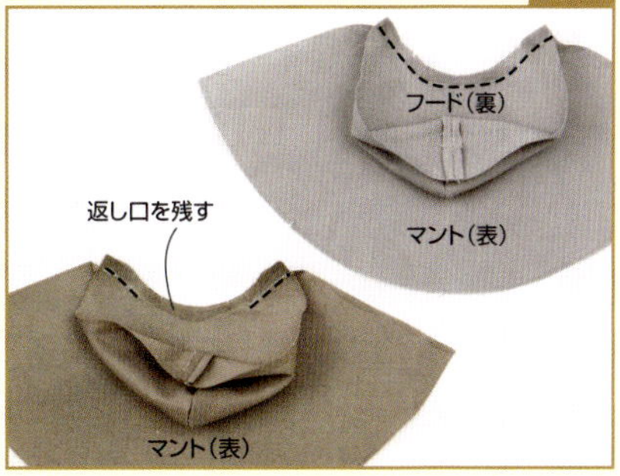
フード(裏)
マント(表)
返し口を残す
マント(表)

フードとマントを縫い合わせる。内側のマントは返し口を残しておく。

3

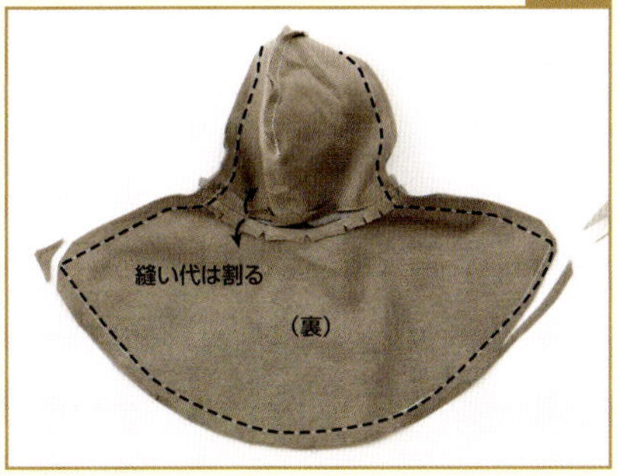
縫い代は割る
（裏）

表マントと裏マントを中表に合わせて周囲をぐるっと縫う。縫い代の角をカット、マントの裾も0.3cmくらいにカットする。

4

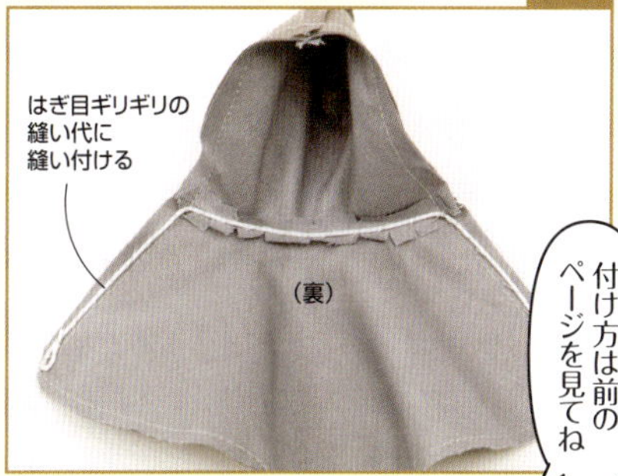
はぎ目ギリギリの
縫い代に
縫い付ける
（裏）

襟ぐり〜前端の縫い代にワイヤーを縫い付ける。

付け方は前のページを見てね

5

（表）

襟ぐりの開きから表に返し、アイロンで整えて返し口をコの字とじでふさぐ。

6

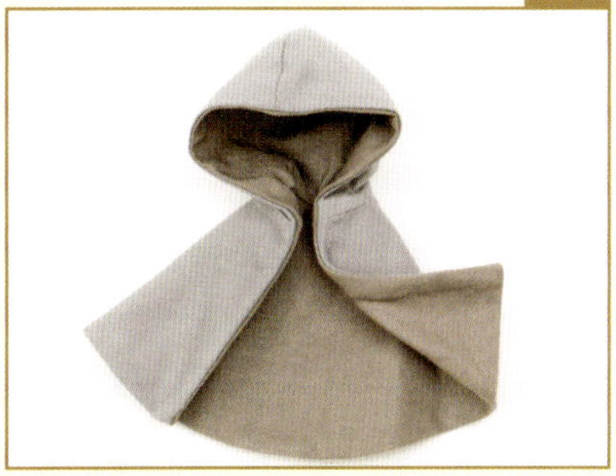

完成。ワイヤーの曲げ伸ばし時は、生地を押さえて丁寧に扱おう。

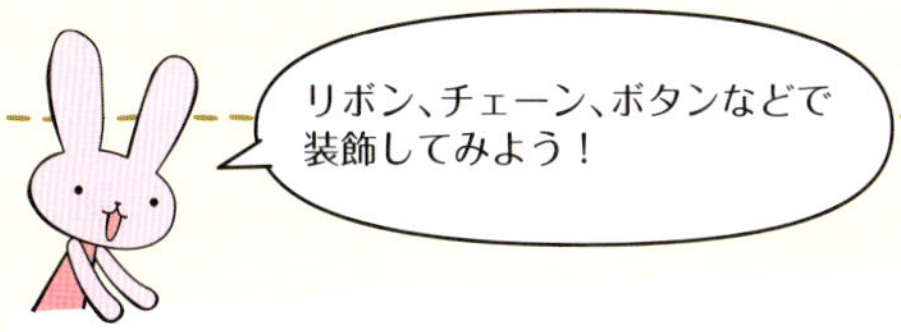
リボン、チェーン、ボタンなどで
装飾してみよう！

スチールワイヤーよりも太めですが、マスクに使われるなど比較的安全な素材です
自由に曲げやすいですが、アルミワイヤーとは違い、折れにくいです

出来るだけ細い物を選ぶ

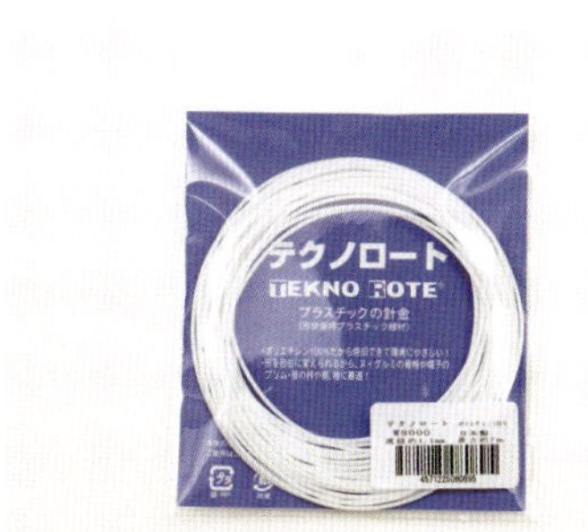
テクノロート
TEKNO ROTE
プラスチックの針金

この本ではテクノロートというポリエチレンのワイヤーを使用しました。

Chapter *15.*

ゆかた

— YUKATA —

＊原寸大＊

ゆかた型紙

→作り方 P.88-89

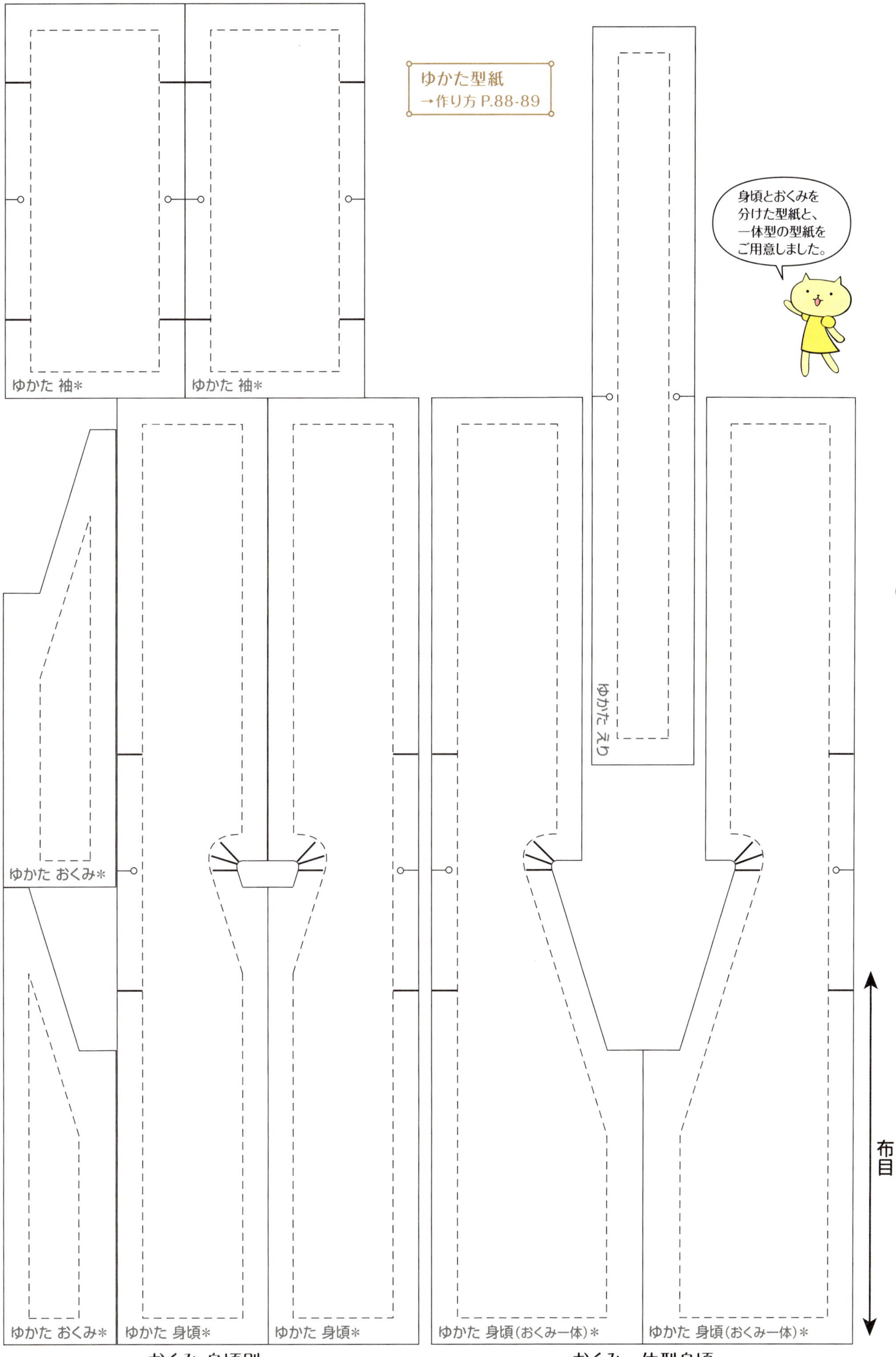
ゆかた 袖＊
ゆかた 袖＊
ゆかた えり
身頃とおくみを
分けた型紙と、
一体型の型紙を
ご用意しました。
ゆかた おくみ＊
ゆかた おくみ＊
ゆかた 身頃＊
ゆかた 身頃＊
ゆかた 身頃（おくみ一体）＊
ゆかた 身頃（おくみ一体）＊
布目

おくみ・身頃別　　おくみ一体型身頃

※左右同じもの、または左右反転しているだけの型紙は＊が付いています。

コピーしてから
切って使ってね

ゆかた

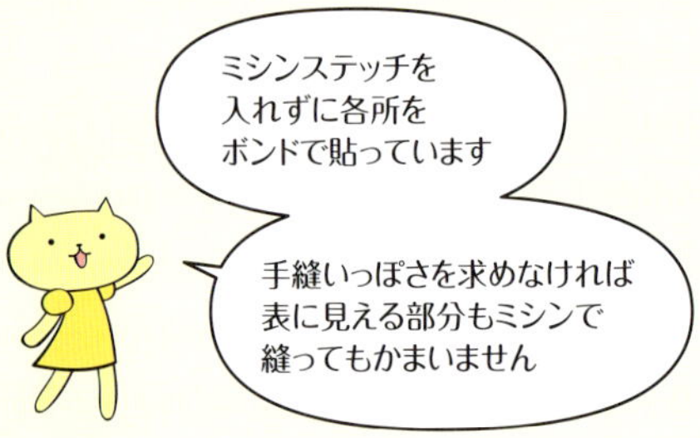
ミシンステッチを
入れずに各所を
ボンドで貼っています
手縫いっぽさを求めなければ
表に見える部分もミシンで
縫ってもかまいません

おくみありの型紙→はぎ目がわかりやすい布
おくみ一体の型紙→はぎ目がわかりにくい柄の布
がお勧めです

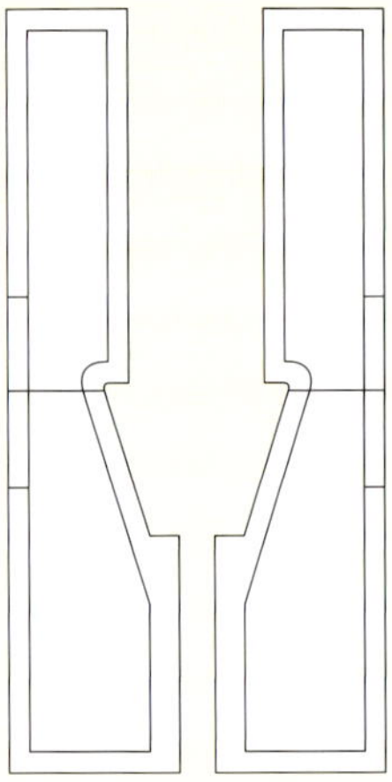

おくみ一体の型紙

→型紙 P.87

1

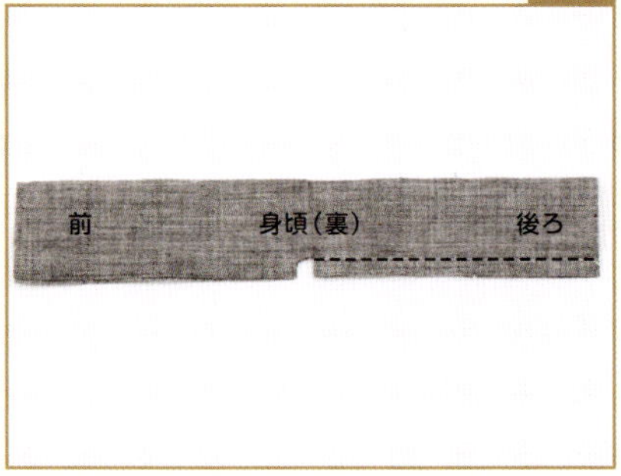
前
身頃（裏）
後ろ

身頃を中表に合わせ、背中心を縫い合わせる。

2

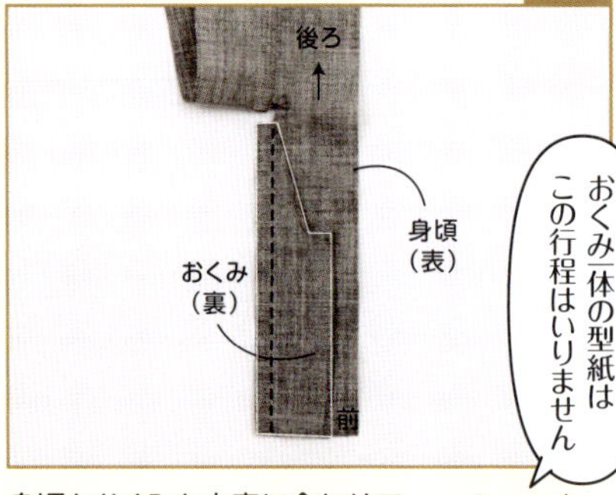
後ろ
身頃
（表）
おくみ
（裏）
前

身頃とおくみを中表に合わせて
縫い付ける。
（おくみが別パーツの場合のみ）。

おくみ一体の型紙は
この行程はいりません

3

おくみ
（表）
身頃
（表）

おくみの縫い代を中心側に倒し、縫い代を斜めにカットする。

4

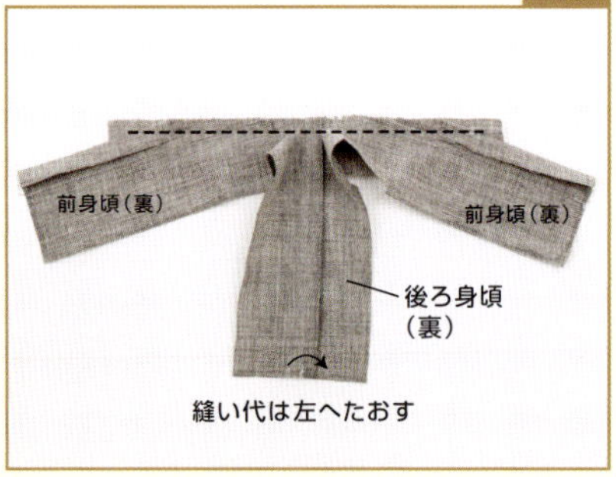
前身頃（裏）
前身頃（裏）
後ろ身頃
（裏）
縫い代は左へたおす

背中心の縫い代を左身頃側に倒し、襟を中表に合わせて縫い付ける。

5

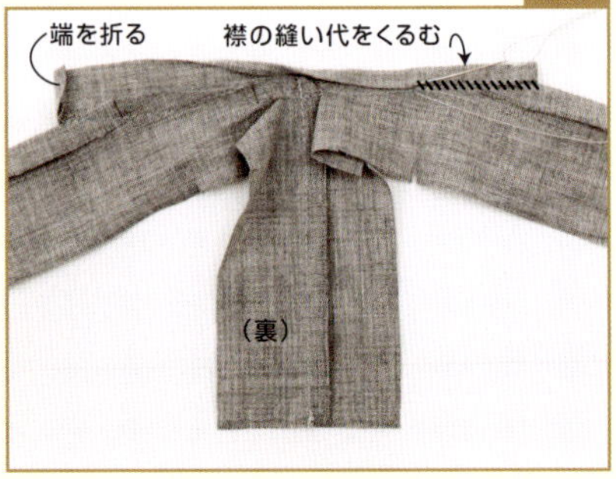
端を折る
襟の縫い代をくるむ
（裏）

襟ぐりの縫い代を襟でくるんでまつる。

6

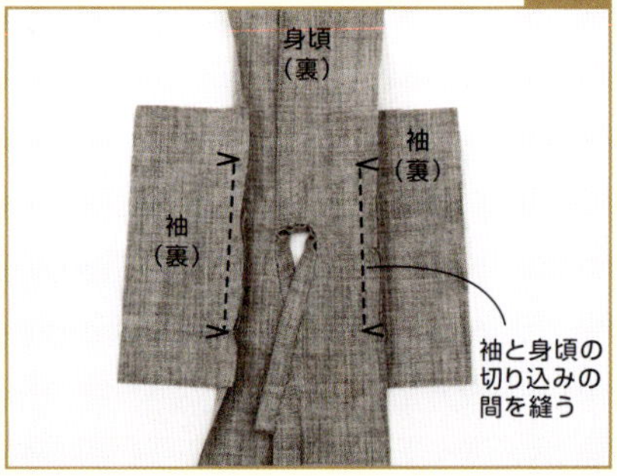
身頃
（裏）
袖
（裏）
袖
（裏）
袖と身頃の
切り込みの
間を縫う

袖を中表に縫い付ける。

7

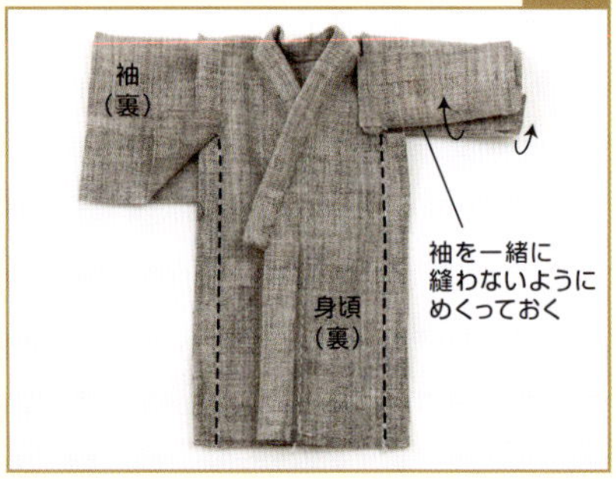
袖
（裏）
袖を一緒に
縫わないように
めくっておく
身頃
（裏）

身頃を中表に折り、脇を縫う。

8

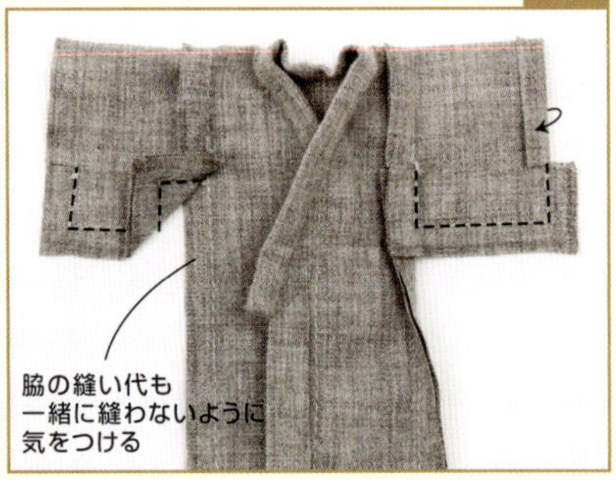
脇の縫い代も
一緒に縫わないように
気をつける

袖を縫う。袖口は裏側にたおす。

結び部分の作り方

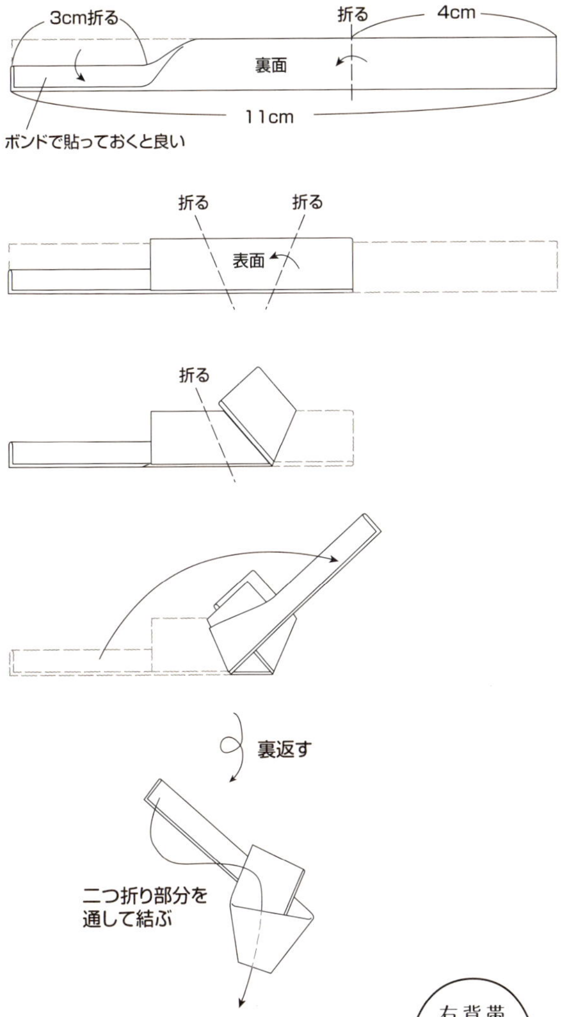

9

前端・袖口・裾の縫い代をボンドで貼る。

結び部分の作り方

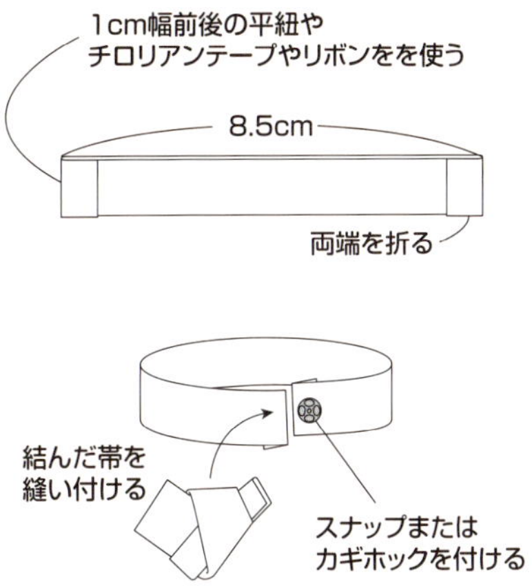

Chapter *16.*

シューズ

— SHOES —

原寸大

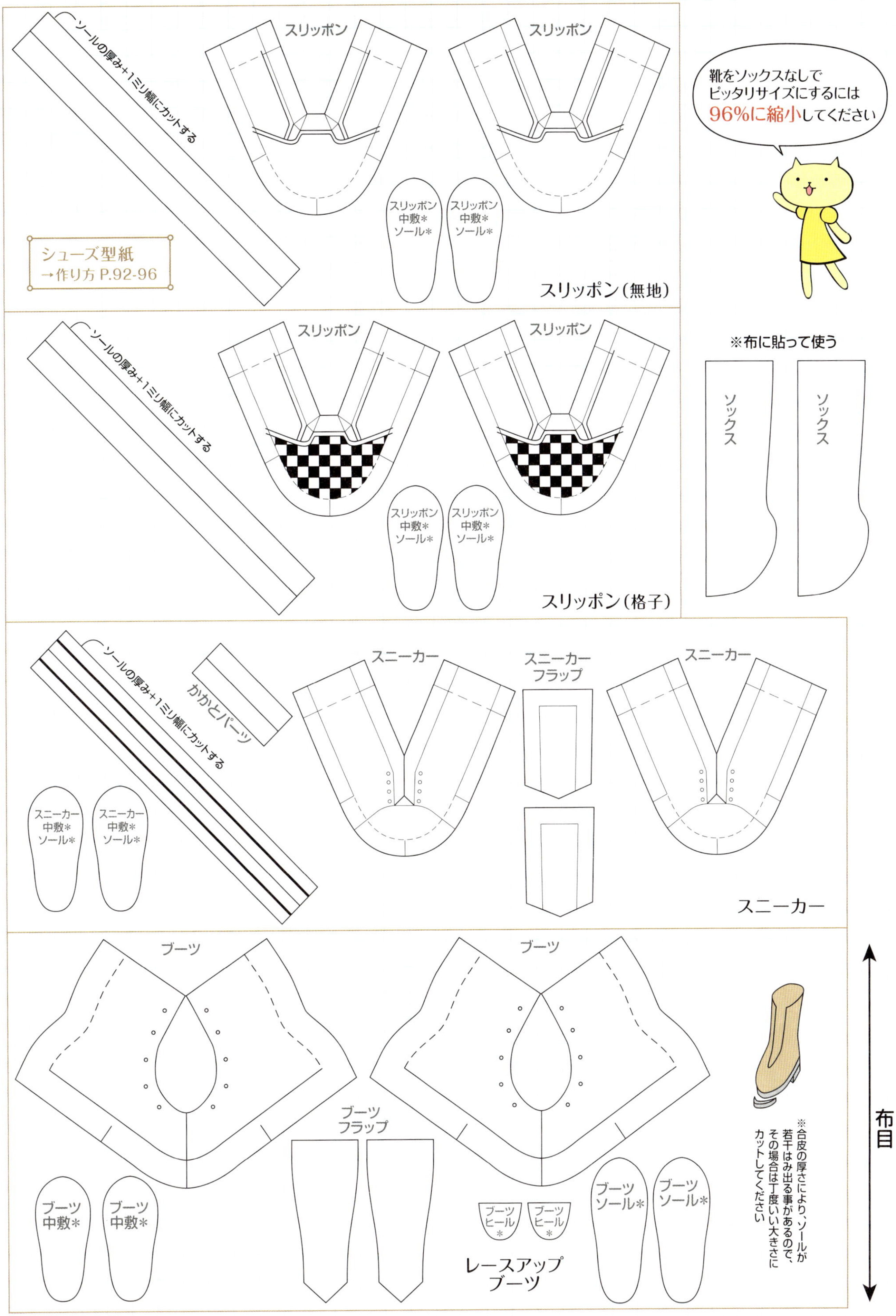

※左右同じもの、または左右反転しているだけの型紙は＊が付いています。

スリッポン・スニーカー

プリント布を使用して、
木型を使わずに
工作感覚で作れます!

切り込み位置

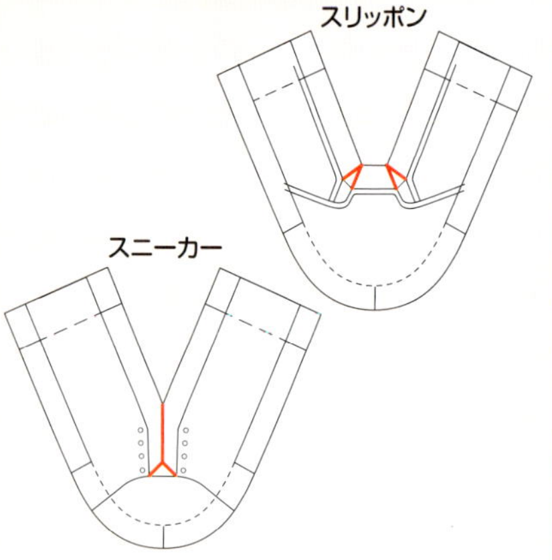
スリッポン
スニーカー

1 →型紙 P.91

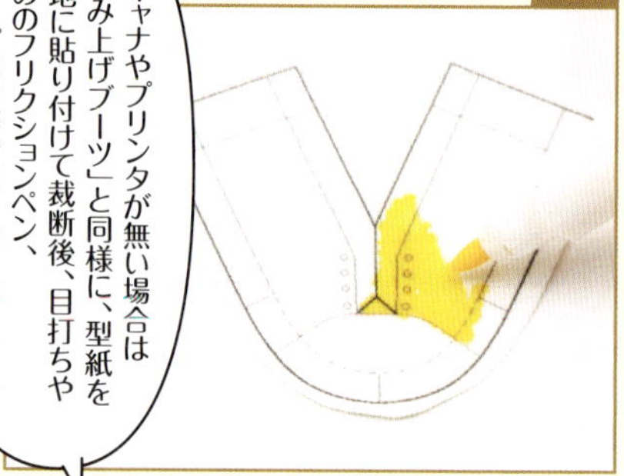

スキャナやプリンタが無い場合は「編み上げブーツ」と同様に、型紙を生地に貼り付けて裁断後、目打ちや細めのフリクションペン、シャープペン等で印を描き写してね

型紙をスキャンし、プリントが出来る布にプリントする。パソコンで好きな柄を描いたり、布ペンなどで好みの色に着色してもよい。

2

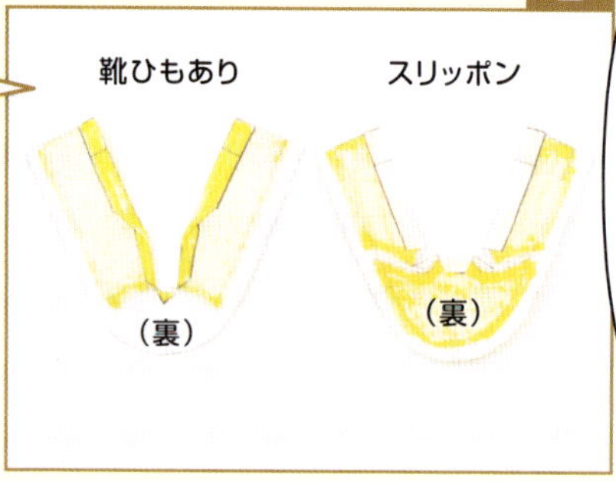
靴ひもあり
スリッポン
(裏)
(裏)

はき口の縫い代を内側に折ってボンドで貼る。

3

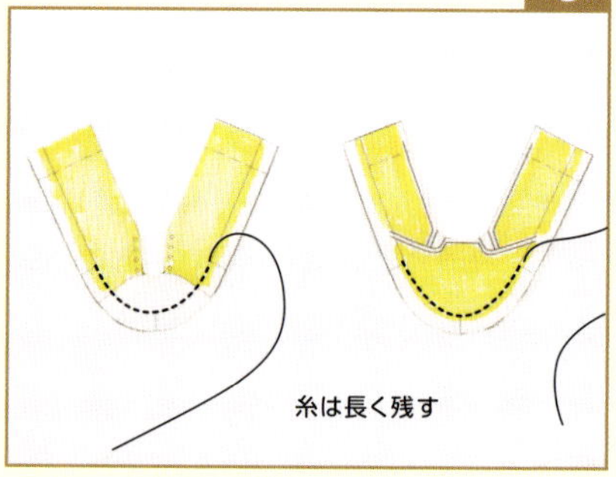
糸は長く残す

つま先の点線部分をできるだけ細かく縫う。

4

(裏)
(裏)

中表に合わせて後ろを縫う。縫い代は0.3cmくらいにカットし、開いてボンドで貼っておく。

5

かかとパーツを好きな長さで折り返し、ボンドで貼る。

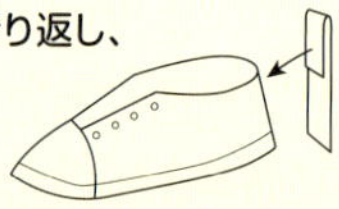

6

*
スニーカー
スリッポン
中敷
ソール

100円ショップなどで売っている靴の中敷きに、裏に両面テープを貼った型紙を貼付け、丁寧に切ってソールを作る。

※この本では厚さ0.2cmの薄い物を使っています

7

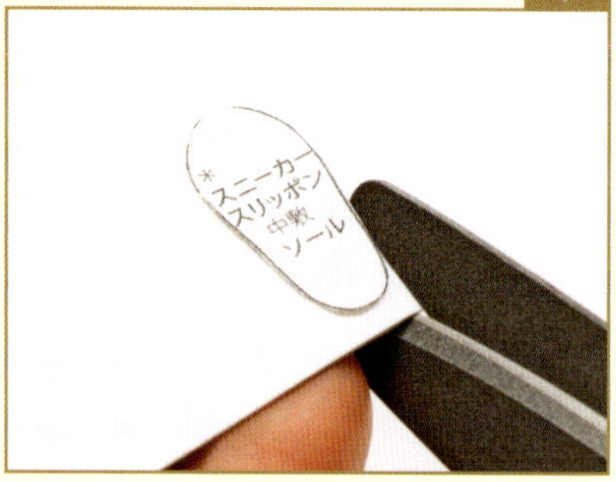
*
スニーカー
スリッポン
中敷
ソール

厚紙にも同じ型紙を貼付けて中敷を作る。そのままでもよいが、紙の上に布を貼ってもよい。
※ティッシュの箱以上の厚さの紙を使う

8

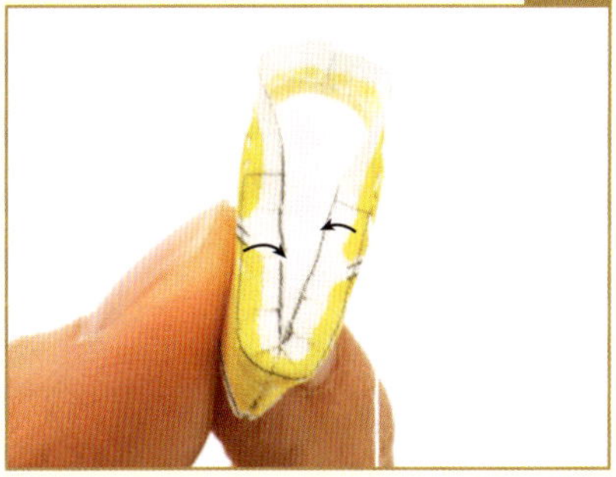

かかとの縫い代に切り込みを入れ、中敷にボンドで貼る。

9

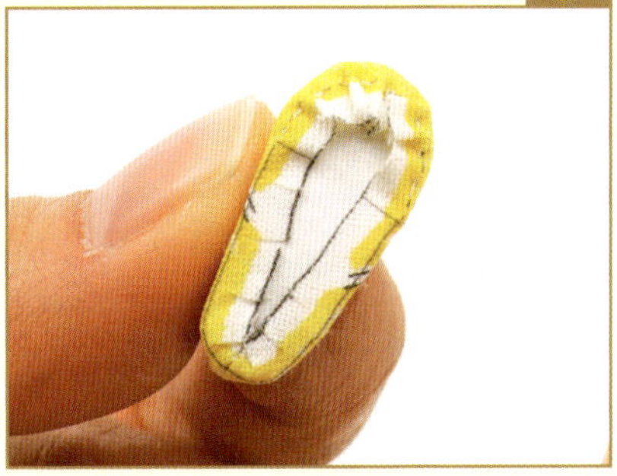

つま先部分にもボンドを塗り、糸を引っ張ってギャザーをよせて中敷に貼付ける。

10

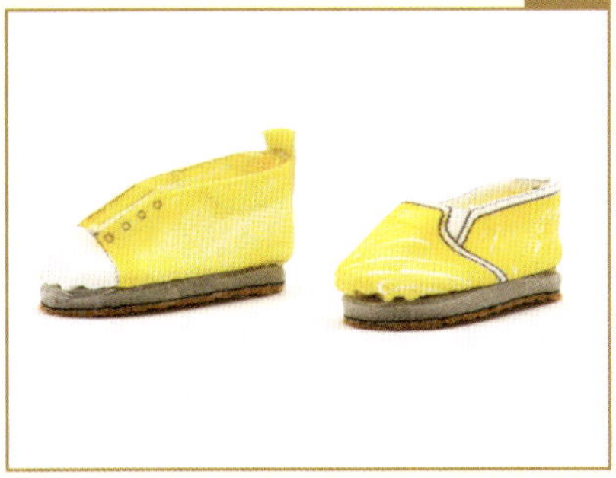

靴と中敷が完全に乾いたらソールを貼り合わせる。洗濯バサミなどではさんで、靴とソールがくっつくまでしっかり乾かす。

11

ソールの厚み+1ミリの幅に切った布をソールの周囲にボンドで貼付ける。

12

フラップはこのように折ってボンドで貼ります

フラップを作り、ボンドで貼付ける。（スニーカーのみ）

13

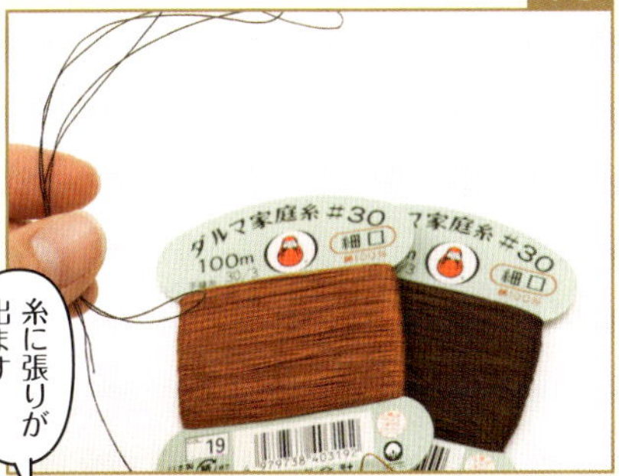
ダルマ家庭糸 #30
100m
細口

糸に張りが出ます

靴ひもを作る。30番手くらいの木綿糸に、水でうすめたボンドを塗って乾かす。

14

靴ひもを針でスニーカーに通す。

15

Tシャツなどに使える「デコレーションペン」の「ホワイト」を使用した仕上げのアレンジ。

16

スニーカーのつま先に塗るとゴムっぽい仕上がりになる。

編み上げブーツ

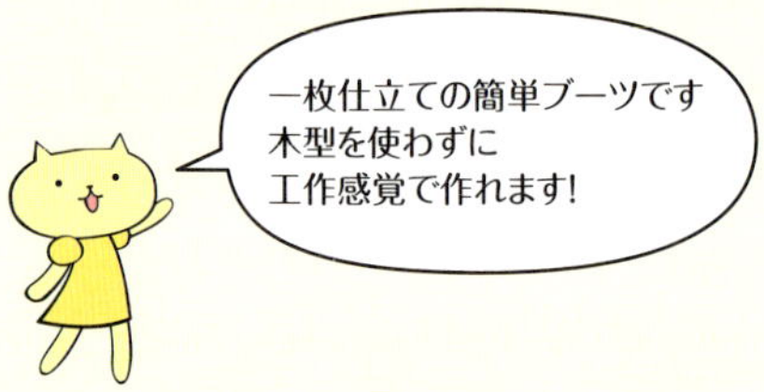
一枚仕立ての簡単ブーツです
木型を使わずに
工作感覚で作れます!

→型紙 P.91

1

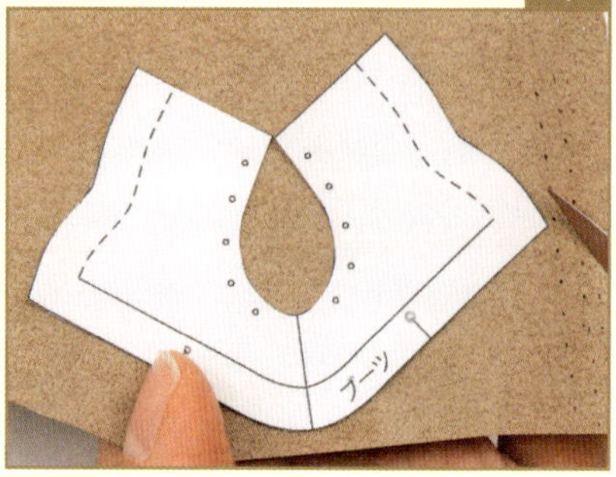
ブーツ

合皮などのほつれない布に、裏に両面テープを貼った型紙を貼付けてカットする。

2

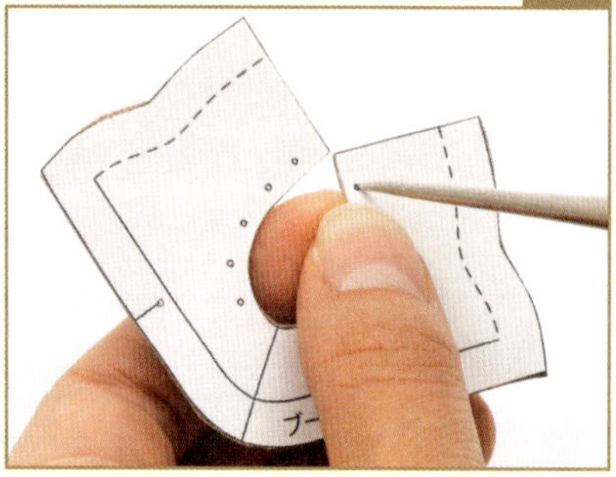

靴ひもを通す部分に小さく穴を開ける。場所がわかるように跡がつく程度でよい。

3

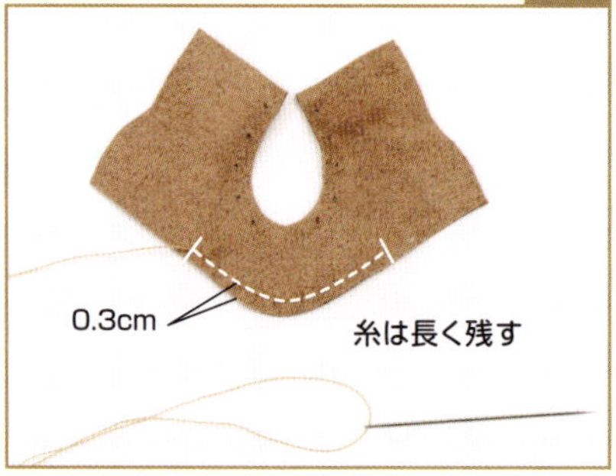
0.3cm
糸は長く残す

つま先部分を細かく縫う。（端から0.3cmの所）

4

（裏）

後ろを縫う。くびれている部分の縫い代にV字の切り込みを入れる。

5

縫い代をしっかり割ってボンドで貼り、表に返す。

乾かしている間にソールを作ろう

6

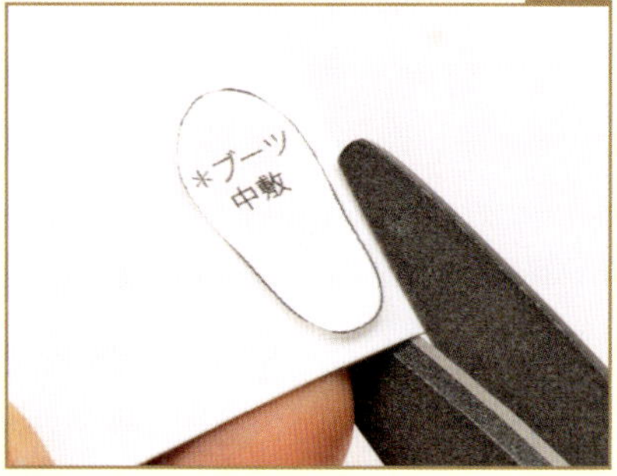
*ブーツ
中敷

厚紙をカットして中敷を作る。
※ソールよりも小さい型紙です
※ティッシュの箱以上の厚さの紙を使う

7

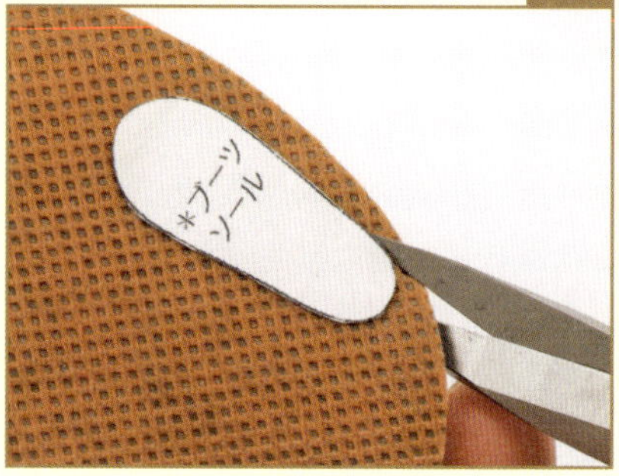
*ブーツ
ソール

ソールは100円ショップなどで売っている靴の中敷きをカットする。
※ソールの型紙は中敷よりも大きいです

8

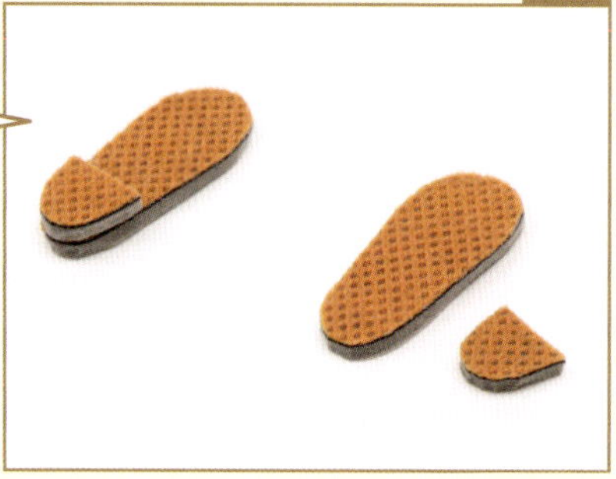

中敷をカットしたソールにヒールを貼付ける。ソールとヒールのふちに好みの色をぬってもよい。

※この本では厚さ0.2cmの薄い物を使っています

9

かかとの縫い代に切り込みを入れ、中敷をボンドで貼る。※合皮が手芸用のボンドでしっかりくっつかない時は、皮革・合成ゴム用のボンドを使用すると良い。

10

つま先部分にもボンドを塗り、糸を引っ張ってギャザーをよせて中敷に貼付ける。

乾くまでしばらく待とう！

11

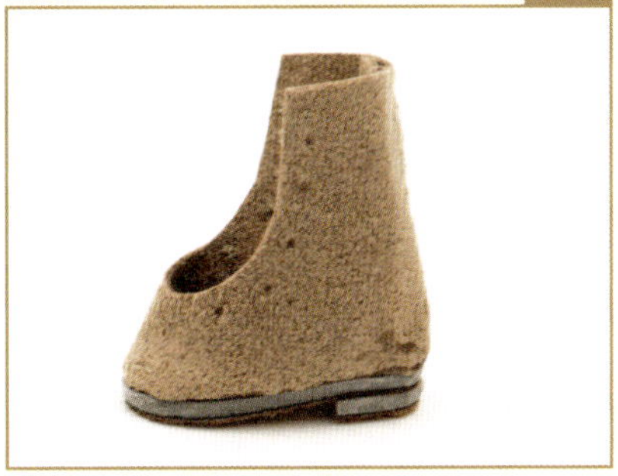

靴と中敷が完全に乾いたらソールを貼り合わせる。洗濯バサミなどではさんで、靴とソールがくっつくまでしっかり乾かす。※薄い合皮だとソールがはみ出すことがあるので、ちょうど良い大きさにカットしてください。

12

靴底が乾いたら、フラップを貼り付け、さらに乾かす。

乾かしている間に靴ひもを作ろう

13

ダルマ家庭糸 #30
100m
横田株式会社

靴ひもを作る。30番手くらいの木綿糸に、水でうすめたボンドを塗って乾かす。

糸に張りが出ます

14

靴ひもを針でブーツに通す。

布用両面テープを活用しよう！

貼り付けはボンドの方がしっかり付きますが、お手軽な布用両面テープを使ってもかまいません。

布用両面テープは普通の両面テープよりも接着面の層が厚いので、布にしっかり付くそうです。

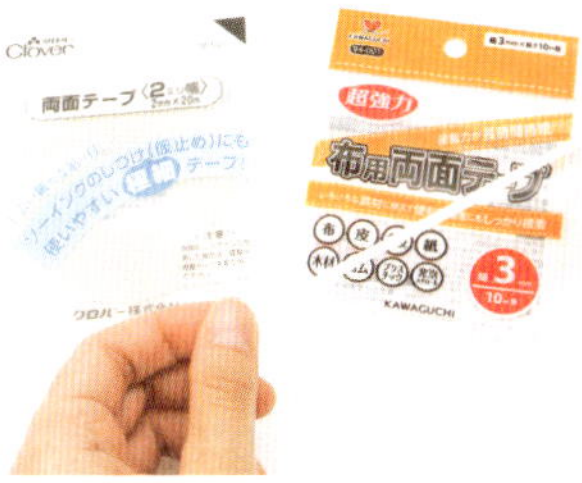
両面テープ
超強力
布用両面テープ
KAWAGUCHI

スニーカーのソール周囲に貼るパーツを正確な幅に切るのが難しい方は、ソールの厚み＋1ミリ幅の布用両面テープを貼り、それをガイドにしてカットすると上手く切れます。

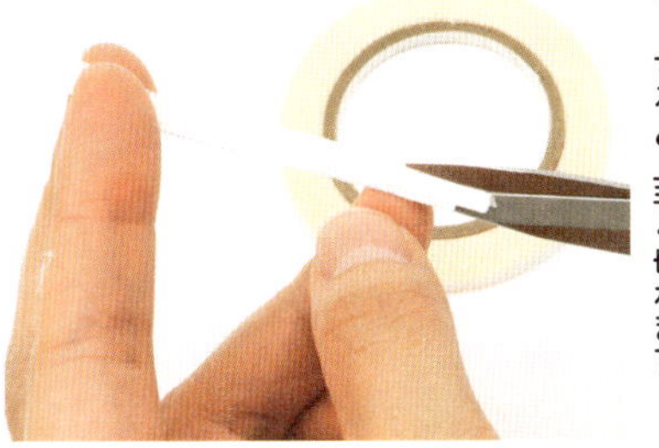

メーカーさんによって幅が少し違うので、好みの太さを探そう！

膝丈ソックス

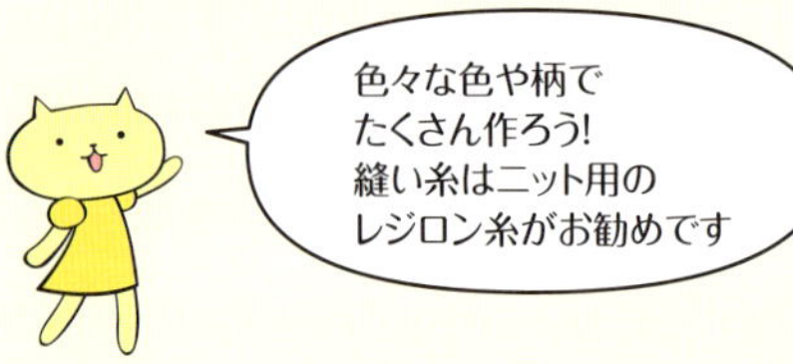
色々な色や柄で
たくさん作ろう!
縫い糸はニット用の
レジロン糸がお勧めです

→型紙 P.91

1

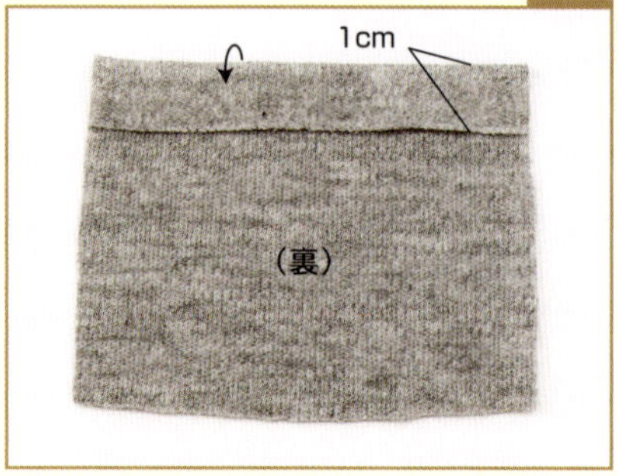
1cm
(裏)

型紙よりふた回り大きいニット地を用意する。ニット地の上部を1cm折る。

2

ソックス
二つ折り(わ)

折る幅を太めにして、
履き口はあえて
縫わないで作ります

布を中表に折り、裏に両面テープを貼った型紙を布に貼り、ガイドにして周囲を縫う。

3

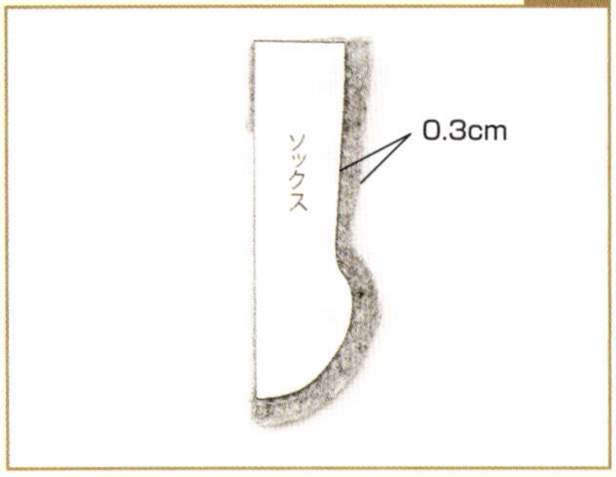
ソックス
0.3cm

縫い代を0.3cm幅くらいにカットする。

伸縮率だけでなく、
ニット地の厚さでも
サイズが微妙に
変わるので、
面倒でも一足試しに
作ってちゃんとはけるか
確認するのを
お勧めします!

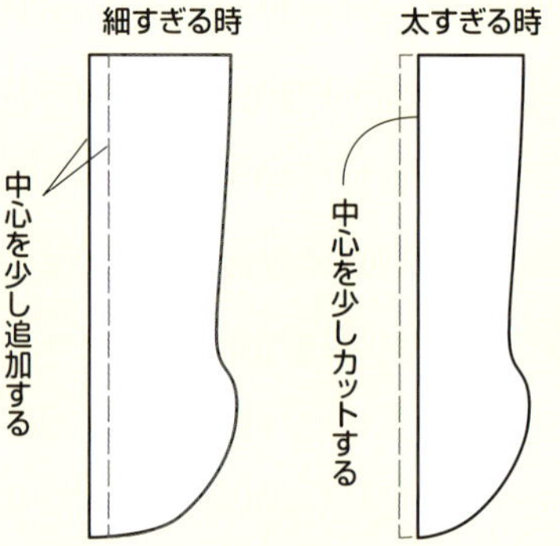
細すぎる時
中心を少し追加する
太すぎる時
中心を少しカットする

素材によって伸縮率が違うので、サイズが合わない場合は型紙を修正する。

4

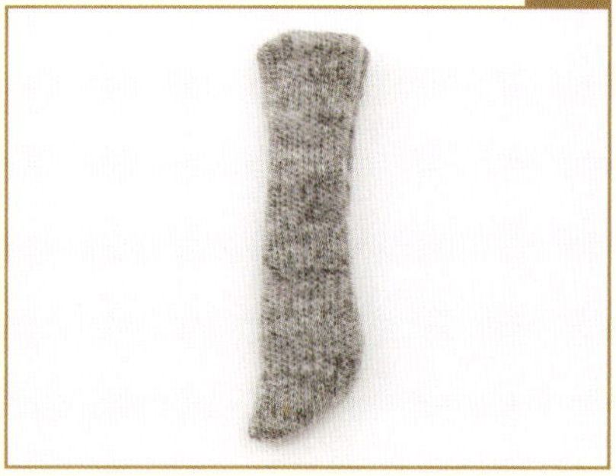

表に返して完成。

ソックスをはかない場合

スニーカーとブーツの型紙は、ソックスを履いた状態を想定して製作しています。
もし素足でピッタリ履かせたい場合は、型紙を96%に縮小して製作してください。

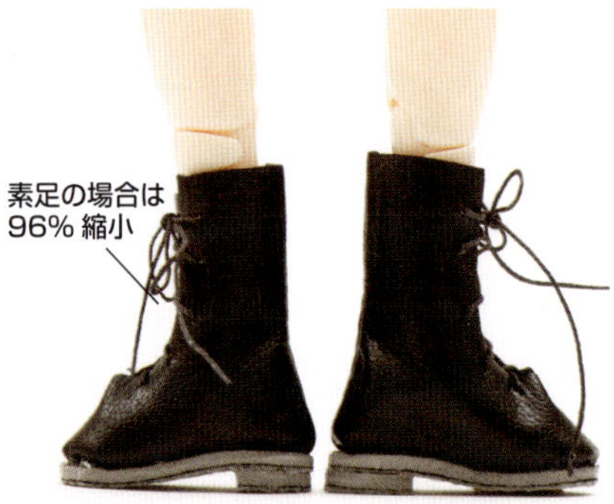
素足の場合は
96% 縮小

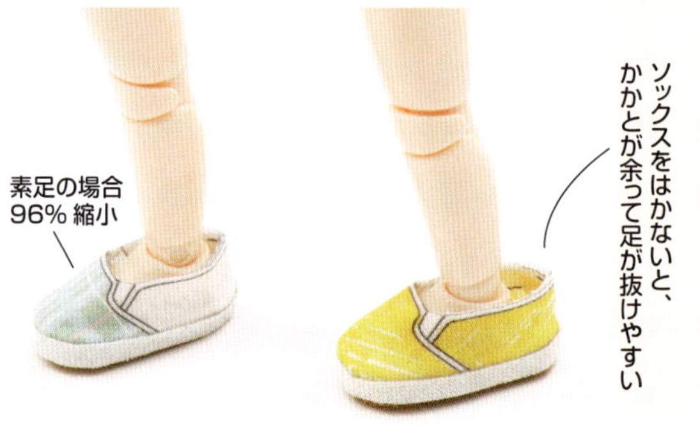
素足の場合
96% 縮小
ソックスをはかないと、
かかとが余って足が抜けやすい

Chapter *17.*

帽子

— HAT & CAP —

＊原寸大＊

学帽・軍帽

レザーやツイルなど、
色々な布で作ってみてね

→型紙 P.102

1

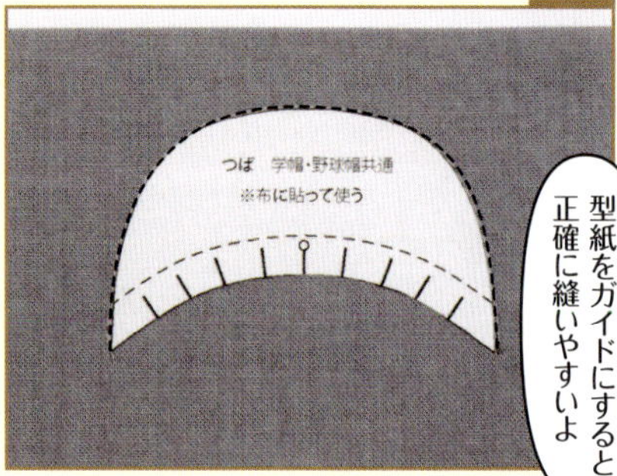
つば　学帽・野球帽共通
※布に貼って使う

2枚の布を中表に合わせ、両面テープを貼ったつばの型紙を布に貼り付けてつばの外ラインを縫う。

型紙をガイドにすると
正確に縫いやすいよ

2

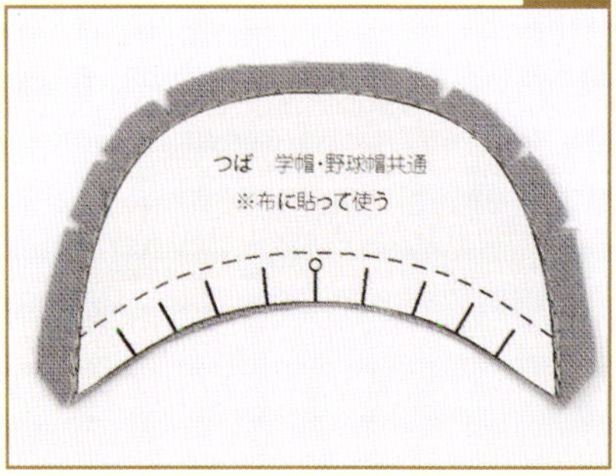
つば　学帽・野球帽共通
※布に貼って使う

縫い代を残して周囲をカットし、カーブに切り込みを入れる。

3

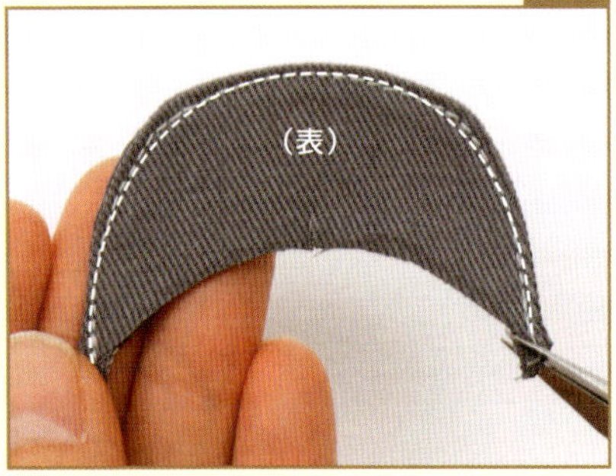
（表）

表に返してアイロンで形を整え、端にミシンをかける。縫い代がはみ出ている部分はカットする。

4

サイドクラウン
（裏）

サイドクラウンを中表に折り、端を縫う。

5

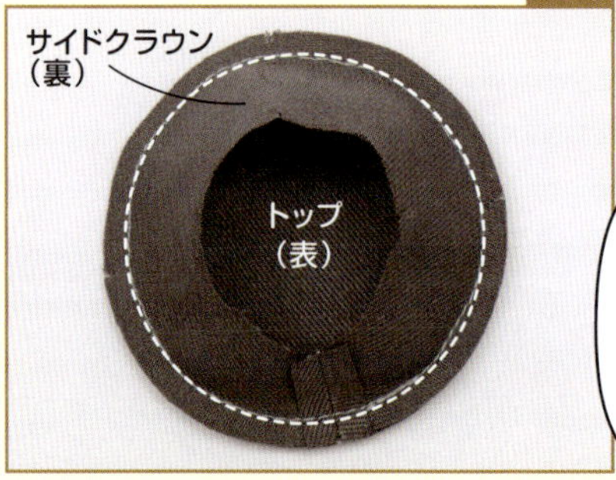
サイドクラウン
（裏）
トップ
（表）

サイドクラウンの縫い代を割り、トップと中表に縫い合わせる。縫い代は0.3cmくらいにカットする。

合い印を合わせて
縫ってね

6

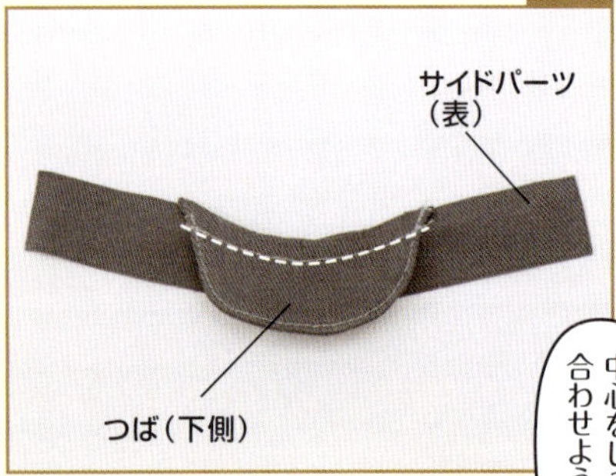
サイドパーツ
（表）
つば（下側）

サイドパーツの中心につばを縫い付ける。

中心をしっかり
合わせよう

7

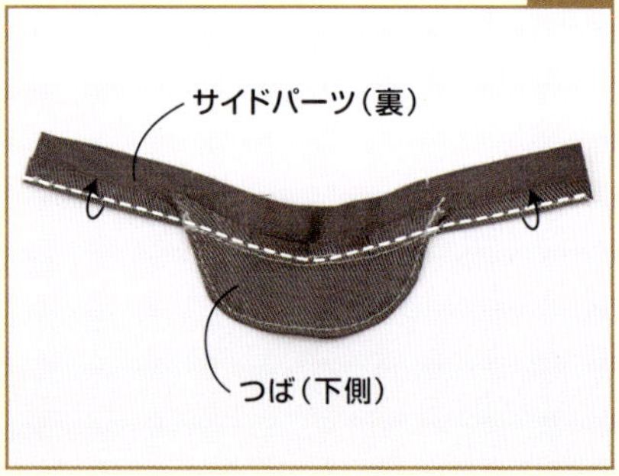
サイドパーツ（裏）
つば（下側）

サイドパーツの縫い代をアイロンで折り、端にステッチ。

8

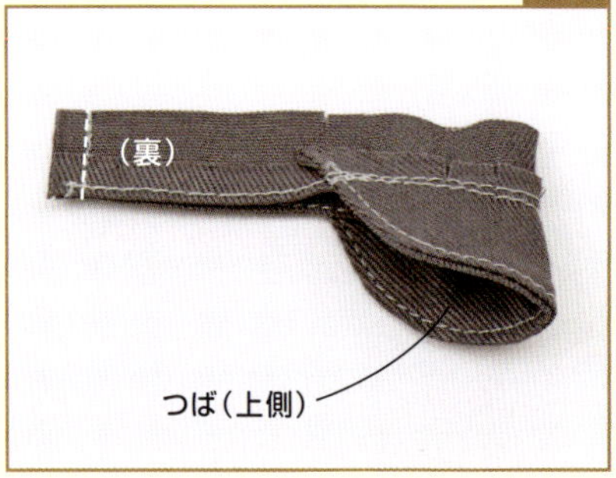
（裏）
つば（上側）

サイドパーツの後ろを中表に合わせて端を縫う。

9

（裏）
（表）

サイドクラウンを表に返し、つば付きのパーツの中に入れる。（前後を間違えないように注意）

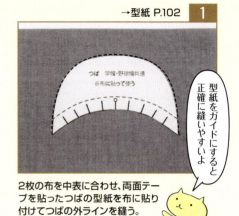

10

サイドクラウンとつば付きのパーツをぐるっと縫い合わせる。

11

サイドパーツを表に返して完成。

ベレー帽にアレンジ

サイドクラウンを中表に折って端を縫ったものを2枚作り、片方を表に返して重ねる

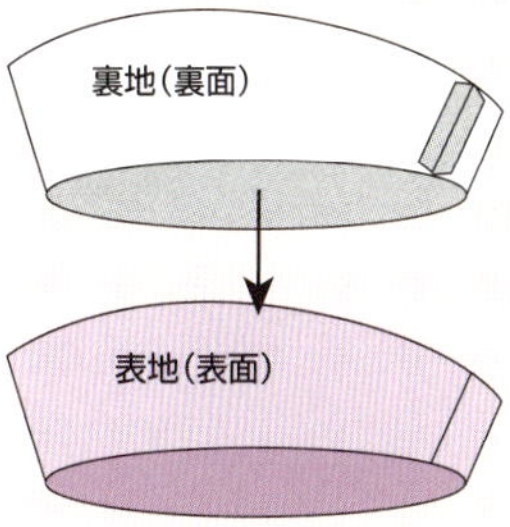

かぶり口をぐるっと縫う

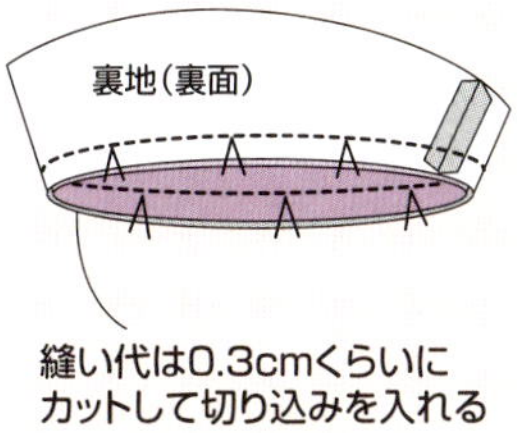

表に返してかぶり口のきわにステッチ

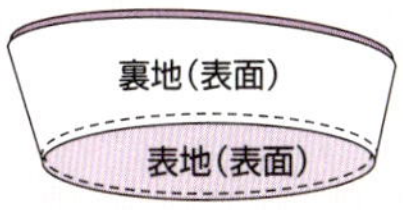

上で縫ったサイドパーツとトップパーツを中表に合わせる

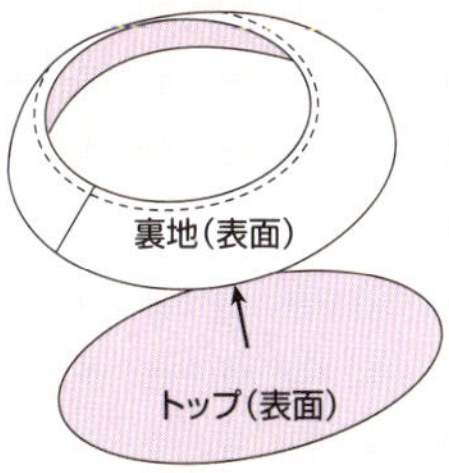

周囲をぐるっと縫い、縫い代を3ミリくらいにカットする

表に返して完成

表に返すのにかんし（鉗子）が便利

オビツ11サイズの小さな服やパーツを表に返すのはちょっと大変。そんなときに役立つのが「かんし（鉗子）」です。手芸用の小さめサイズも販売されています。

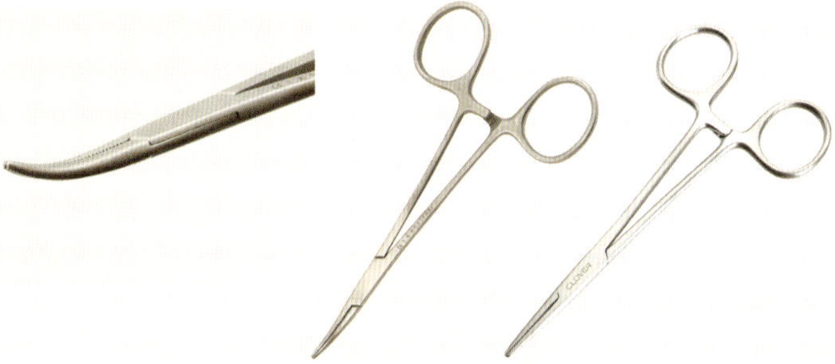

キャップ・野球帽

6枚はぎ
4枚はぎの
2種類です

→型紙 P.102

1

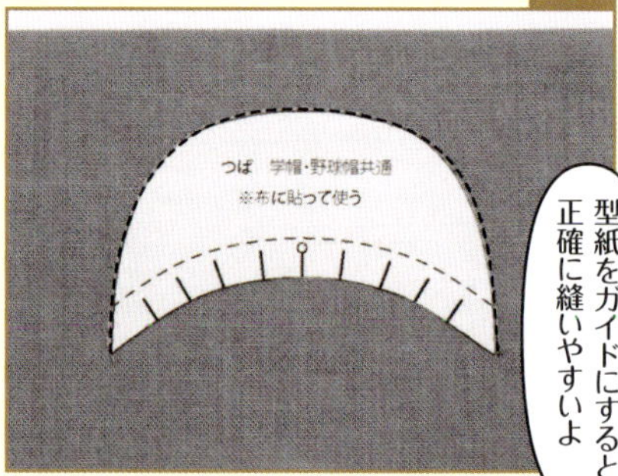
つば　学帽・野球帽共通
※布に貼って使う

2枚の布を中表に合わせ、両面テープを貼ったつばの型紙を布に貼り付けてつばの外ラインを縫う。

型紙をガイドにすると正確に縫いやすいよ

2

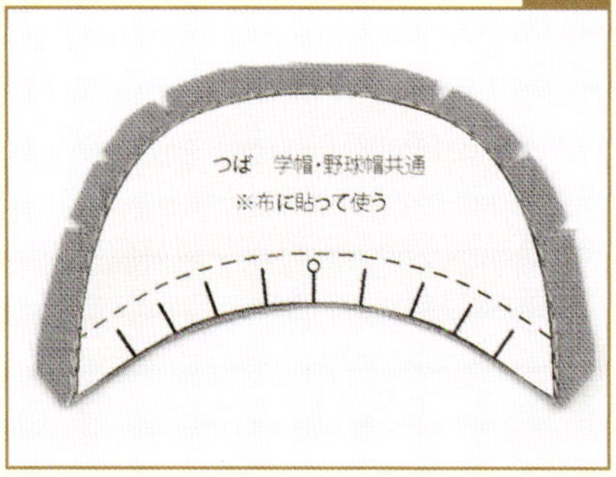
つば　学帽・野球帽共通
※布に貼って使う

縫い代を残して周囲をカットし、カーブに切り込みを入れる。

3

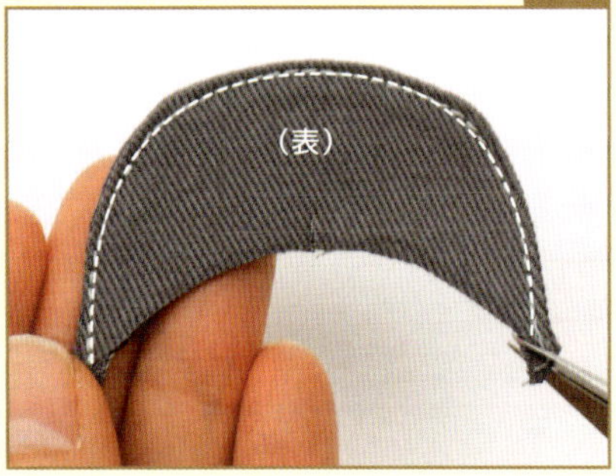
(表)

表に返してアイロンで形を整え、端にミシンをかける。

4

(裏)
(裏)

クラウンを2枚ずつ縫い合わせ、縫い代を割る。(上部は端まで縫わない)

5

(裏)
(裏)

4枚はぎの帽子の前パーツは、上部のダーツを縫う。(上部は端まで縫わない)

6

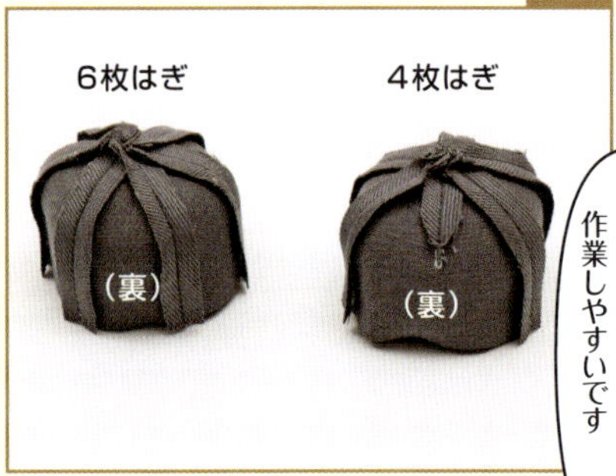
6枚はぎ
4枚はぎ
(裏)
(裏)

パーツ同士を縫い合わせる。

一枚一枚ではなく、2枚ずつ縫い合わせる方が作業しやすいです

7

帽子(裏)
つば(下側)

帽子につばを付ける。

8

(表)

かぶり口を折ってきわをぐるっと縫う。

9

4枚はぎの場合も同様に。

天ボタンを作る

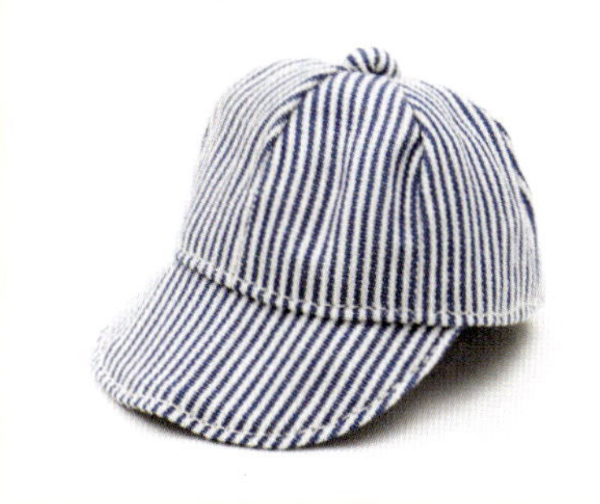

ストライプなどの柄生地の場合は
布目の向きもポイントに。

ボンドで貼っても
いいですが、縫い付けた
方がはずれにくいです

綿やティッシュなどを丸めた物を
中に入れて糸をしぼって丸め、
形を整えて帽子のてっぺんに縫い付ける

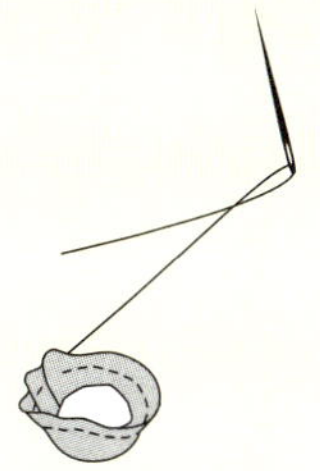

※半円のパーツを布でくるんでもよい

パーツの周囲を縫う

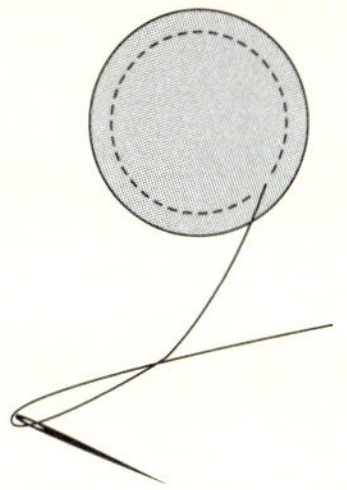

オマケ型紙だよ!

重ね着しにくい
時に便利です!

プリント布で印刷する用に
縫い代付きの襟の型紙も用意しました。

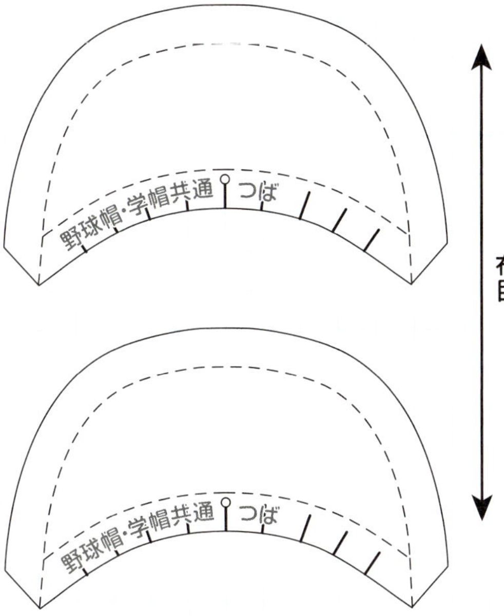
野球帽・学帽共通 つば
野球帽・学帽共通 つば
布目

※つばの布目は、たてよこバイアス
好きな方向に変えて構いません

らくらく袖通し手袋

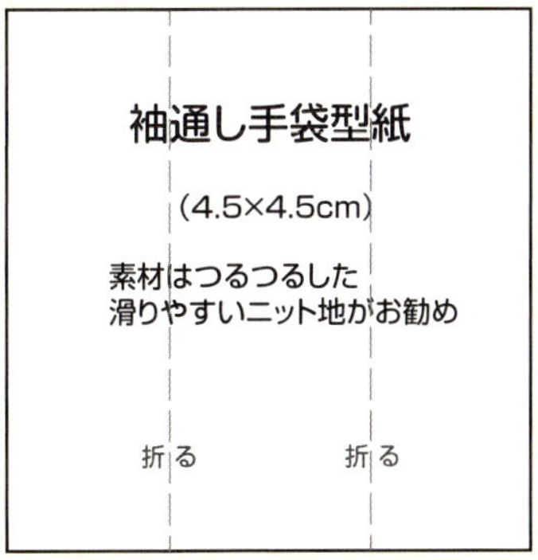
袖通し手袋型紙
(4.5×4.5cm)
素材はつるつるした
滑りやすいニット地がお勧め
折る
折る

布を三つ折りにして、半分に折った
3mmリボンをはさんで縫う

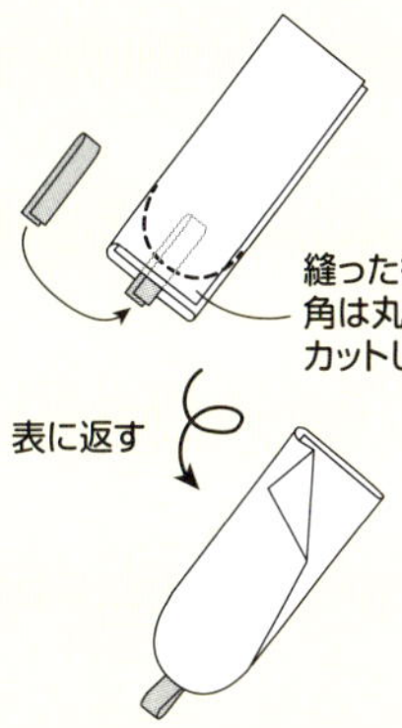
縫った後、
角は丸く
カットしておく
表に返す

袖をくるむ。(ハンドパーツが付いたままの方が
通しやすいです)

リボンを引っ張って、手袋だけはずす。

※左右同じもの、または左右反転しているだけの型紙は＊が付いています。

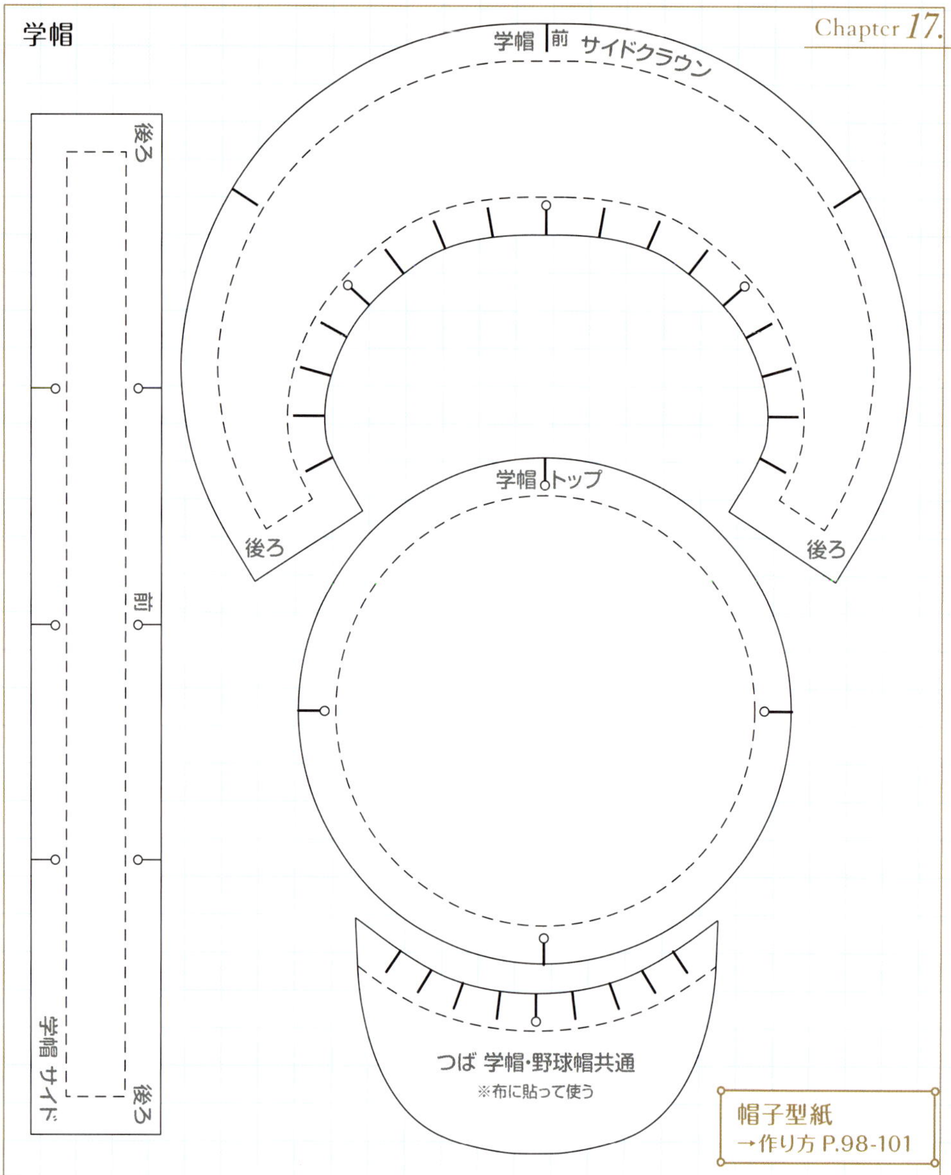
学帽
学帽 前 サイドクラウン
後ろ
後ろ
学帽 トップ
後ろ
前
後ろ
学帽 サイド
つば 学帽・野球帽共通
※布に貼って使う

帽子型紙
→作り方 P.98-101

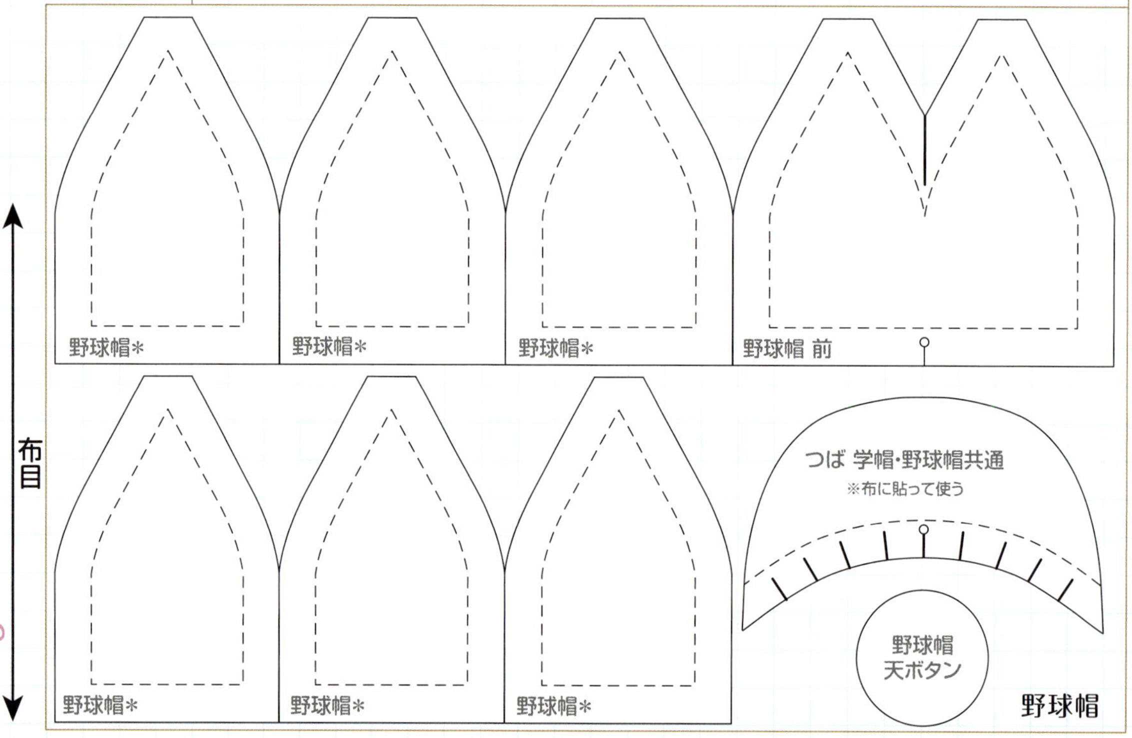
布目
野球帽＊
野球帽＊
野球帽＊
野球帽 前
野球帽＊
野球帽＊
野球帽＊
つば 学帽・野球帽共通
※布に貼って使う
野球帽
天ボタン
野球帽

コピーしてから
切って使ってね

使用許諾範囲について

☆この本に掲載されている内容の転載はご遠慮ください

掲載されている型紙や作り方ページなど、明らかに本の転載だとわかるような事はご遠慮ください。

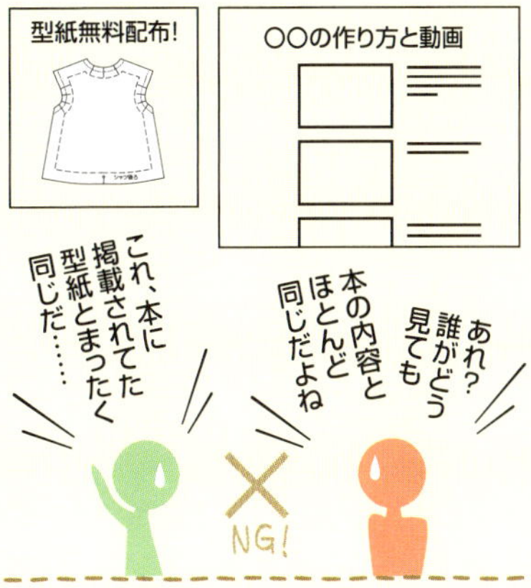

型紙無料配布!
○○の作り方と動画
あれ?誰がどう見ても本の内容とほとんど同じだよね
これ、本に掲載されてた型紙とまったく同じだ……
NG!

☆本の型紙をそのまま、または一部を変えただけの服や型紙の配布や販売はご遠慮ください（フリマサイト・オークションイベント販売含む）

型紙そのまま、または拡大縮小や丈を変えるなど一部を変えただけの服の販売

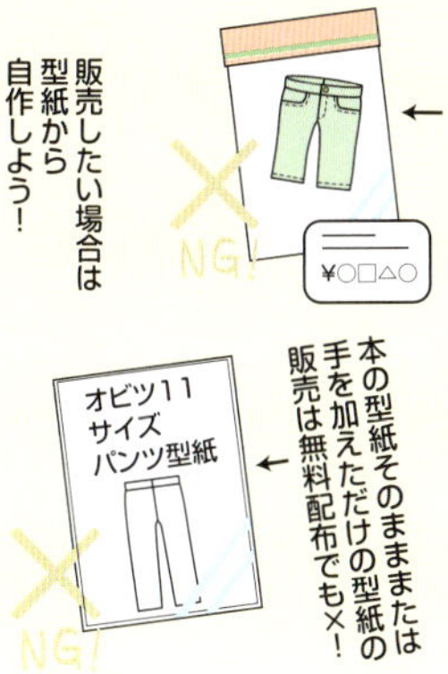

本の型紙そのままままたは手を加えただけの型紙の販売は無料配布でも×!
オビツ11
サイズ
パンツ型紙
NG!
¥○□△○
販売したい場合は型紙から自作しよう!

この本に限らず、他のハンドメイド本でもこれらを禁止している事が多いです

出来る事

☆この本の型紙で作った服を自分のブログやSNSにアップ

お気に入りの布でお洋服を作ったよ!
OK!

☆型紙をアレンジして作ったお洋服または製作途中のレポをWEBサイトやSNSに掲載

OK!
本の型紙の丈を長くしてコートにしました!

お洋服の掲載は大歓迎!可愛く作れたらどんどん発表してね

その他、製作したお洋服をプレゼントするなど、常識の範囲内でしたらかまいません

もし自分が型紙の製作者や本の著者だったら「こんな事して欲しくないな」「こんなことされたら嫌だな」という事を想像して判断していただけたらと思います

注意・禁止事項

自作の型紙でも、**アニメや漫画のキャラクター、芸能人の舞台衣装**などと同じデザインのお洋服を作ってサイトやイベントで無許可で販売するのは絶対にやめてください

型紙から自作した版権服をどうしても販売したい場合

個人でも、イベントなどの機会で、キャラクターの「**当日版権**」を取得し、展示や販売ができる機会があります。

「当日版権」とは？

イベント主催者が、個人からの「キャラクターの権利使用希望」の申請を代行してくれることで、版権元から特例的に、権利使用の許可がもらえるシステムです

ドールやフィギュア系では主に上記の主催者です

詳細は上のページへ!しっかり読んで内容を理解してください

「ワンダーフェスティバル」
http://wf.kaiyodo.net/pdf/copyright_manual.pdf
「ドールズパーティー」※ボークス・ドルフィー関連商品のみ
http://www.volks.co.jp/dolpa/

個人の小さなビジネスとはいえ、権利使用の契約を結ぶので、申請の締め切り等はもちろん、

提出物や各種規約など、約束事をきちんと守りましょう!

申請の締め切りは、イベントによりますが、**半年〜数ケ月前**が多いです

参加するイベントを下調べし、申請のスケジュールを確認した上で余裕をもって、計画的に進める必要があります

残念ながら申請の許諾がおりない可能性もあります

だめだった〜

かなり大変そうだね……

でも、みんなしっかり規約を守っているよ!

きちんと段取りを踏み、版権元から許諾をもらえた方だけが「キャラクターをイメージする衣装を販売する権利」を、**イベント会場内でのみ**、手にすることができるのです。

ネットオークションやフリマなどで、安易に版権違反のグッズを製作販売

⇨

キャラクターを生み出し、大切に守り育てている版権元

当日版権というシステムで創作活動を厚意で支えてくれている人たち

それを遵守しているファンの人たち

すべてを裏切る行為になる

「知らなかった」では済まされない事にならないように!

ルールはしっかり守ろうね!

SHOP LIST

●オカダヤ 店舗／通信販売

関東を中心に店舗がありますが、私は新宿本店を良く利用します。ドールサイズのボタンや、リボンを手に入れやすいです。センスのよい品揃えで店員さんも親切。初心者さんにも優しいお店です。

http://www.okadaya.co.jp/shinjuku/

●ユザワヤ 店舗／通信販売

全国に店舗がある大型のホビー材料店。リボンや布など、定番の商品は一通りそろっています。店舗によって規模が違いますが、近所にある方は一度のぞいてみましょう！

http://www.yuzawaya.co.jp/

●クラフトタウン 店舗／通信販売

手芸専門店クラフトハートトーカイなどを運営するグループ。駅の近くにある事が多いです。本誌でも紹介しているオリジナル商品のソフトシートという名前の面ファスナーはここでしか手に入りません。

https://www.crafttown.jp/

●コットンハウスタンノ 店舗

JR 西八王子駅の南口にあるお店です。定番の布の他に掘り出し物が多く、細かい柄の生地が見つかったり、レトロなアイテムがあったり、外国製のブレードがさりげなく売っていたことも。店員さんも親切です。

http://www.cottonhouse-tanno.com/

●Pb'-factory 通信販売

4mm オリジナルボタン、バックル、ファスナー、その他ドールサイズの資材がとても充実していて、私も利用しています。はさみやチャコ、アイロン台などの便利な道具も揃っていて、小さいサイズのドールを製作される方は必須のサイトです。

http://www.pb-factory.jp/

●IVORY 通信販売

ドールに使えるミニミニボタンやカシメやハトメ、バックル、ホットフィックスなど、ドール趣味に寄り添うミニチュア資材の宝庫。細番手のレースや細いリボン、ドール用シューズのパーツなどショップ内をうろうろしてるとあれこれ欲しくなってしまう、危険なサイトです。

http://ivorymaterialssyop.la.coocan.jp/

他にもありますが、
私が実際にドール資材を
購入しているお店を
紹介します

もし皆さんのご近所にも
手芸店があったら
ぜひのぞいてみてください
掘り出し物や
素敵な素材を売って
いるかもしれませんよ!

ドールソーイングBOOK

オビツ11の 型紙の教科書

―― 11cmサイズの男の子服 ――

－著者－

荒木 さわ子

－デザイン－

田中 麻子

－撮影－

玉井 久義・葛 貴紀

－編集－

鈴木 洋子

－撮影協力－

オビツ製作所 / DONO-RE！

－使用ボディ－

OBITSU BODY®11 ホワイティ（オビツ製作所）

－使用モデル－

OB-DH-E-00「HAKASE」/ OB-DH-E-01「OTOKO」

OB- ドールヘッドサンプル（DONO-RE！）

－使用ウィッグ－

4inchウィッグ 私物カスタム含む（DOLLCE）

ドールソーイング BOOK

オビツ11の型紙の教科書 －11cmサイズの男の子服－

2018 年 3月16日 初版発行

2022 年 1月14日 6 刷発行

発行人 松下大介

発行所 株式会社ホビージャパン

〒151-0053 東京都渋谷区代々木 2-15-8

TEL 03-5304-9112（営業）

03-5304-9114（編集）

印刷所 図書印刷株式会社

ISBN 978-4-7986-1671-1 C0076